U0934249

棒打狼外婆

我与小学语文的情缘半生

棒打狼外婆——
我的语文，
爱意漫溢的生命历程，
为自己的幸福，
为语文的方向，
为内心的坚守！

王玲玲◎著

光明日报出版社

图书在版编目（CIP）数据

棒打狼外婆：我与小学语文的情缘半生 / 王玲玲著
. -- 北京：光明日报出版社，2015.6（2021.8 重印）
ISBN 978-7-5112-8610-9

Ⅰ.①棒… Ⅱ.①王… Ⅲ.①小学语文课—教学研究
Ⅳ.①G623.202

中国版本图书馆 CIP 数据核字（2015）第 126687 号

棒打狼外婆：我与小学语文的情缘半生

BANGDA LANG WAIPO：WO YU XIAOXUE YUWEN DE QINGYUAN BANSHENG

著　　者：王玲玲

责任编辑：曹美娜　　责任校对：张明明
封面设计：范晓辉　　责任印制：曹　净

出版发行：光明日报出版社
地　　址：北京市西城区永安路 106 号，100050
电　　话：010-63169890（咨询），010-63131930（邮购）
传　　真：010-63131930
网　　址：http://book.gmw.cn
E - mail：gmcbs@gmw.cn
法律顾问：北京德恒律师事务所龚柳方律师

印　　刷：三河市华东印刷有限公司
装　　订：三河市华东印刷有限公司
本书如有破损、缺页、装订错误，请与本社联系调换

开　　本：170mm×240mm
字　　数：296 千字　　印　　张：17
版　　次：2015 年 6 月第 1 版　　印　　次：2021 年 8 月第 2 次印刷
书　　号：ISBN 978-7-5112-8610-9

定　　价：59.00 元

春的序曲：

我的语文老师

08 级 3 班毕业生：Derek. 宸

往事种种，回忆如风中铃兰，孑然于土上，细听风吟。

——题记

端坐窗前，看窗外飞雪纷纷，我携起那张毕业照，心中无比惆怅——这是青春的印记。我不禁又莞尔一笑，良久又沉默不语，只听窗外自然所奏的风曲。

六年！多短的六年！转眼已成过往烟云，转眼已成风中絮语。六年，最难忘的是同学，是老师。我总能从梦中深处，看见那位手中长留迎春花的老师——王老师。

又是一年春来到的日子，又是一年情来到的日子，又是一年诗意来到的日子。想必王老师必定带着初涉诗香的孩子们在教室里诵读，在濠河柳树下低吟，在珠媚古园的石凳上悟自然情怀。

又是一年进入梦境的日子。

王老师，一位忘不了诗的老师。在六年生活中，她带领着同学们从"床前明月光"到"春江潮水连海平"，从"碧玉妆成一树高"到"客舍青青柳色新"，从"爆竹声中一岁除"到"白雪却嫌春色晚"。诗，使她忘记了时光，忘记了存在。我也常常留恋于此，沉醉于此，像是与李白、刘禹锡、李商隐在石桌旁、中庭内饮一壶美酒，而王老师好像也常常带着我们的思维去柳树下寻诗，去花丛中感诗，去文字中品诗。

六年，因为王老师，因为王老师所钟爱的诗，我才能感受到似蓝印花布般诗的典雅。

阳光从云中射出，照在我的脸上，想起王老师带着我们读完一本名著后的那种期待的神情，心里暖暖的。王老师和冰心一样，深爱着文学，深爱着孩子。

我们在名著中遨游，王老师就牵着我们的手敲开经典的大门：

在《西游记》中，王老师带着我们同唐僧师徒渡过金沙河，越过火焰山。

在《水浒传》中，王老师带着我们与林冲雪夜上梁山。

在《红楼梦》中，王老师带着我们游历了大观园，游历了一段段凄美的爱情。

在《三国演义》中，王老师带我们听周郎号鼓，看曹营大火

我常沉浸于书本之中，与王老师一起，踱步于文学的世界里。

转眼，六年已逝，想起王老师就像是想起一朵朵茉莉花，沉醉于语文的甘露中。老师在学成语文以后化作春泥，作为一名人民教师，把爱与情奉献给一届又一届的二附孩子。

忆往六年，又想起王老师的那一枝黄色的迎春花，想起王老师与我们一起跳绳时的笑声，想起王老师与我们摇桂花时幸福的仰天一瞥，想起那本零八级三班五十名学生和王老师共同编撰的蕴含语文茉莉花香的《学古诗　品文化》一书。回首王老师与我们走过的那条文学路，就想起那位居住在呼兰河的小萧红，想起那位住在北京城南的林英子，想起那位执着于生物的法布尔。是王老师，带着我们走上了文学之路。是王老师，通过语文的水份养育了一片已步入初中的郁金香。

忘不了，忘不了那六年。

忘不了那只同我们生活了几天的小鸟。

忘不了那位手持经卷、在烛光里微笑的王老师。

想到这儿，怀念上心。愿这股怀念成为王老师心中的茉莉，愈久，愈芳。

自 序

今年刚好四十。

稍一回眸，与语文的渊源跨过了半数以上的年份。以前是学语文，后来是教语文。

回望语文，犹如处子一般的心热和驿动。给我神圣、给我依赖、给我烂漫的语文——我的语文。似乎语文就是我，而我就是语文了。

我在语文里过活。我写："大美的汉字啊，是温热的河床，记录着天地人的和谐；清幽的唐诗啊，是飘着花雨与荷香的月光，乳哺着美妙的童声和诗语；典丽的宋词啊，是耳畔的清风一醉，孕生着深切的相思与愁绪；妙绝千代的小古文啊，是深微隐幽的清茶，飘散着隽永的意味和智慧……"有了语文，我从此有了好的侣伴，她足以负载我随语文般多情的心绪和爱极了畅想的意念。

我在语文里悲欢。翻开语文课本，似乎一把风雅的琴弦正迎风在绿色的原野上：离愁别绪、月下伤怀、日月星辰、都市乡野，宁海的潮声、草原的牧歌，真挚的亲情、深邃的哲理，经文人骚客心灵的洗礼，流淌成一篇篇清丽的文章、一行行动人的诗句。我在语文里，我把把自己幻想成神奇的魔术师，手持魔杖，借助情景的氛围、想象的音符、情感的鼓点、诵读的音韵拨动生命的琴弦，跃过四季的河流、聆听鸟虫的呢喃、淌过斑驳的岁月、放飞纯美的情思。在语文里，谁能抵达人性深处的灵魂的优化？谁的心有了飞翔的力量？

我在语文里与童年相遇。因为语文，我拥有了永远的童年。人类童年的质朴与不受拘束的童真在我和孩子们一起拥有的语文里。我们一起走进课文插图里去了，我们一起勾画点、提、撇、捺了，我们一起诵读《登鹳雀楼》，我们一起走进城南旧事里英子的悲欢离合，我们一起在北濠桥边的柳树下吟诵早春、阳春、暮春的柳诗来感受整个春天，我们一起在银杏树下看"金风锈锦衫"，我们一起在童话节里快速奔跑，我们一起去寻找冬天的色彩，我们一起聆听春夏秋冬的歌唱……因为语文,我们在一起了。我有了和孩子们在一起的日子,没了她,我就无所适从,有了她,我就有了充满遐思和创新浪漫色彩开始萌芽的日子。和语文在一起,就和孩子们在一起了。我在语文里分享着童年的真、美、趣,童年和语文在一起。

今年刚好四十。我的语文又从四十开始了。

四十岁开始的语文起始于语文心情。我的语文是怎样给孩子的,我就会有怎样的心情。狼外婆装着伪善的笑容,穿着伪善的外衣,捏着鼻子高八度的"柔软"喊着小红帽,但终究不能掩饰她本质的凶残。当今世界的"小红帽们"几乎已经不会再上"狼外婆"的"当"了。他们用一双明澈的眼睛真实地审视着自己的老师,也审视着自己的生活,真实地遵循着自己内心的情感体验。棒打狼外婆,把自己对语文、对孩子的真爱感性自然地流露在每一个朝夕,每一个教育的细节,每一个教育灵感迸发的瞬间,才能踏上享受语文教育的幸福台阶。

棒打狼外婆——我的语文,爱意漫溢的生命历程,为自己的幸福,为语文的方向,为内心的坚守!

目　录

CONTENTS

第一章

难舍的草根怀想

草根化：儿童语文学习的朴素建构与价值引领

［**内容提要**］

草根课堂，用思维为形象导航，用语文来诠释语文的美丽和魅力——草根课堂，草根飘香。一、草根课堂的朴素建构：审美、意蕴、思辨。二、草根活动的朴素延伸："亲亲草根香"、"依依草根情"。三、价值引领：智力教学，唤醒潜能；语文本味，恬淡心灵；情感驱动，激荡情思。

［**关键词**］

草根化　朴素　建构　价值引领

学习的草根化是指运用审美、意蕴、思辨的原生态教学策略，建构朴素的语文课堂，为儿童铺展语文学习的朴素视野，外表平易，秀色内涵，就好比家常便饭时，母亲端上来的一盆水饺，汤淡却馅丰。草根化，让人感受生活的甜美原来可以铺展到平常百姓的平常日子，布衣粗碗，却真情实意、意蕴悠远。草根化的质朴，仿佛现代都市名车车流里的田园诗画，剥去华彩的外衣，感情质朴、草根飘香。

环顾巅峰上的教学境界，心醉神迷，但也心生忐忑：我离那样的教学境界还有多远？花朵的绚丽，闪耀着近于佛光的圣洁，然而通往的道路是这样的冰冷和遥不可及。

"王家堂前燕，飞入百姓家"——这是不能称之智慧型，但也不算愚钝的教师对教育模式和教学策略的渴望。草根化的语文课堂是语文教师的定心丸，不必为艺术型的教学手段而烦忧，不必为蜂飞蝶舞的教具而磨蹭，不必为"天人合一"的演出而怯场。穿一袭布衫、一手课本、一支粉笔,用思维为形象导航,用语文来诠释语文的美丽和魅力——草根课堂,草根飘香。

一、草根化语文课堂的朴素建构

(一)审美:语言本位,画意行间照

语文是美的:离愁别绪、月下伤怀,日月星辰、都市乡野,宁海的潮声、草原的牧歌,真挚的亲情、深邃的哲理,经文人骚客心灵的洗礼,流淌成一篇篇清丽的文字、一行行动人的诗句。翻开语文课本,似乎一把风雅的琴弦,正迎风在绿色的原野上。如何读到语言文字中的"暗香疏影、姹紫嫣红"?——语言本位。

著名特级教师薛法根老师执教《九色鹿》,通过自主分组阅读,把故事的主人公、情节连环画一下子凸显出来。

师:刚才我们借助对词语的理解,初步了解了故事的主要内容。《九色鹿》这个民间故事最早出现在敦煌莫高窟的壁画上,千百年来深为广大人民所喜爱,就是因为故事谴责了贪心与负义,颂扬了善良与正义!

(本以为教师会展示敦煌壁画上的图画,没有)

师:今天,我们就一起来学讲这个民间故事。要讲好故事,首先要读好这篇课文。假如由前后四个同学合作朗读这个故事,你们认为可以怎么分工朗读?

生:(小组讨论分工)

师:哪一组同学已经有分工了?

生:我们一组这样分工:一个人读九色鹿的话,一个人读调达的话,一个人读王妃的话,一个人读叙述的话。

师:你们为什么这样分工?

生:我们是按照人物的说话来分工的。

师:这叫分角色朗读!你们在朗读时一定要将人物说话时不同的神态、语气表现出来,要读得有声有色才好!

(没有图画展示,人物出场)

生:我们不这样分工,我们一个人读第1小节,一个人读2到5小节,一个人读6到7小节,一个人读8到9小节。

师:说说理由?

生:因为我们把这个故事分成了四个部分,一个人讲一个部分。

师:故事精彩,是因为情节曲折。你们按照故事的情节讲述,一定会引人入胜的。很好!

(没有连环画的展示,但是连环画已经在孩子的头脑中清晰地呈现)

生:我们小组齐读叙述的话,然后一个人读调达的话,一个人读九色鹿的话。

师:给个理由?

生:因为故事里面主要就是调达与九色鹿,其他的内容就可以齐读了。

师:你们抓住故事的主要人物,突出他们的语言。有道理!

(没有特写镜头,突出了主要人物)

……

师:现在,每个小组的同学就按照你们的分工合作朗读课文,要争取读得有声有色!

生:(分工朗读故事)

在以上语言本位的阅读过程中,孩子用思维为形象导航,板书无画、但画意行间照,发于内心、成于自然。在老师以语言为本位的引导下,孩子将名篇名段在头脑中勾画成具有鲜明个性特点的名画。

语言本位的审美教学,从语言文字出发,穿着语文的外衣、戴着语文的帽子,走着语文的路子。语文就是语文,抓住色、味、形——形象的流;品读溪水般的舒缓、白云般的清悠、浪卷般的激越,内心的狂澜迭起、融于生活的真实、不着边际的浪漫、不经意的遐想——音乐节奏的流。语言本位的审美教学,凸显语文的魅力。

(二)意蕴:深度溯求,甘泉深井流

文中蕴含的情感、荡人心魄的含意是最激越人心的魂。读懂文章的意蕴,使学生走进语言精微隐秘的深处,达到心有灵犀的颖悟,才不枉一读。草根化的语文课堂,诉求文字深处的甘甜——朴素的深度,使简约的课堂草根飘香。

教学苏教版第二册《蚂蚁和蝈蝈》这一课,要让孩子知道:勤劳的蚂蚁获得了幸福的生活,而懒惰的蝈蝈最终吃尽了苦头。生动的童话故事告诉孩子:人无远虑、必有近忧、未雨绸缪、防患未然。文中"有的……有的……还有的……"是重点训练句式。

师:勤劳的小蚂蚁储存了那么多的食物,当外面的世界大雪纷飞的时候,他们舒舒服服地躺在洞里面过着怎样的生活呢?

生:小蚂蚁们坐在沙发上看看动画片;

生:小蚂蚁们吹着暖空调;

生:小蚂蚁吃着香喷喷的火锅,一点也不冷;

生:小蚂蚁们吃着冰淇淋;

生:小蚂蚁们吃着火锅,还吃着西瓜;

……

师:你能用"有的……有的……还有的……"说说蚂蚁们的幸福生活吗?

……

师:小蚂蚁们早早地预料到冰天雪地里,没有食物,早早地不怕辛苦地做了准备。瞧他们的小日子真是有滋有味。再瞧瞧蝈蝈:当北风呼呼地刮起、冰冻三尺时,蝈蝈们过着怎样的日子?

生:小蝈蝈们被冻成了冰棍;

生:小蝈蝈们找不到吃的,饿得眼都花了;

生:小蝈蝈们饿得连站起来的力气都没有了;

生:小蝈蝈们冷得直发抖,连话也说不出来了。(抱臂做发抖状)

……

师:你能用"有的……有的……还有的……"来说说蝈蝈可怜的样子吗?

……

师:懒惰的蝈蝈再也神气不起来了,当初嘲笑蚂蚁真是太可笑了,现在后悔得连肚子里的肠子都青了。你想对蝈蝈说些什么呢?

……

师:是啊!懒惰让蝈蝈变得多么悲哀。老师来找找,我们班上哪些小朋友是勤劳的小蚂蚁,哪些是懒惰散漫的小蝈蝈?(凝神的孩子眼睛更加闪亮地瞪着老师,不太凝神的立即坐直、凝神。师笑、他们也笑)

以上教学,使孩子们深悟了文本所蕴含的意义,语言走进了非常奇妙、非常动人的境界。草根化的语文课堂,通过深度溯求,让孩子收获到内化的哲理,并转化为自己的言行。深井处,生命的泉水不息地喷涌,到达思维的深处

(三)思辨:存同求异,珠玉盘中落。

文章蕴含着思想、主张。学要思,甚至要辩。思辨,可以对文章中的做法提出讨论,对解决问题的方法提出质疑,也可以提出自己的主张,并辩其是否可行。它是孩子登攀思维高峰的一个阶梯。这样,保证孩子们在课堂上都进行着脑力劳动。

如教《放弃射门》这一课,让孩子们实话实说:到底要不要放弃射门?

教学《司马光》这一课,问:如果你当时在场,你用什么和司马光不同的方法来救落水的孩子?

学生答掰树枝伸进水里,让落水的孩子抓住,大家齐心协力把他拖上来;也有孩子说立刻把裤腰带解下来,让落水孩子抓住,把他拖上来,等到孩子得救,才发

现裤子掉到了脚后跟;还有别的种种救法。讨论:哪种方法切实可行?

草根化的简约、登攀时思维撞击的美妙,如大珠小珠落在玉盘上,落音清亮,到达思维的广处。

二、草根化语文活动的朴素延伸

泰戈尔说:"教育的目的应当是向人传递生命的气息。""儿童是散发着生命活力的,如同花草般清香的生命。儿童是真正的美的精灵,智慧的精灵,他们是动态的、光亮的、造就未来的生命体。因为情、因为美、因为智、因为趣,幼小的心灵常常激荡不已。"(李吉林老师语)这些都呼唤着草根化的语文活动。

(一)"亲亲草根香"——融于四季

"草根香"语文活动——让孩子成为大自然之子。孩子是属于生长着的春夏秋冬的。语文课程具有天生的浪漫情结。教师是一名神奇的魔术师,手持魔杖,借助情景的氛围、想象的音符、情感的鼓点、诵读的音韵在语文课堂上拨动孩子们生命的琴弦。草根化的语文活动引导孩子跃过四季的河流、聆听鸟虫的呢喃,淌过斑驳的岁月、放飞纯美的情思。它是孩子语言生成的源泉、思维的源泉,大自然生命的气息是铺洒在儿童花季雨路上的盛宴。

诗人情怀在早春时节就跟随悄悄萌发的草芽一起来了。听春雨的"沙沙"、"淅沥淅沥",看雨花的圈圈心漪。大自然是最浪漫的诗人,演奏家,孩子们在雨雾中感受,在屋檐下聆听,站成一幅幅早春的画,唱着一首首早春的诗。小嫩芽的故事:"雨来了,我醒了"——"绿色遥看近却无"——"唱响春光"——"蝶飞蜂舞"。在濠东绿地上,我们听鸟的歌声,在新绿的柳条下吟《咏柳》,亲亲小草、吻吻小野花、黄金条,感受"春江水暖鸭先知",和"白毛浮绿水,红掌拨清波",继而吟诵"春江水暖我先知"。一路春光,连连花絮。

秋高气爽、碧空如洗时,我们和孩子一起看蓝天,傻呆呆地沉醉;秋风起时,我们去观孝塔听风铃声;秋果熟时,我们布置秋天的果园,看秋果挂满枝头;秋叶黄时,我们去公园看秋叶飘飞,听秋叶絮语,捡拾秋天的落叶,做树叶贴画。

草根飘香的语文活动给了孩子们永不枯竭的想象和美,是活生生的草根香。让孩子带着热烈的情感走进语文的世界,更在孩子心中播下了热爱生活的种子。

(二)"依依草根情"——融于节日

"草根情"语文活动——让孩子成为情感的王子。传统节日是中国文化的精髓,她是平常人家平常日子中的玫瑰花酒。融于节日的语文活动是孩子表达情思的心灵溪流。我们美美地在节日里忙碌,搜索节日的由来、与节日有关的美丽传说、与节日有关的诗歌、玩与节日有关的传统游戏。

端午节,我们了解与节日有关的传说:由来一、由来二,在历史的长河中拣拾感动;学着给糯米穿上盔甲,五花大绑,等待香味扑鼻;与周围最辛苦、最敬爱的人一起品粽。

立夏节时,举办"蛋蛋运动会",鹅蛋将军、鸭蛋元帅、鸡蛋士兵雄赳赳、气昂昂地出场、夺冠,别有一番厮杀。

元宵节,观灯赏月,感受"有灯无月不是春,有月无灯不娱人"。灯月辉映,春回人间。放孔明灯,猜灯谜,"春到人间人似玉,灯烧月下月如银"的诗情诗韵一直醉到梦里去。

融于节日的语文活动,使节日诗情穿越历史绵远的河流,洒落在亘古不变的明月清辉中,以荡人心魄的浓情厚意感动着孩子的心灵。她是开启童心芳菲的一盅美酒,是愉悦儿童心灵的一缕月光,是丰美童年生活的一曲歌谣。千古情思和怀想,迷人的民族风味和情趣,情感的触动和共鸣,让孩子的心中滋生依依草根情怀,让孩子带着缤纷的感受走进语文的世界。

三、草根化语文课堂的价值引领

(一)智力教学,唤醒潜能

各种精美的音乐动画、实物投影、电脑、多媒体占领讲台的语文课堂美轮美奂。这种教学环境下的儿童视觉、听觉和智力背景下的空间触觉都受到美的冲击。孩子们如痴如醉,浪漫主义情怀造就浪漫主义诗人。然而,教师疲于教学工具的准备,疏于文字本身的深度和内涵,肤浅的华美荒芜了孩子的精神世界。丰盛的美餐只有在宾客满座时才精心准备,帮忙的人有一箩筐,不可否认地带来丰美效应。而在平时的常态下很难实现它的价值,教师不可能整天空闲着双手忙精美的教具,也不可能总有跟班帮忙的一队人马。同时,孩子们在感受美的同时,也受着美的束缚,守望着直观,沉睡状态的思维能力被梦幻的神奇、美所掩盖,具有不可忽视的肤浅与繁冗。

草根化的语文课堂,切入口是"思考",立足于唤醒潜能的智力教学:深刻的简单,简单得别有洞天、惊喜无限。

以语言为本位的审美教学,在化文为画的心智活动过程中,孩子的思维被开启,形象影射、想象填补、创新开发。此时无画胜有画,画意行间照。情感、个性特点都渗透在思维活动过程中。有人清新别致、有人浓墨重彩、有人搞怪幽默。智能绘画、草根策略、智力教学。

"文章本是有情物"。文学家之所以区别于常人,是因为他们能在平日里司空见惯的事物事件中寄托温润的情感、表达激荡心灵的深邃和醇美。草根化的语文课堂绝不是肤浅的倩影,甘甜的泉水总是在挖掘深处喷薄。读出文字背后的意蕴,才能触及文章的魂。深层而复杂的人生感叹,才能在学生清浅的心灵中投下一枚小小的石子,荡起层层涟漪。

习惯于思考,才能独立于思辨。思辨的结果:大珠小珠散落玉盘,弦音深远;思辨的价值:儿童能独立主张,并保持可持续性发展。

(二)语文本味,恬淡心灵

语文本味里没有花花绿绿,但可以波澜壮阔、也可以峰回路转、可以动人得像一首清丽的小诗,看起来平淡无奇,品起来幽香缕缕,明净、激情、意味深长。

教师心情恬淡。草根化的简约、心平气和、内涵质朴。课堂上教师厚重的文化积淀、敏捷的思维方式、全面的人文关怀、扎实的基础训练给了孩子真实、扎实、朴实的四十分钟。它区别于舞台的绚丽,用不着空调。语言有温度、字词知冷暖;不用刻意的煽情,言为心声、景中含情。草歌化语文课堂给予我们极致的美丽:平实、自然。语文本味,恬淡教师的心情,本分地从儿童角度出发和思考;语文本味,恬淡儿童的心灵,优雅地用思维来品读幽香。

(三)情感驱动,激荡情思

草根化的语文课堂以寻求体会生活化的情感、产生情感共鸣来亲近儿童的心灵。教师用平实的语言搭建情感的阶梯,看云卷云舒、演绎情感的心路。亲近自然宽厚的怀抱、体会语言文字的暗香疏影、品味文中深刻的意蕴、基于智力背景下的思辨都能有效激发儿童的情感参与、激荡儿童的情思。只有在学生心灵的土壤中埋下了一颗颗美丽的种子,将把握情感进行到底、将有效朗读进行到底,才能激荡孩子的情思。草根化的语文课堂坚守情感教学,情,像或浓或淡的雾霭,悠悠地弥散于课堂的每一处空间,渗透于学生的心田,慢慢地孕育、孕育……

卓根课堂明澈质朴、智慧飞扬,理直气壮地撑起小语教学的脊梁!

母语一身布衣、灿然微笑……

课例:

披文入理　情意浓浓

——《丰碑》重点段学习有效引导一例

一个惊天地、泣鬼神的动人故事,一个无限忠诚、舍弃自我的人格境界,一座高大永恒、晶莹耸立的精神丰碑,一段真挚浓烈、抑扬有致的情感诉说。

——《丰碑》凝聚了动人的情感内涵,展现了长征途中人性美的真谛。

课堂上,学生与教材的情感共鸣达到了较高的境界。学生落泪了,教师哽咽了,听课的同行们也为之动容。没有表现云中山风呼雪号的录音手段,没有直观的录像画面展示,只是教者一段动情的语言引导和学生对第七自然段步步深入的朗读、理解,云中山的特定情境被展示了出来,军需处长的高大形象深深感染了学生。

第七自然段浓墨重彩地刻画了老战士的形象。文字不多,如何长文深教,让学生记住文字、记住品质,以推动情感的高潮,是本课教学的重要环节。

我以探究式的教学方法,披文入理、点拨,加速了学生的情感升华,让学生获得求知的动力,受到完美人格的熏陶。

一、描绘激情　吸引入境

教师出示图画,有语感地背诵描述老战士动僵时的姿态:“在漫天风雪中,一个冻僵的老战士……”这一段描述,激发学生情感,进入故事情境,学生一下子被这非同一般的形象所吸引,并初步被老战士的形象所震撼、所动容。

二、自读悟情　披文入理

自读悟情,披文入理是学生情感内化的过程。学生在情感的鼓动下自由读第七自然段,各自说说对课文的理解。然后教师引导:这段文字看似平淡普通,其实每一句话都蕴含着丰富的情感,包含着丰富的内容。学生找出最令自己感动的句子,谈自己的体会,学生的情感一下子喷薄而出,或剖析当时军需处长从容镇定的心态,或想象他牺牲前抽完烟、准备继续走长征路的决心,或读懂他的疲惫、饥寒。学生通过探究性的朗读,领悟到文中浓烈的情感。

三、入境悟情　情感共鸣

披文入理,架起学生主体与教材之间情感共鸣的桥梁,再加之教者动情的描述,学生动情地试读这段文字,然后指名用心地朗读,有语感地背诵。军需处长不朽的人格魅力,对革命的无限忠诚如一座晶莹的丰碑在学生的心目中闪烁着异彩。

书声琅琅、情意浓浓,丰富的内涵,学生主体得以内化文字和品质。

教后反思：

朴素的深度 草根飘香

有多久了，老师习惯于借助多媒体设备向学生展示和渲染文中描写的情境、勾画的意象和表达的情感，而忽略了文字本身丰富的意蕴、深刻的内涵和飘散出的动人的情感。这就好比看电视剧《水浒》和读原著《水浒》带给观众和读者感受是有不同的。电视剧直观、形象、可感，而原著与读者的对话内涵更为丰富，带给读者更多想象的空间，给人更香醇更悠远的回味和无与伦比的厚重感。

草根化的课堂更加侧重于向语言文字本身要魅力。与其他学科融合的绘画、音乐、肢体动作这些辅助手段退出课堂舞台，代之以思维的舞蹈、语言的训练、想象的激发，诵读的韵律。学生学得安静、学得朴素、学得深刻，学到了情感的深处，才能更好地与文本、与作者对话，也才能更好地去热爱祖国的文字，激发他们创新型阅读的浓厚兴趣。

《丰碑》一课的教学，没有音乐、没有绘画，只有文本、只有一幅教材中的插图，只有依文的想象、只有深悟文字内涵后的感情诵读。和一些形象热闹的课比起来，它那么单薄却又那么厚实。教师长文短教：抓住了第七自然段重点描画，其它的文字略教，抓住了重点，也是情感点；教师短文深教：第七自然段的教学中，教师依着一幅课文中的插图和一段动情的描述，将学生带进长征途中风雨交加、饥寒交迫的情境中。然后将特写镜头对准军需处长，用课文中已有的第七自然段向孩子们展现了一座冰雪中的“丰碑”，学生的心灵受到极大的震撼。接着孩子们依据第七自然段的词句想象军需处长牺牲前的神态、动作、语言、心理活动，再对照这座冰雪中丰碑的模样，孩子们想着、说着、读着。他们落泪了、朗读的声音哽咽了，听课的老师为之动容了，甚至正在执教的我任何一句褒贬的话在孩子们的动容面前都显得那么不足一道。接下来的诵读是用眼睛、用声音、更是用情感。军需处长这一形象，孩子们终生不忘。这是他们在孩提时代读到的教材上一个光辉的形象，一个长征途中无数个感人故事中印象最深刻的一则。军需处长这个冰冷却有血有肉的人物深入了孩子们的骨髓，涌入了他们情感的海洋。之后带出的《金色的鱼钩》等故事也是一座座丰碑，亮在孩子们的心头。对照如今的尘世种种，不免叫人唏嘘，感慨万分。革命传统照万年、革命精神永不灭、人物形象照我心。

这是我难忘的一节课，之后碰到很多类似的课文。如教学《大禹治水》这一课，教师教第一自然段，设计了这样一段填空题：“滔滔的洪水淹没了（　　），淹没了(　　),淹没了(　　)。人们失去了(　　),失去了(　　),就失去了(　　)。”这一想象练说中,小朋友们失去的一切依照课堂上现在拥有的情形来说一说;中年人的失去以老师的拥有为例说一说;老年人失去的东西以你爷爷奶奶现在拥有的一切来说一说;人们失去的以大家都拥有的来说一说。这样,洪灾的可怕就展现在我们的面前和心里。在观看洪灾的录像后,它的可怕近距离地走进孩子们的心灵深处,带来心灵的震撼。教师再用语言引述:没有了吃的,老百姓拖儿带女、四处奔逃……然后感情诵读第一自然段,大家皱着眉头,声音低沉,比《江河水》的音乐还要凄惨。

这是草根化教学里朴素的深度,文字的魅力从容地自现,教者教得简单、学生学得动情。

第二章

语文情境的生态追求

语文情境:师生精神栖居的生态绿洲

[内容提要]

语文情境的有效创设,使语文学习成为师生精神栖居的生态绿洲。教师儿童观的情境性特征:一、水性:儿童如水,谓之真君子;二、自然性:童年的"史诗";三、诗性:"山那边住着神仙"。儿童在语文情境中的生态栖居:一、角色更替:阅读课的草根情境;二、生态旅行:复习课的动画情境;三、四季剪影:野外课的自然情境。语文情境中的生态追求:一、为儿童的学习;二、为教师的幸福;三、为语文的方向。

[关键词]

儿童观　语文情境　生态追求

"荷风送暖气,竹露滴清响"——生态绿洲是语文与童年精神相遇的美好情境,在充满美感和智慧,弥漫浪漫和神奇色彩的氛围中,语文活动与儿童的情感、心理发生共鸣而整合。风声、泉语、鸟鸣、形美、意真、情切……心向往、心栖居、心归属的精神绿地。教者快乐,己欲,施于人,人快乐。语文情境的有效创设,使语文学习成为师生精神栖居的生态绿洲。

师者篇:儿童观的情境性特征

优化的语文情境的创设要求教师具备积极浪漫的儿童观,这是情境创设的要求,也是教师幸福的来源。

一、水性:儿童如水,谓之真君子

语文的幸福在孩子:“蒹葭苍苍,白露为霜。所谓伊人,在水一方。”孔子曾经论水,说水有德行、有情义、有志向、善施教化,谓之真君子。情境教育理念下的语文课堂自然也离不开水,因为儿童如水,儿童谓之真君子!

1. 儿童有水的形态

如水的双眸、如水的肌肤、如水的穿着、如水的笑声、如水的顽皮、如水的酣梦。儿童,通身明澈,似水;儿童无邪的探寻目光,似水。

2. 儿童有水的情韵

儿童眼中的世界:母爱就是狗爱、蝴蝶在恋爱、作家笔下的天鹅之美、狗狗在生气、等踢屋檐上滴落的雨滴,童心世界的纯美都具有水的情韵。儿童的心思是水的情怀,儿童如水。

3. 儿童有水的心灵

语文活动中透视儿童如水的心灵,街头义卖有情义:一份份售出的小报,是一颗颗对灾区小朋友的深情;人小鬼大有志向:小作家、小画家、小发明家、小书法家、小舞蹈家、小作曲家思维纵横驰骋。

儿童似水,有心有形,又好像无心无形。抛开喧嚣的尘世,打开幸福的盒子,每天,去盛满水的形态、水的情韵和水的心灵,教师就在语文情境的引领下每天收获美好的教师人生:蒹葭苍苍,白露为霜。所谓伊人,在水一方。在似水的儿童中间,教师宛在水的中间,伊人伊心,此情此景,今生今世,是幸福。

二、自然性:童年的“史诗”

和成人世界相比较,在流淌的四季河流里,儿童是最为活泼和跳动的音符,他们是属于生长着的春夏秋冬的。从儿童的视角来看,春夏秋冬是他们眼里明媚的小物件,是具有游戏气息的季节呈现、是在四季的摇篮里孕育和绽放生命的自然生物。

语文情境就是要尊重儿童的自然性。《我是小花农》的活动,为儿童抒写了适合儿童的童年“史诗”,让孩子们经历了春天里童话故事的现实版演绎。儿童和春天一起物语,一起在春天的心坎里培育生命,阳光透进心窗,雨露洒向孩子们心的原野,希望的芽儿萌发、生长、灿烂。

1. 去花鸟市场买花种,开展“我是快乐的小花种”活动。观其形色、让春风春雨和小花种说悄悄话。

2. 种花种:给小种子一床松软的泥土被,喂她甜甜的雨水;

3. 小种子的梦:小种子睡得很香,听到春雨“滴答”、春鸟“叽啾”、春天的枝叶在“沙沙”歌唱,还听到小朋友在春天里诵诗读文,她们会做怎样的美梦啊?

4. 亲亲小种子娃娃:当小种子娃娃努力地从泥土被里探出头来时,亲亲她的小脸,握握她的小手,抚一抚她身上的小露珠,和她聊聊天。

5. 小种子眼中的世界:阳光、雨露、蓝天、云彩,大自然中的小伙伴,与之絮语。

6. 小种子的生活:小苗逐渐长成小姑娘,亭亭玉立的身影焕发生命的光彩,虽然还有些纤弱,但能让我们听到生长的声音,为她唱一首生命的歌。

在大自然的怀抱中,孩子们手捧着花盆、追寻着阳光、聆听着大自然的声响、感受着生命的拔节,并且乐乐地做、悄悄地说、美美地想、用心地写,闪耀着童年光彩的史诗长卷,形美、意切、情真。在动人的语文情境活动中,孩子们回归了自然性,教师也和孩子们一起感受大自然的美好,拾掇起作为教师的幸福。

三、诗性:“山那边住着神仙”

“池塘边的榕树上,知了在声声地叫着夏天。没有人能够告诉我,山那边是否住着神仙?”

——语文情境课堂告诉孩子:山那边住着神仙。认识儿童天然的诗性,圆孩子作为天然诗者的美梦,让神奇、神秘与童年随行。

《会走路的树》中,小鸟站在小驯鹿金色的角上来到驯鹿的家,他们又相聚在了一起,他们又一起走过了哪些美丽的地方?度过了怎样的快乐时光?他们又有了怎样的离别和相聚?

《我真想变成大大的荷叶》中,清晨,我想变成什么?晌午的时候,我想变成什么?夜幕降临,我想变成什么?当大地沉睡的时候,我想变成什么呢?

《问银河》中,你坐在草地上,托着下巴,你还想问银河什么呢?

中秋佳节,开发《最是相思月明时》读本,孩子在月光下用词、用诗、用美文赞月,孩子在月光下展开神奇的想象。老师再教孩子唱《水调歌头》,问:“知道这首歌是谁唱的?”孩子答:“是嫦娥在唱!”月宫、嫦娥、玉兔、吴刚、桂花树都在婆娑的月影中歌唱。

情境教育背景下,教师认定儿童的水性、自然性、诗性,自己也就站在了水的中央,融入了大自然,成为了课堂的诗者,情境教学给予了诗者美丽的教育人生。

儿童篇:语文情境中的生态栖居

儿童渴望属于童年的世界,就像迷途的人想找到回家的感觉。语文情境的有效创设,让童心在回家的路上提着一盏暖灯,浸染其中,并深深地在安稳的港湾里放飞属于自己的梦境。

一、角色更替:阅读课的草根情境

1. 化“他”为“我”

课文中的主人公都带着浓浓的情感特征,只有在简约的草根情境中化“他”为“我”,才能让孩子走进人物内心,走进情感的深处。在教学《沉香救母》这一课时,有一段文字讲沉香长大后不见母亲,向父亲“再三追问”,父亲说出实情,于是沉香含着眼泪下决心救母。

教学实录如下:

师:孩子们,现在,你们是沉香,日渐懂事的沉香整日只见父亲为自己劳碌着,这时你会向父亲问些什么?

生:爸爸,我的妈妈呢?她在哪里?

师(愁眉不展):唉……

生:爸爸,你为什么不说话?

师(摇头):唉……

生(拽着师的衣袖):爸爸,你为什么不说话?你为什么不回答我?

师(皱着眉思索再三):你妈妈被压在华山脚下。

生:是谁?是谁把我妈妈压在了华山脚下?

师:是你的舅舅二郎神。

生:二郎神是什么人?

师:他是天神。因为反对你妈妈和我一起生活,所以抓走了你妈妈,一直压在华山脚下。这么多年,你妈妈整天以泪洗面、孤单一人。孩子啊,妈妈也想你啊!

生:爸爸,别难过,我一定要学好本领,打败二郎神,救出妈妈。

师:沉香的心里充满着疑惑,向父亲一个问题追着一个问题地问,这就是“再三追问”。

师:小沉香们,看到别的孩子都有妈妈疼爱,看到爸爸整日唉声叹气,形单影只，知道了妈妈的可怜遭遇，你这时是什么心情？

生：我很难过；

生：我很痛苦；

生：我很悲伤；

生：我非常气愤；

生：我一定要救出妈妈；

师：于是，含着眼泪、握紧拳头的沉香开始了他的救母之路。

上一片段的教学，化“他”为“我”，创设了草根化的教学情境。孩子用心灵感受了沉香的内心世界。欲扬先抑，怒目圆睁、握紧双拳的沉香积蓄了思想和行为的力量：浪卷般的激越，内心的狂澜迭起，为后文的学习埋下了伏笔。

2. 化景为人

“一切景语皆情语”。景转化成人，才能融入情感世界，景语才能或浓或淡地让心灵浸润其中。

《望月》是一篇文质兼美的散文，其中诗人眼中之月：月亮安详地吐洒着她的清辉……

师：你就坐在客轮的甲板上，坐在水的中央，看到眼前的月亮安详地吐洒着她的清辉。“安详”是怎样的表情呢？

生：慈眉善目；

生：微笑着；

师：她让你想到谁？她在干什么？

生：想起了我的外婆，她笑眯眯地看着我；

生：想起了我的妈妈，她在台灯下给我辅导作业；

生：想起了我奶奶，她戴着老花镜，慢悠悠地给我剥花生；

……

师：多么安详啊！谁能读出宁静和温情？那是一双怎样的眼睛——“安详”

（指名读、分组读、齐读、放到句子中去读）

化景为人，一股暖意包围着孩子们的心，诗人眼中的月光倾洒进孩子们的心海中。一片美好付月光。

3. 化赏为思：

月光下，我们走过一路花香，赏读《月亮在天上笑了》这首诗，月光美丽了小水塘边的花花草草、小动物们，月光也给赶夜路的人们带来了方便。多好的月光童话、多好的情感啊！身临其境的赏读，孩子们俨然成了浪漫主义的情感精灵。

赏,精神愉悦。在美好的情境中,天地灵气袅袅升腾,付诸月光,承载童年的一段清梦……

择一晴日的清晨,旭日东升,金辉尽洒,带着孩子们走过一路花香,听过一路鸟鸣,看过朝阳带给大地的变化。孩子们写下《太阳在天上笑了》

一只快乐的小鸟,
兴奋地迎着朝霞,
美丽的太阳
悄悄地爬上了山冈……

太阳开始上班了,
它上的是白班,
它给世界洒下了金光,
洒满了盛开的花朵,
洒满了碧绿的小草,
洒满了欢快的浪花,
洒满了弯曲的小路。

因为温暖而迷人的阳光,
人们的心情更加舒畅,
不管是赶路的大人,
还是活泼可爱的小朋友。

世间万物在它的呵护下,
健康快乐地成长,
太阳在天上笑了,
它看到了处处生机勃勃……

由赏到思,孩子们精神愉悦的同时,渐渐学会了用心去感悟周围美好而又习以为常的事物,心中有爱,语文情境与童年相知。

二、生态旅行:复习课的动画情境

复习课很容易像咸腌菜或者炒冷饭那样叫人乏味。单元重组,创设生动有趣又富有挑战性的生态旅行,是孩子们喜欢的复习课。

比如说：在二年级第二学期童话单元复习课，教师创设了童话王国的旅行的情境，把《蜗牛的奖杯》、《谁的本领大》、《狐假虎威》、《会走路的树》、《猴子种果树》串在一起，再走进一个又一个童话故事，感受一个又一个生动的人物形象、感悟一个又一个蕴涵的道理。在童话王国里，可少不了竞赛闯关，易错字、后鼻音、词语开花、形近字，一道道关卡，孩子们争先恐后，乐此不疲。花香鸟语，童话的瑰丽让孩子们喜欢上了复习课，收获到美美的复习成果。

箩筐背满喜悦，心中装满成就。是情境，给了孩子难忘的生态之旅。

三、四季剪影：野外课的自然情境

“走，走，走走走，我们小手牵小手……”野外课展现的自然情境，使孩子们和四季一起生长。春天的明媚、夏日的清凉、秋天的高远、冬日的雪趣伴随着孩子们成长的足迹，成为铺洒在花季雨路上的快乐的盛宴。

诗人情怀在早春时节就跟随悄悄萌发的草芽一起来了。听春雨的“沙沙”、“淅沥淅沥”，看雨花的圈圈心漪。大自然是最浪漫的诗人，演奏家，孩子们在雨雾中感受，在屋檐下聆听，站成一幅幅早春的画，唱着一首首早春的诗。小嫩芽的故事是“雨来了，我醒了”——“绿色遥看近却无”——“唱响春光”——“蝶飞蜂舞”。在濠东绿地上，我们听鸟的歌声，在新绿的柳条下吟《咏柳》，亲亲小草、吻吻小野花、黄金条，感受“春江水暖鸭先知”，和“白毛浮绿水，红掌拨清波”，继而吟诵“春江水暖我先知”。一路春光，连连花絮。

夏天的歌声：清晨，推开窗户和鸟儿一起歌唱。中午，听蝉鸣。傍晚时分，听蛙声一片，稻秧田里说丰年。

秋高气爽、碧空如洗时，我们和孩子一起看蓝天，傻呆呆地沉醉；秋风起时，我们去观孝塔听风铃声；秋果熟时，我们布置秋天的果园，看秋果挂满枝头；秋叶黄时，我们去公园看秋叶飘飞，听秋叶絮语，捡拾秋天的落叶，做树叶贴画。

冬的情怀是静谧的，一起去听一听树木无声的萧瑟；冬的情怀是热烈的，蹿飞的键花，飞舞的彩绳都是孩子们生命的律动。

四季的剪影，有声有色地在孩子们的梦境里伸展着、起伏着……

创生篇:语文情境中的生态追求

一、为儿童的学习

孩子们边玩边学,边学边思。情境性的语文课堂中,孩子们的童年充满阳光,七彩的梦想插上了飞翔的翅膀,希望的种子有了萌发的土壤,是溪水般的明澈,是白云般的清悠、是内心的狂澜迭起、表面的波澜不惊,是融于生活的真实,是不着边际的浪漫,是不经意的遐想……这些诱发了儿童的学习主动性、强化了感受性、着眼创造性、渗透了教育性、贯穿了实践性,引导儿童走进了语文学习的美丽而神奇的国度。语文情境提供了儿童精神栖居的生态绿洲。

二、为教师的幸福

儿童观的情境性特征打开了教师生活幸福的大门。浪漫积极的语文课堂、多彩斑斓的教育生活里长出生命之树的动人声响,使语文教学具有了直通儿童心灵的途径。教师怀抱自己的虔诚,追寻幸福的因子:我们首先去感受四季,聆听四季的歌声;我们首先去读懂童心的清澈,用清澈的方式走近儿童;我们首先诗意地去解读文本、解读生活。教师作为美者、思考者,幸福的承载者,幸福也就扑面而来。情境教育给予教师美好的精神栖居的生态绿洲。

三、为语文的方向

扎根于大地、生长于沃土,与儿童的心灵相通。语文情境的创设让语文有了怎样的含义:语文是事业、语文是科学、语文是艺术。语文情境提供了语文教学的生态绿洲。

提着春姑娘的大柳筐,我们一路走过……

课例1:

江中月色为三人?
——教赵丽宏《望月》中的"江中月色"段落

(文):

月亮出来了,安详地吐洒着它的清辉。月光洒落在长江里,江面被照亮了,流动的江水中,有千点万点晶莹闪烁的光斑在跳动。江两岸,芦荡、树林和山峰的黑色剪影,在江天交界处隐隐约约地伸展着、起伏着。月光为它们镀上了一层银色的花边。

中秋月,圆满之月,皓月清辉;水中月,如梦里看花、迷离炫目。江上月色,又是怎样的情景呢?

谁来读这段文字?

文字就是画面,你能用一个字来说说你此时的感受吗?

(美、醉)

太美了,让人醉。

你在这里感受到怎样的月?是从哪里读出来的?

(安详的:读句子;晶莹跳跃的:千点万点;朦胧神奇的:读句子)

化景为人:

夜深人静的时候,我悄悄地来到江轮的甲板上,坐在水的中央抬头望月。月亮出来了,(引读第一句)

知道"安详"的表情吗?(安静、慈祥、慈眉善目、微笑着)

如果把这时江上中天的月看成是一个人,你觉得她像是谁?她在干些什么?

生:想起了我的外婆,她笑眯眯地看着我;

生:想起了我的妈妈,她在台灯下给我辅导作业;

生:想起了我的奶奶,她戴着老花镜,慢悠悠地给我剥花生;

生:想起了我的妈妈,她在给我织毛线衣。

这是一双怎样的眼睛?——安详。

这是温婉、纯美、安详的母亲、外婆、温柔的女性。女生读。

(引读第二句)月光(　),江面被(　),流动的江水中,有(　)。

江水中的月色,此时幻化成了人,你觉得它成了谁?(活泼欢快、调皮好动的孩子)

那样的晶莹闪烁。(加着重号)

有多少这样的孩子?

(千点万点)

他们晶莹闪烁着跳跃着,在和江水做着怎样的游戏呢?

(捉迷藏、挠痒痒)

是的,调皮着呢,活跃着呢!这群娃娃中有你,有你们。请男生读一读。

江两岸,芦荡、树林和山峰的黑色剪影,在江天交界处(　)。月光为它们(　)。

江边成片的芦苇是天然的诗人，树林若隐若现，山峰起起伏伏。在江水和天空交界处的黑色剪影怎么会伸展着、起伏着呢！

（江水上的船只在前行，上下有些颠簸）

月光被这伸展着、起伏着的黑色剪影镀上了银色的花边。这样的境界，已经分不清是船在前行，还是黑色剪影在伸展、起伏了。这样的境界，让你想起了哪些词？

（朦朦胧胧、神神秘秘、隐隐约约）

这里为什么不用“洒”、“铺”、“罩”、“蒙”，而是用“镀”呢？

（有了光泽，闪烁、活泼）

这时的月又仿佛成了谁？

（一位神秘的女郎）

朗读一：

这江中的月啊，有母亲的安详。（读第一句）

这水中的月啊，有孩童的调皮，（读二、三两句）

这黑色剪影上的月色啊，还有神秘女郎的朦胧。（读第四句）

朗读二：

坐在江轮的甲板上，坐在水的中央，感受如水的月光——让我们把这一幅天然的水墨画，一首静默的山水诗看在眼里、读在心里、带进梦里。（再读）

课例2：

天鹅的故事

设计：王玲玲　评析：瞿茂森

教学目的：

1. 学会本课生字新词；
2. 理解课文内容。在阅读过程中体会老天鹅的勇敢和天鹅群的团结。
3. 正确、流利、有感情地朗读课文。

教学重点：

文章五、六、七自然段。

教学时间：两课时。

教学过程：

第一课时（略）

第二课时

一、揭题、复习

同学们,今天,我们继续学习第7课(齐读课题)天鹅的故事

这些字词,还记得吗?

俄罗斯　斯杰潘　清脆　瞪着眼睛　塌陷　扩大　胸脯

二、自读课文,交流感受

1. 同学们都读过《生命桥》的故事,相信大家一定深受感动。在动物世界里,这样的故事还有很多,《天鹅的故事》就是其中一个。你们还想再读读这篇课文吗?

各自轻声读课文。

交流感受:

读完课文,你们想说些什么呢?

根据学生发言总结:无论是老天鹅勇敢地带头破冰,还是天鹅群团结战斗,都很感动人。

板书:

老天鹅　勇敢

天鹅群　团结

[简析]1

一堂好的课,应该是一个严谨的向心结构。教师通过充满人文关怀的语言激发了学生读书的欲望,使之形成阅读期待,在学生自读课文的基础上让学生交流读后的感受,并敏锐地捕捉住学生的感受,板书出"勇敢破冰"、"齐心破冰",直奔中心。在教学的策略上教者注意整体把握,逐步深入,为下面进一步体会老天鹅的勇敢和天鹅群的团结打下了基础。

2. 再读课文、展开想象

(1)这么感人的故事,要是能拍成影片,去感动更多的人,那该多好啊!你们愿意帮忙吗?

(2)怎么拍呢?找找课文中哪几个自然段直接写天鹅破冰的故事?(5、6、7自然段)

(3)你们准备先拍谁?接着拍什么?最后拍什么?

(先拍老天鹅带头破冰;天鹅群团结破冰;破冰成功)

为了表现老天鹅的勇敢,你们准备拍摄哪些画面?

老天鹅的动作

周围的环境

冰面的变化

根据学生的发言,适时点击“腾空而起”“像石头似的”“重重的”“沉重的一击”等词句并穿插媒体演示。

老天鹅破冰的举动感人至深。这样的画面多么悲壮。(板书:悲壮)

这样的画面只需要拍摄一次吗?要对准它两次、三次、很多次。哪个标点符号提醒了你?很多次以后的画面有什么不同?(第二次、第三次,很多次,一次比一次腾空而起的高度高一些。直到听到老天鹅低沉的呻吟声,直到看到老天鹅咬紧牙关的表情,直到看到冰面被震得颤动起来,直到看到冰面上、老天鹅的身体上血迹斑斑,直到看到老天鹅的羽毛掉落在冰面上,飘飞在空中。这时悲壮的音乐随时而起。)

指导感情朗读:

推荐一名朗诵最好的同学朗诵写老天鹅的文字,给这些画面加上话外音。老师引诵:第二次,老天鹅腾空而起……(男生齐读)

老师再引诵:第三次,老天鹅腾空而起……(全班齐诵)

[简析]2

通过让学生当导演的方法让学生阅读、思考、想象,手法新颖、独具匠心。不仅满足了学生表达的欲望,同时也调动了学生的生活积累,激发了他们的创造潜能。这一过程是学生自读、自悟的过程,也是合作交流、互相启发的过程。学生通过对教材的再开发,培养了他们的想象力和表现力。同时在语言的实践中进一步深刻地体会到老天鹅的精神之美。教者把文中的词句作为教学的生长点,最后把“感情朗读”作为教学的落脚点,也正体现了语文教学的一般规律。

3. 同学们真会动脑筋,想想看,你们如何来拍好天鹅群齐心破冰的画面?

交流并指导朗读。

你们觉得,天鹅群团结破冰的场面可以用一个什么词来概括?(板书:热烈)

引读有关内容。

[简析]3

在体会了老天鹅的勇敢与顽强之后,再一次让学生感受天鹅群的团结之美!学生通过天鹅群齐心协力破冰这一场景去想象,通过朗读和概括这一场景,一定会有更加深刻的认识。

分角色读好5、6、7自然段。

三、品读课文，释疑解难

多么可爱的充满灵性的鸟儿！多么强烈的求生意志！猎人斯杰潘被深深地感动了，他惊叹于老天鹅的（　），感慨于天鹅群的（　）。谈到天鹅的故事，他依然饱含深情——引读最后一个自然段。

课文学到这儿，你们还有什么疑问吗？交流。

根据学生的疑问，引导学生理解天鹅群的智慧、经验、勇气。认识天鹅的可爱，体会猎人的感情。

［简析］4

学贵有疑。学生对一篇阅读材料的认识、体验、感悟是不同的，对文本不同层次的认识也就会导致学生产生不同层次的疑问。课堂上提供学生质疑的权利能更加真实地反映学生的心理活动，同时也为学生进一步深化认识提供了立脚点。学生的思维在互相碰撞以后，会变得更有深度和穿透力。为了求生，天鹅不惜以自己的身体去撞击冰面。他们不怕困难，勇敢战斗，团结一心。他们的故事深深震撼了每一个人。这是一个真实的故事，更是一曲生命的赞歌！

四、作业超市

1. 将课文中老天鹅勇敢破冰的故事改写成剧本，以小组为单位排演课本剧；
2. 把这个感人的故事讲给你的朋友和亲人听；
3. 感情朗读课文。

［简析］5

作业设计富有创意，培养了学生的自主意识，强调了学习是个性化的行为，也反映了教师人本化思想。

板书：天鹅的故事

老天鹅　勇敢悲壮

天鹅群　团结热烈

教后反思：

广角镜头里的阅读

设计一个情境去读书，物中有我、境中有情、心中就有念想。“我”——学生作为一名参与者进入故事中的情境，成为一名摄影师去拍摄天鹅觅食的场景。拍什么？抓拍特写镜头，感受老天鹅这位破冰勇士的勇敢，再远距离拍摄天鹅的群体破冰场景，感受它们的团结和热烈。孩子们一下子把握住了课文的主要内容。要使拍出的镜头能够感动更多的人，我们应该怎样拍？这样引导孩子们细读文本，抓住细节，更加深悟老天鹅和天鹅群的品德美。拍摄老天鹅的动作“腾空而起”“像石头似的”“重重的”“沉重的一击”这些画面，再重复地拍摄这画面，第二次、第三次，很多次，一次比一次腾空而起的高度高一些。直到听到老天鹅低沉的呻吟声，直到看到老天鹅咬紧牙关的表情，直到看到冰面被震得颤动起来，直到看到冰面上、老天鹅的身体上血迹斑斑，直到看到老天鹅的羽毛掉落在冰面上，飘飞在空中。这时悲壮的音乐随时而起，推荐一名同学朗诵写老天鹅的文字，给这些画面加上话外音。老师引诵：第二次，老天鹅腾空而起……（男生齐读）老师再引诵：第三次，老天鹅腾空而起……（全班齐诵）老天鹅的形象深刻在了每一个孩子的心中。

天鹅群集体破冰的团结和热烈用广角镜头一览无遗，热烈的场面加上话外音——将它们群体的口号翻译成人类的配音口号！

当摄影师去拍摄影片，有声有色。特写镜头很好地把握了主要人物，广角镜头拍摄了集体破冰的热烈。情境的创设理清了文章的思路，把握了文章的主要内容，同时也突破了教学的难点，主题鲜明。

第三章

古诗里的明媚世界

古诗新读:诉诸儿童精神世界的快意行走

一、问题的提出

当今社会,物欲横流,快节奏的生活、高强度的竞争使空虚、浮躁、疲倦成为现代人的心理主流。现阶段的儿童也或多或少地受着负面影响,而中华古典诗歌中所蕴籍的香醇图景、聪颖智慧和瑰丽想象,所表现出的款款深情、深度思考是对儿童心灵的深层滋养。但是有多久了,古典的诗意从现代的嘈杂、浮躁和喧嚣弥漫中逐渐远逝。诗歌,连同她最为虔诚的追随者,就像被历史流放的囚徒,带着其完美的躯壳与昔日辉煌的韵姿,于人烟稀少的巅峰独自起舞。我们呼唤让古典情蕴从"沉睡"状态中苏醒过来,成为语文教师手心里的宝和耐久品味的香茗,并用适合儿童的方式融入儿童的生活、融入心灵、融入语文学习,让儿童熟读于心、濡染于心,在快乐的精神生活中逐渐具有儒雅的文学气质,拥有快乐的经典人生。

国内外许多国家都将经典阅读列入课程标准等正式条件并作出明确规定。

1995 年,赵朴初、冰心、曹禺、夏衍等文化名人在全国政协会议上急呼:"赶快,建一个幼年古典教育名校。"1998 年,中国青年基金会开始组织实施"中华古诗文经典诵读工程"。的确,母语温情的怀抱是适合孩子童年生活的营养钵,吸吮她的醇美,是适应时代需求、诉诸儿童精神世界的温情耕耘。

《语文新课程标准》要求小学阶段背诵优秀古诗文 70 篇,然而阅读书目虽然版本繁多,但是内容零散和单一,科学性、赏读性不强,不易于儿童建构知识联系、生成良好的语言素养和享受香醇的阅读美感。因此,我们需要给孩子一本适合他们的古典诗词读本，抓住人一生当中记忆最澄澈的黄金时代，让他们与经典相伴，修养生性、愉悦情感，以受用一生。

二、融于生活：师生共同创编的古诗阅读读本

“生活教育”是陶行知先生教育思想的核心。“用生活来教育，教育要通过生活才能发生力量而成为真正的教育。”古诗阅读成为儿童喜爱的生活是适合儿童的阅读方式。“从生活中来，到生活中去”是古诗贴近儿童的最佳途径。植根于儿童的生活沃土，才能被儿童所接纳，在儿童的心田中绽放出富有时代气息的花朵，成为儿童渴望归去的精神家园。因此，师生共同创编走进传统佳节、淌过四季的河流、投身自然的怀抱、徜徉情感世界四个融于生活的古诗单元阅读读本。

1. 精神的安宁家园：融于生活的单元序列

传统佳节、四季更替、自然万物的清新气息、情感世界是孩子们的生活。一首诗歌，一脉心曲。

(1)走进传统佳节

中国有很多充满浓郁风情的传统节日。人天合一、情浓辞发是中国传统节日的民族特点。遥想当年，才子骚客在节日的夜晚，小酌低吟，或独自对月，或感怀伤情，或满心豪迈。节日诗情穿越历史绵远的河流，洒落在亘古不变的明月清辉中，以荡人心魄的浓情厚谊感动着我们的心灵。她是开启童心芳菲的一盅美酒，是愉悦儿童心灵的一缕月光，是丰美童年生活的一曲歌谣。孩子们喜欢过节，享受节日的快乐和成长的欢娱。喜庆、热闹、和谐是节日文化赋予儿童的精神休闲。因此，师生美美地在节日里忙碌，搜索节日的由来、与节日有关的美丽传说、与节日有关的诗歌、玩与节日有关的传统游戏。组诗单元：“爆竹声中迎春来”——春节，“灯月无边庆元宵”——元宵节、“断肠人在清明”——清明节、“端午思古黯神伤”——端午节、“千里明月寄相思”——中秋节……多姿丰蕴的教材设计，融于生活的单元序列让孩子们的生活中多了古诗的清丽与冷峻，多了千古情思和怀想，多了沉静迷人的民族风味和情趣，多了情感的触动和共鸣，古诗新读给予儿童精神世界的丰盈和美丽像一幅幅徐徐舒展的多彩画卷。

(2)淌过四季河流

和成人世界相比较，在流淌的四季河流里，孩子是最为活泼和跳动的音符，他们是属于生长着的春夏秋冬的。从孩子的视角来看，春夏秋冬是他们眼里明媚的小物件，是具有游戏气息的季节呈现、是在四季的摇篮里孕育和绽放生命的自然生物。组诗单元：“让我们一起享受春天”、“清凉夏日”、“秋日私语”、“冬日暖情”,用她的斑斓和温情滋润着童年的每一个日子。在四季的诗行里,春天的明媚、夏日的清凉、秋天的高远、冬日的雪趣伴随着孩子们成长的足迹,成为铺洒在花季雨路上的快乐的盛宴。融合季节活动的古诗新读让纯美的情思淌进孩子的心海,在吟读诗歌的同时,孩子们去大自然中寻找诗情、放飞梦想,成为春天里秋千上飘飞的雀儿、夏日里酸梅宴上的食客、秋天里麦秆堆里的“猫猫”、冬日里雪地上的精灵。孩子们拒绝不了古诗蕴藉的美感、更加陶醉于去触摸大自然跳动的脉搏。诗是属于孩子的,孩子是属于诗的。

(3)投身自然怀抱

与大自然有关的组诗单元引导儿童关注周围的生活世界,滋养美好的生活情趣。组诗:“百花熏得游人醉”:荷、梅、菊、桃……百花图景,交相吐艳、芳香四溢;“虫鸟王国交响曲”:鸣蝉、山鸟、老牛、归雁……百般生趣、引人思考。孩子们在生活中有意识地寻访着它们的踪迹,乐淘淘地享受着盎然情趣。

(4)徜徉情感世界

“感人心者莫先乎情”,古典诗歌之所以千古流传,就是因为与今天的人们思想感情相通,今天读来仍然感觉历久弥新。“儿童是情感的王子。”(李吉林老师语),体察“古仁人之心”,能引起儿童的情感共鸣,还能陶冶情操、提升孩子们的文化品位。组诗单元:“一片冰心送友情”——送别诗、“掏心吐哺慈母心”——母爱篇、“边塞苍茫思乡切”——边塞诗、垂髫嬉戏图——儿童情趣诗,润泽了儿童的情感世界,几许怜惜、几许沧桑、几多温情、几多情趣。古诗中的醇美情感唤起儿童潜在的情感意识,让童年的阳光变得灿烂、生活充满希望,能使弱者变强、强者更强。古典诗歌作为古人人生阅历和情感的载体,孩子们可以从中照见了自身和周边熟悉的人的影子。

2. 浪漫的阅读之旅:融于生活的阅读体操

体操式的生活化解读方式赋予古典诗歌节奏感和时代感,为儿童打造了浪漫轻松的阅读之旅,以便于孩子们亲近。一、知诗人:了解诗人生活的年代,他的风云雅事,是孩子们喜闻乐见的;二、解诗意:一首诗是一幅景、一段情。缘字入景、缘景入境、缘境入情。其中有真意,读来终觉好;三、悟诗情:配合一首现代诗,体会诗中蕴涵的美妙情思。景——亦真亦幻,人——若隐若现,情——暗香浮动。诗演变成一缕淡淡的芳馨,用体操式的阶梯文本方式,有节奏、富有时代气息地给了孩子们清新、洒脱、绚丽、明快、自然或者含蓄的文化滋养。

3. 快乐的心灵体验:融于生活的绘本读本

什么样的解读能映射童真童趣和体现现代解读理念?——融于生活的绘本

读本。孩子们自己创作的诗配画,与老师的组诗单元、阅读体操组合,充满着奇丽的想象和清新气息,成为师生共同创编的古诗读本。儿童画不是配合诗意的名家名画的展示,不是成人世界对诗歌的完美解读,而是孩子们自己理解的诗歌形象,是孩子把诗歌融于生活之后,童心世界里的自然修辞。这样的读本美美地吸引着孩子,引发着他们的想象,生动地抒发着诗情。在读诗的过程中,孩子们体验着他们独有的快乐的心灵之旅。

三、付之游戏:探寻适合儿童的阅读方式

游戏是儿童自然生成的心灵归宿,是吸引儿童的天然磁场。"一旦知道同伴们有了有趣的游戏,冬晨睡在房里的会立刻从被窝里钻出,穿了寝衣来参加;正在穿衣服的会赤了膊去参加;正在浴室的也会离开澡盆,用湿淋的赤身去参加。"游戏之于儿童,具有如此的天然神韵,是因为游戏精神。游戏者为自己游戏,是自己取乐的。即使有时会很累、很紧张,内心却很高兴。没有学生厌弃游戏,但很多学生厌弃学习。设想把古诗阅读变成游戏,创设游戏的状态来组织学习,学生岂不是像热爱游戏一样地热爱古诗阅读?学习岂不是像游戏一样地充满魅力?将古诗教学付之游戏,是适合儿童的有效阅读方式。

1. 画意诗情

诗是意境。孩子们用五彩的画笔描画诗歌形象:诗中景富有童话气息、色彩鲜丽。如:"沙暖睡鸳鸯":沙细鸟憨,遮阳伞、躺椅、椰子树、碧天、蓝海,不得不令人惊叹孩子对生活的美好感受和体验。"春眠不觉晓,处处闻啼鸟":孩子想象画出:春日的清晨,柳叶飘飞,一只大鸟在枝头歌唱,随它嘴里鸣出的音符,像柳条一样从枝头飘下,春日的清晨充满了动感和美妙的声响,天籁之音似乎穿透了纸背,袅袅而来。在孩子们的画笔下,湖光山色、田园桑麻、大漠孤烟都活脱脱地闪耀着生命的活力;诗中人或卡通,妙趣横生;或古装,在诗景中撑着小花伞徜徉;或轻捻长须,对月吟叹。画中人是孩子心目中诗人的时代形象,其实也是孩子把自己融入了诗境,用快乐的方式表达了诗情。惊叹孩子出色的想象力,读到他们的作品,是绝妙的艺术享受。

2. 组诗回放

古诗新读让我们在古典艺术的殿堂里享受沉静和美。在生活序列化的教材编排中,都以组诗的形式呈现传统佳节文化、四季更替、浓厚情感。组诗回放是用游戏的读书会形式让孩子们享受阶段学习成果,展现个人学习风采。具体操作为:(1)展示孩子们的优秀诗配画作品,以 7 人小组为单位,根据画面和主题配乐,以多种方式竞赛吟读诗歌，可以着古装，情景再现；可以在吟读的基础上，创编新诗。人人参与展示、人人都充满激情、人人享受成功的愉快，并且激发每个孩子对下组古诗阅读的浓厚兴趣；⑵唱诗：给诗歌谱曲，动情吟唱。随口哼唱是孩子们信口而来的游戏形式，让流动的音乐艺术把古诗这门古老的文字艺术所包含的意境抒发入骨。一组诗歌吟唱完毕，或者春意满心，或者浓情满怀……

3. 引经查典

古典诗歌产生的年代久远，诗中的历史事件和人物经常是孩子们感兴趣的话题。如：《寒食》一诗中，教师布置孩子查找寒食节来历的典故。孩子们查出，春秋时期，重耳为了逼迫介子推出山，放火烧山，致使介子推被烧死。因此人们为了纪念介子推，在清明前两天，禁火吃冷食的民族风俗。孩子们在读诗的过程中，探究历史故事，充满了好奇心，也对同类型的古诗充满了探究兴趣。

4. 野外体验

野外活动相融合的诗歌读本是孩子们的精神绿地。孩子们会在春天的新柳下站成水墨画，边吟读《咏柳》边享受“春风送暖我先知”；会在桃园中迷醉，感受“桃花一簇开无主，可爱深红爱浅红”的诗韵；会在夏日荷塘边摄影，然后在作品上题“接天莲叶无穷碧，映日荷花别样红”；会在冰天雪地上感受雪韵、雪情、雪趣，吟诵雪趣诗；会在元宵节跟随爸爸妈妈挤过熙熙攘攘的人流，观灯赏月，然后在习作的文头文尾吟道：“有灯无月不娱人，有月无灯不算春。春到人间人似玉，灯烧月下月如银”。诗情诗韵在他们的野外活动中铺展，孩子们享受着生活、品味着古典诗歌文化，积淀着才情，丰盈着精神世界。

融于生活、付之游戏的古诗新读，让古典的诗意在现代喧嚣的尘世中苏醒，并以温情的姿态在孩子们的生活中翩然起舞，是诉诸儿童精神世界的快意行走。

课例 1：

音乐中的古诗

——我们开始学古诗

教学目标：

1. 复习秋诗组合，感受古诗的魅力；

2. 概括学习歌曲中的古诗，大体了解诗意，不求甚解，在诵读和理解中培养兴趣；

3. 学唱古诗歌曲,在优美的旋律和意境中培养学习古诗的兴趣。

教学时间:两课时

教学过程:

第一课时

一、复习导入

小朋友们,中国是诗的国度,每一首古诗都是浩渺星空中璀璨的钻石。我们从秋天走来,从秋天的诗歌中走来。这学期我们诵读了哪些古诗?

1. 深秋,我们追寻着落榜诗人张继的足迹,在老姑苏城的枫桥边停船夜泊,感受到诗人满心的愁绪,满眼的带着哀愁的景色,还有夜半寒山寺的钟声,流传了1500年的钟声回响在我们的耳畔。出示:《枫桥夜泊》指名读

评价:你把诗歌中的感情读出来了。

齐读、齐诵。

2. 接着,我们跟随着诗豪刘禹锡聆听大雁南飞、聆听秋风吹动树叶的“沙沙”作响。

出示:《秋风引》指名读

评价:你读出了诗歌中诗人的孤独。

齐读、齐诵。

3. 秋天不全是孤独和愁闷,鲜亮的秋天在徐玑的《新凉》中。

出示:《新凉》指名读

评价:你读出了秋天里的水稻丰美、黄莺啼鸣的胜景。

齐读、齐诵。

二、学习组诗

古诗是古人写的,人们喜欢古诗,一直到今天。多情的作曲家将古诗谱写成歌曲,古诗就更加美好地展现在我们面前。老师选取了其中的几首,你会唱吗?

1. 出示第一首

《鹅》一起唱

谁来读歌词?

老师点拨:“项”是脖子的意思。

你能说说你看到怎样的大白鹅吗?

齐读,边读边把诗句读成画面。诵一诵。

再来唱一唱。

刚才我们是用唱一唱、读一读、说一说，再读一读、诵一诵、唱一唱的方法来学习古诗的。

板书：唱一唱、读一读、说一说，诵一诵、唱一唱

大家都把方法学会了吗？这个方法就是（齐说）

2. 出示第二首

《相思》一起唱

谁来读？

老师点拨：谁来说说你在诗歌中读懂了什么？

一串红豆代表了满心的相思。

齐读，边读边把诗句读成情感，诵一诵，再唱一唱

3. 出示第三首

《静夜思》一起唱

谁来读？

你能说说：诗人李白在什么季节的什么时候，在思念什么？

齐读，边读边把诗句读成思念。诵一诵，再唱一唱。

4. 出示第四首

《悯农》一起唱

谁来读？

老师点拨："悯"是可怜的意思，诗人为什么可怜种粮食的农夫呢？

用诗句来回答。

齐读，边读边把诗句读成怜悯。诵一诵、再唱一唱。

5. 出示第五首

《春晓》一起唱

谁来读？

老师点拨：你读到怎样的春天？

孩子睡梦正酣，鸟鸣花落，春天就有声有色地在我们的耳边和眼前。

齐读，边读边想象有声有色的春天。诵一诵、再唱一唱

6. 出示第六首

《游子吟》谁来读？

老师点拨："慈母"是你亲爱的妈妈；"游子"是要出远门的你；妈妈为你做了什么？她在担心什么？你心里在想什么？

齐读,边读边把诗句读成故事、读成情感。诵一诵、再唱一唱。

三、结束语

虽然相隔了1500多年,人们依然是那么喜欢古诗,我们和一个又一个优秀的诗人实现了远距离的对话,感受到古诗中的情趣,还愿意再唱古诗吗?

齐唱古诗六首。

板书:音乐中的古诗

唱一唱

读一读

说一说

诵一诵

唱一唱

第二课时

一、复习六首古诗歌曲和学习方法

二、用同样的方法学习第七首和第八首诗词

出示第七首

《水调歌头》齐唱

谁来读?

和我们学的古诗有什么不同?(每句字数都不一样,这样形式自由一些,叫词)

老师点拨:这首词写在什么节日?诗人在想什么?还在想什么?

齐读,边读边把诗句读成思念弟弟的情感。诵一诵、再唱一唱。

出示第八首《送别》,一起唱

谁来读?

人们常常把古诗当中的词语写进现代诗:

在怎样的地方送别?看到怎样的景色?理解了人物怎样的情感?

齐读,边读边把诗句读成思念弟弟的情感。诵一诵。

三、唱一唱

多么美好的古诗，古诗中的景象、故事、情感都是极有趣和感动人心的。你们愿意在优美的旋律中再来唱一唱吗？

（带动作齐唱两首古诗歌曲）

四、结束语

啊！音乐中的古诗，古诗中的音乐是很有魅力的，请小朋友们继续学古诗、唱古诗、用古诗，你一定会收获多多。

课例2：

幸有柳诗入梦来

课堂选诗三首：

杨柳枝词

白居易

一树春风千万枝，
嫩如金色软如丝。
永丰西角荒原里，
尽日无人属阿谁？

嫩如金色：柳枝绽出细叶，望去一片嫩黄；

软如丝：像丝缕一样柔软；

永丰：永丰坊；

西角：背阳阴寒之地；

荒原：荒凉冷落之地；

尽日无人：终日无人光顾；

阿谁：谁。

春风吹拂，千丝万缕的柳枝，随风起舞。在和煦的春风中，柳枝绽出细叶，望去一片嫩黄，细长的柳枝，随风飘荡，比丝缕还要柔软；然而，这婀娜多姿的垂柳，却生长在荒凉冷落背阳阴寒之地，无人光顾，落得终日寂寞。

折杨柳

李商隐

含烟惹雾每依依，
万绪千条拂落晖，
为报行人休尽折，
半留相送半迎归。

惹:招来,挑逗;

每:每每,总是;

依依:轻柔的样子;

绪:丝头;

拂:拂拭,扫;

落晖:落日的光线;

报:报答;

行人:远行的人。

柳条笼着烟雾,总是那么轻柔地随风摇曳,无数丝条都在拂拭着落日的余晖;为了报答远行的人,请不要把它折光,一半留着送行,一半用来迎接行人的回归。

晚春

韩愈

草木知春不久归，
百般红紫斗芳菲。
杨花榆荚无才思，
惟解漫天作雪飞。

不久归:将结束。

百般红紫:使出浑身解数。

杨花:指柳絮。

榆荚:亦称榆钱。榆未生叶时,先在枝间生荚,荚小,形如钱,荚老呈白色,随风飘落。

才思:才华和能力。

花草树木知道春天即将归去,都想留住春天的脚步,竞相争妍斗艳。就连那没有美丽颜色的杨花和榆钱也不甘寂寞,随风起舞,化作漫天飞雪。

教学目标：

1. 开展“幸有柳诗入梦来”古诗阅读综合实践活动，感受柳树的美好。

2. 以“柳”为主题，选择三首诗歌，让孩子们感知柳树的形态美；

3. 学习三首古诗，运用探究学习法，让孩子们感知柳树的意象美，感受文化的传承给我们带来的精神蕴藉。

教学过程：

一、导入新课

同学们，杨柳吐青的时节，不能没有唐诗。2014年3月4日，我们在爸爸妈妈的支持下，来到北濠桥下的柳烟花海里开展了“幸有柳诗入梦来”古诗阅读活动。（出示图片）

你在濠河边看到了怎样的柳？是什么感受？

你在柳树下吟下了哪些诗？

（碧玉妆成一树高，万条垂下绿丝绦）

你吟出了富有青春活力的春柳。

（沾衣欲湿杏花雨，吹面不寒杨柳风）

红杏灼灼，绿柳翩翩，细雨沾衣，杨柳风吹，的确非常的惬意。

（渭城朝雨邑清尘，客舍青青柳色新。）

一枝新柳一缕春光。

（最是一年春好处，绝色烟柳满皇都。）

春天，醒在绝色的烟柳里。

杨柳风在我们的眼里、在我们的心里，吹进了你的梦里了吗？

今天我们继续走进主题研讨（齐读）——“幸有柳诗入梦来”。

二、感受柳树的美好形象

1. 读：三首柳诗，各有风姿。请大家拿起讲义，借助拼音各自轻声读，把字音读准，把诗句读通。

谁来读？这么多同学想读，按照诗的顺序开火车读。火车开往第几小组。

齐读。

2. 你能借助词解，读懂诗的意思吗？

第一首诗歌，谁来说说它的意思？（说全诗）

出示：

春风吹拂，千丝万缕的柳枝，随风起舞。在和煦的春风中，柳枝绽出细叶，望去一片嫩黄，细长的柳枝，随风飘荡，比丝缕还要柔软。

出示图画：这是王老师清晨路过北濠桥拍下的柳。不正是诗中的样景吗？

什么颜色？像什么？怎样的姿态？

出示：图配诗

我们一起来读。（我们一起读柳）

老师读。你们读。能把这一句诗读成四个字的图景吗？和柳有关。教师范读，激发学生思考。

（嫩丝如金　千万垂柳）

板书：嫩丝如金

老师再读，我们还能把这一树垂柳读成一首现代诗：

题目就是——指板书。

嫩丝如金

（女生读）

春风吹拂

丝缕万千

随风起舞

春风和煦

柳枝绽出细叶

一片嫩黄

柳枝细长

比丝缕还要柔软

男生也能读得柔情似水。

用一句诗去描画这一幅画面。

一起再读这句诗。

3. 细丝如金报春来。渐渐地，我们踏着春天的歌声，走进了阳春，谁读？

（出示）含烟惹雾每依依，万绪千条拂落晖。

这时的柳树在李商隐的笔下是怎样的光景呢？

（柳条笼着烟雾，总是那么轻柔地随风摇曳，无数丝条都在拂拭着落日的余晖）

我们一起来欣赏（看视频或者图片）

老师再读诗句

用一个四字词语说说你眼前的图景？

（含烟惹雾 万柳拂晖 杨柳依依）

阳春，日落余晖中，我们读到美轮美奂的柳树，含烟惹雾，尽显袅娜姿态。

板书：万柳拂晖

想象这一幅画面，你的脑海中有了哪些词语？

风情万种 秀颀挺拔 婀娜多姿 柔韧多姿 刚柔相济 垂柳依依 柳絮飘飞

如此美好的姿态，去读这句诗。

好一个万柳拂晖，拂出了万种风情。

去读这句诗。

4. 万柳拂晖，风致翩翩。走入晚春，柳树还能尽显风姿吗？

谁读：杨花榆荚无才思，惟解漫天作雪飞。

说说诗中的景象？

那本来乏色少香的杨花、榆荚也不甘示弱，而化作雪花随风飞舞。

诗中之景和我们濠河边的柳絮飘飞有什么不同？哪个字告诉了你？（漫）

柳絮像雪花漫天飞舞。我们恍若来到了冬季，但是温暖的气候又让我们清醒地回过神儿来，眼前的是柳絮，不是雪花，我们正站在晚春的舞台上。

（看图片或者视频配诗句：先配第一句，再配第二句）

指名说，齐说。

老师读一遍

请用四字词语概括这一奇景。

板书：杨花飞雪

5. 同学们，读到这里，你的心中会有怎样的赞叹？

这就是柳树的形态美。

板书：形态。

指板书：早春 —（齐说）细丝如金；阳春——（齐说）万柳拂晖；晚春——（齐说）杨花飞雪。

让我们把柳看在眼里，（出示三组写柳树的诗句）（齐读）——

让我们把柳赞在心里，（齐读）——

让我们把柳带进梦里，（齐读）——

三、探究感受柳树的意象之美

诗人写柳，写的几乎是整个春天了。诗人在诗中仅仅是写的春天里柳树的姿态美吗?

课前,老师要求同学们分小组去探究蕴藏在诗歌中的情感、去探究诗人为什么要去写这首诗的意图?(出示各种探究法)

根据各首诗歌的特点,可以选用背景探究法——诗人是在什么情况下写下的这首诗?

可以用情感探究法——探究诗人在诗歌中表达的什么情感?

典故探究法——探究诗歌中蕴含着什么典故?

形象探究法——对于诗歌中的主人公,你如何评价?

选择其中的一种方法去寻求诗人隐藏在诗歌中的志向、情感,这就是去探寻诗歌的意象美。

板书:意象美

请同学们举起你们的研究小报告。

在研究的过程中,为了能把自己的研究成果拿出来与同学们分享,老师要求各组把研究成果自己制作 ppt. 课前,同学们已经拷到桌面上了。

先说你是研究的哪首诗,是用的什么探究法?通过研究,你寻找到柳树在这首诗歌中的意象了吗?

哪些同学是研究的第一首诗?

组长汇报:

背景探究法,研究杨柳枝词

(这首咏物诗,抒发了对永丰柳的痛惜之情,实际上就是对当时政治腐败、人才埋没的感慨。白居易生活的时期,由于朋党斗争激烈,不少有才能的人都受到排挤。诗人自己,也为避朋党倾轧,自请外放,长期远离京城。此诗所写,亦当含有诗人自己的身世感慨在内。)

听明白了吗?

原来诗中万种风姿却躲避在西角落荒原里的柳树就是谁的象征?

白居易为了躲避排挤,只能远离京城来到偏僻之所,表达了自己不愿意参与政治斗争的志向。

原来诗人是用柳树的形象来象征自己,来表达志向的。

板书:言志

第二首诗呢?

典故研究法——折柳相送:

柳与留谐音,离别赠柳,难舍难分,杨柳依依还有别的说法吗?

杨柳是春天的标志,在春天里,摇曳的杨柳,总是给人欣欣向荣的景象。亲人离别去乡正如离枝的柳条,希望你到新的地方,能像柳条一样生根发芽,好像柳条随处可活。

在这些送别诗中,风中飘动的千丝万缕都是"剪不断、理还乱"的离愁别绪,每一个字都透着离别的伤感。

板书:送别

第三首诗也由组长来汇报。

形象研究法——对于杨花形象的研究;

请同学们汇报——

正方:

由杨花榆荚"漫天作雪飞"想到了一个人难免有各种缺陷,关键在于要有自知之明,善于扬长避短,勇于展示自己的个性,不自我菲薄,而是乐观自信,昂扬进取,积极发挥自身潜能,有所作为,在人生的舞台上亮出自己的风采。

一个人"无才思"并不可怕,要紧的是珍惜光阴,不失时机,"春光"是不负"杨花榆荚"这样的有心人的。

这首诗告诉我们才华并不出众的人如何以自信来立世,班门弄斧又何妨?不失时机,珍惜光阴,也能有自己的风采,这是告诉我们一个立世之道。

反方:

柳絮和榆钱缺少才华和远见,只好随风飘散。

板书:立世

诗人在写这首诗歌的时候,已经是晚年垂暮了,他以杨花榆荚自喻,和白居易有异曲同工之神妙。

小结:同学们,通过研读学习,我们知道了柳不仅有形态之美,她还有意象之美,风致翩翩,情韵悠然。

四、古为今用

1. 一直到今天,人们一直引用着"柳"这古诗中一传统的意象,使现代诗歌的情感更加厚实,诗歌的意境更加悠远。

谁来朗诵这首现代诗?

送别

长亭外，
古道边，
芳草碧连天。
晚风拂柳笛声残，
夕阳山外山。
天之涯，
地之角，
知交半零落；
一觚浊酒尽余欢，
今宵别梦寒。

在这首诗中，柳树的意象是什么？

配伴奏曲，齐诵。

2.《送别》是电影《城南旧事》的主题曲，词作者李叔同将柳树这一传统意象写进歌中，使诗歌的意境更加耐人寻味，听来仿佛咀嚼着一枚青橄榄。

一起欣赏主题曲《送别》。

3. 一棵长长的柳啊，枝也悠悠，叶也悠悠，情也悠悠。

当我们唱了几天的流行歌曲，觉得索然无味时，不如让我们捧起唐诗，让一首又一首的柳诗走进你的梦里来。

板书：

幸有柳诗入梦来

形象	意象
细丝如金	言志
万柳拂晖	送别
杨花飞雪	立世

学生习作：

幸有柳诗入梦来

六(3)班　范瑶

柳树枝头的芽簇已经颇为肥壮，嫩嫩的，映着天色闪闪发亮，你说春天还没来吗？其实，春天已轻轻地走来了，柳树则是春的象征和希望。

漫步在濠河岸边，放眼望去的是那一棵棵杨柳，柳条如瀑布般倾泻下来，如同天界的挂帘，悬在天与地之间，星点般的绿芽点缀在柳条上，像极了少女柔嫩的发丝，小芽好像十分害羞，不愿露出它嫩嫩的小脸。柳条在微风中摇曳着，小芽们似一个个即将起飞的小精灵，又像在欢乐地跳着拉丁。柳絮也飘了起来，飘入水中，仿佛把河水都染绿了。轻轻地吸一口气，那是泥土的清香、生命的芬芳。这是多么惹人醉、惹人恋呀！

我立在柳树前，仰视着这绿色的生命，不禁赞叹道："碧玉妆成一树高，万条垂下绿丝绦，不知细叶谁裁出，二月春风似剪刀……"我一边吟诵着贺知章的《咏柳》，一边和柳条来了个亲密拥抱。看着看着，我仿佛来到了梦境，我成了一棵婀娜多姿的柳树，在濠河洗漱着秀丽的长发，唱着小曲。这样的河衬着这样的柳，这样的柳映着这样的河，可谓是一幅美不胜收的画卷！过了好一会儿，我才回过神来。

那边的同学吴宛遥也早已陶醉了。她伸手抚摸着纤细的柳条，如同大姐姐见到了妹妹般疼爱，仿佛担心柳条被吹感冒了，边抚还边诵着："渭城朝雨浥轻尘，客舍青青柳色新，劝君更尽一杯酒，西出阳关无故人……"这是王维的《渭城曲》。听到此事，闻到此景，我仿佛穿越了时空：渭城早晨的春雨沾湿了轻尘，客舍边的柳树格外清新。王维让老朋友再敬上一杯酒，因为出了阳关就再也没老朋友了！我的眼眶也不禁湿润了。

我的同学陈珏也融入了其中。只见她正望着飞扬的柳条。柳条在她身边飘曳，如同千万缕小丝带在飞行。她也不禁赞叹道："天街小雨润如酥，草色遥看近却无。最是一年春好处，绝胜烟柳满皇都……"这是韩愈的《早春呈水部张十八员外》，呈现的是烟柳纷飞的情景，我不禁啧啧叹道，如果我是一位画家，我要用生花的妙笔把它画下来；如果我是一位摄影师，我要用相机快速拍下这最美的永恒；如果我是一位诗人，我要用连珠般的妙语去赞美、形容它……

同学们都笑嘻嘻地站在柳树边，有的拍照留念，有的吟诗作画，还有的则是赞不绝口……

柳树是春天的象征，让我们一起拥抱春天，一起拥抱生命！因为它是多么惹人恋、惹人醉呀！幸有柳诗入梦来！

教后反思：

让古韵飘扬在不同的年段

赵朴初、冰心、曹禺、夏衍等文化名人曾经疾呼："赶快，建一个幼年古典教育名校"。的确，母语温情的怀抱是适合孩子童年生活的营养钵，吸吮她的醇美，是适应时代需求、诉诸儿童精神世界的温情耕耘。

孩子们是属于古诗的，古诗是属于孩童的。古诗中的情趣和文学色彩是对童心世界的滋养。如何根据不同年段学生的年龄和心理特点创设属于不同年段的古诗诵读综合课呢？教者站在儿童的立场，唤醒古诗的幽雅情韵。古诗，以点点春雨的姿态滋润着孩子们的心田。

一、低年段的古诗吟唱课

孔子说："知之者不如好之者，好之者不如乐之者。"在孔子看来，学习的最高境界是乐。在古诗教学中，如何提高学生的学习兴趣?，把课堂由单纯的传授知识转变为学生满足求知渴望、培养能力、陶冶性情、净化？思想的乐园，是语文教学所要追求的目标，也是实施素质教育的要求。"快乐是一种心态"。快乐的孩子爱歌唱，就像活泼的鸟儿爱飞翔，勤劳的蜜蜂爱花房，小小的流萤爱火光。低年级的孩子开始学古诗。喜欢古诗，就从唱诗开始。古诗中动人的形象美、意境美、情感美随着时光的流逝愈发香醇，有的还是诗人孩童时期的作品，愈发和孩子们几千年后的童年相遇、相知。

古诗是古人写的，人们喜欢古诗，一直到今天。多情的作曲家将古诗谱写成歌曲，古诗就更加美好地展现在我们面前。教师选择了《鹅》《红豆》《春晓》《静夜思》《悯农》《游子吟》等已经被谱曲的古诗歌曲，做成古诗连唱的ppt。先让孩子们唱一唱，大家兴致盎然。优美的旋律让孩子们情不自禁地边哼唱边自由地舞蹈。接着，让他们读一读诗歌，说说你在诗歌中读到的画面、读到的场景、读到的情感、读到的节奏。然后，老师点拨难理解的个别词意，引导孩子们想象练说，丰满诗歌中的形象、景象和情感。再读一读，诵一诵之后，非常陶醉地去唱一唱。在令人如痴如醉的旋律中，孩子们快乐地感觉到春天碧水上大白鹅的情趣，他们边唱边舞，仿佛自己成了大白鹅。他们晓得了一串红豆代表了满心的相思，知道了李白在中秋月夜的刻骨思念，知道了怜悯烈日下的农夫，陶醉于鸟鸣花落、有声有色的春天。他们边做着穿针引线的动作，边哼唱着《游子吟》，沉浸在感恩母亲的无尽温情中。

优美的旋律加上孩子们自己创新的配乐动作，让他们沉浸在古诗超脱了文字本身的幽雅氛围中，朗朗上口，唱上了瘾，学痴了心。音乐古诗以她独有的魅力征服了孩子们的心。

二、中年段的组诗野外课

孔子还提出在“梨树之下”，“杏坛之上”，在自然的广阔空间授课的思想。道家庄子也早已提出以天地自然为“大宗师”的教育思想。在国外，法国启蒙思想家、“自然主义课程论”的倡导者卢梭所设计的课程大部分是在自然界进行的。因为他非常注意儿童的“直接经验”。他说：“没有呼吸到花的熏香，见到枝叶的美丽，阔步于润湿和柔软的草坪上，哪里能使他的感觉欢悦啊！”因此，把野外活动作为中年级儿童组诗阅读课的源泉领域，在风中前行，诗中的美好形象活起来，想象的翅膀飞起来。儿童在与大自然的直接接触中，在亲身观察中获取经验和知识，符合儿童与自然、社会环境的交往方式。

季节召唤着孩子的眼睛，也召唤着他们的心。经历了一个冬天的沉静，枝头的嫩芽儿、含粉的花苞、淅沥的春雨唤醒了沉睡的春天的歌谣。伴随着一整个春天，教师给了孩子们有关早春、阳春、暮春的古诗 19 首。我们在屋檐下对着春雨吟诵《春雨》。我们穿过喧闹的街头，走进幽深的小径，来到濠东绿地，吟鸟、柳、花、水。一路春光、一路诗韵。古诗醒在明媚的春光里，醒在城市的幽静处，更醒在孩子们红扑扑的笑脸上。

老师还给了孩子们关于早春、阳春、暮春的三首古诗：白居易的《杨柳枝词》、李商隐的《折杨柳》、韩愈的《晚春》。孩子们在北濠桥边的柳树下吟诵柳诗，感受整整一个春天：早春柳的嫩丝如金，阳春时的万柳拂晖，晚春时的杨花飞雪，孩子们把柳树的形象美看在眼里、赞在心里，带进梦里。

日成诵，终生拥有。四季诗韵、节日诗韵、情感诗韵忙不迭地适时地伴随着孩子们的生活，给生活带来古典的情韵。亘古不变的诗情在孩童世界里焕发着时代的光彩。

三、高年段的古诗探索课

古诗，走进高年级的课堂，少了热闹和浮华，多了意蕴和思辨。孩子们学着用探索的目光走进诗魂。同样是学习关于早春、阳春、暮春的柳诗三首。孩子们在北濠桥边的柳树下吟诵柳诗，感受古诗中的形象美。然后孩子们再在老师的指导下,完成研究小专题:柳诗意象美探究:在探究过程中,孩子们知道了柳——这一古诗传统意象,蕴涵着丰富的内涵:有言志、有送别,还有立世等等。针对同一首诗中的柳,孩子们众说纷纭,赋予她不同的意象之美。在探究过程中,孩子们感受到古诗的独有美丽:意象之美,风致翩翩,情韵悠然。自此,孩子们阅读古诗会从形象和意象两个层次去品读和探究读。他们读到了情感的深处,读到了带有个性色彩的探索层面。

古诗的情韵从低年级开始的音乐卡通式,到中年级的野外情境诵读式,到高年级的自主探究式,经历了一个符合不同年段孩子年龄特点的演变。她穿着不同的外衣,将甘甜的、彩色的、香醇的古诗雨播洒在孩子们的心田。歌里是诗、眼里所见是诗、梦里是诗,他们也渐渐地受到熏陶和陶冶,慢慢地成为小诗人了。在现代的都市,师生守着一方古典的静处,创设了生活的芬芳。

第四章

课堂诗的绿色羽翼

语文课堂的绿色畅想与实践

［**内容提要**］

理想中的语文课堂是绿色的，她体现了崭新的课堂教学价值观。一、圆融生活画卷：1. 跨时空“超级”链接；2.“不相及”之比；3. 生活剧场演绎；4. 梦幻心灵之旅；二、追寻诗化情怀：1. 诗化的主人公；2. 诗化的儿童：3. 诗化的引导者。

［**关键词**］

成就　滋养　圆融　追寻

绿色空间是用来成就和滋养生命的。儿童梦幻般的玲珑心渴望着绿色的音符，理想中的语文课堂是绿色的，她体现了崭新的课堂教学价值观，孩子超越语文知识之上的智慧、灵感、激情和生命力被激活并自然地绽放，她积极地创造着生命的价值。

一、圆融生活画面

建构主义认为：学习是学习者基于自身经验的基础上对新信息进行加工，构筑知识意义和价值观念，创造人生体验和生活智慧的生命活动的过程。现有经验、感悟能力、新知旧知的链接能力、积极态度直接影响到生命个体的学习质量。传统的不尽人意的语文课堂剥离了书本与生活的密切联系，使语文学习生涩、孤立，如镜中花、水中月。新课程要求教师主动建构与社会、世界和日常生活的广泛联系，从而使有字之书与鲜活的现实同化为充满生机的统一体。“语文学习的外延与生活相等”。于是，诸多的语文综合实践活动成为构筑语文课堂与儿童生活的桥梁。然而，作为主阵地的课堂教学如何体现孩子生活、生长和发展的价值呢？在课堂中融汇生活因子，会使孩子产生熟悉感、参与感，有利于情感的激活和体验。

1. 跨时空“超级”链接

杜威讲：教育即生活，教育就是儿童生活本身。课堂教学成为儿童的生活，才能深刻地触动儿童的心灵。在教学苏教版五年级教材《在师生团聚会上的致辞》时，我采用跨时空“超级”链接的方式，把课文情景导入课堂现场，创设了其乐融融的课堂生活。课堂实录为：

（课始）

T：（笑容可掬地）你们能用一个成语来形容一下现在讲台上老师的样子吗？

S：……（并把这些成语写到黑板上，齐读）

T：老师听了你们的赞赏，真是心花怒放。大家再一起看一张照片（出示课文插图），你能在图上找到30年后的王老师吗？

孩子们一下子兴致高涨，举起语文书，指着在学生簇拥下鬓发斑白的老师，并用词语描述，板书诵读。

T：三十年的风风雨雨，三十年的春华秋实，王老师老了，没有了年轻的容颜，却更加容光焕发，因为我迎来了阔别三十年的当年的孩子们，就是今天坐在课堂上的你们。瞧瞧，都有谁来了？从什么岗位上来？对我说些什么呢？

孩子们理想中的明天在今天梦一般地实现了。律师、法官、教师、大厨师、大老板、软件专家等等都喜滋滋地陶醉在明天的喜悦中。他们回顾“往昔”、畅谈“今朝”，祝福老师，表达思念，喜悦之情溢于言表。动人的情感演绎成“博士生导师”孙逸凡同学发自肺腑的《在师生团聚会上的致辞》。孩子的朗读入骨入情，博得了我和大家的掌声，激发了孩子们强烈的阅读愿望。我欣慰地用心体会，这不仅仅是孩子们的朗读，而是孩子们内心情感的真实流露。

T：孩子们，终有一天，你们会离开王老师，飞向海角天涯，飞向自己的理想，让我们记住今天，相约明天，三十年后，让我们把今天的相聚变成现实，老师还在这里等待你们的归来……

我的声音有些哽咽，孩子们湿湿的眼眶、满脸的憧憬、心灵深处的印记让我听到了情感的河流涓涓流淌的动人旋律。

2. “不相及”之比

时常见到科普类课文以数字说明问题。读来读去，孩子们似乎无动于衷。如何认识其中的神奇和奥妙？只有将数字导入孩子们的生活，做一些风马牛不相及的比较。教学《蓝鲸》一课，理解蓝鲸食量之大，先读课本中的原句，然后老师和同学做了一道算术:在班上选一个饭量比较大的同学,了解他一顿吃几两饭? 一天吃多少? 一年呢? 十年呢? 人活一百岁,一生吃多少呢?

算出结果,再和蓝鲸比较,发现:蓝鲸一顿的食量约等于这个同学一辈子所吃的饭量。"啊!"孩子们睁大了惊诧的双眼,发出惊呼。然后,读书的感觉自然有了。是的,数字只有走进自己的生活,才能有真切的感受,才能闪现"活性因子"。

3. 生活剧场演绎

今天的教室是"电视书场"。《西游记》中《三借芭蕉扇》的故事早已为孩子们所熟知,孩子们会用哈欠来回报我的罗嗦。电视书场却是让他们过了一把瘾。"啪"的一声:"话说孙悟空首次借扇失败,被扇得无影无踪。这一回……"孩子们并不十分精彩的书场博得了我的掌声。同时我惊喜地发现:在说——评——说的过程中,他们一个比一个说得有滋有味了。"老师,故事应该是'四借芭蕉扇',不是'三借'!果真如此,孙悟空第一次借扇被扇走却是被编者忽略了。于是,课题改成了'四借芭蕉扇'。"热乎乎的电视书场让孩子们对《西游记》产生了更加浓厚的兴趣。

梦幻心灵之旅:

孩子们的心灵世界里充满着神奇和幻想。他们渴望探究奇趣、神话和神秘。探究的过程拨动着他们思维和情感的琴弦,给他们丰盈的精神满足。

如教学苏教版第一册时,把《识字 5》和《大海睡了》进行整合教学,创设了一次蓝色梦幻之旅。

课时一:

快乐之旅——大海是蓝色的天然游乐场。白天,我们去游乐园尽情嬉戏:

沙滩　贝壳　脚丫

海风　海滩　浪花

课时二:

神奇之旅——大海是蓝色的聚宝盆。傍晚,我们去蓝色水晶宫探宝:

珍珠　鱼虾　海带

满载而归的我们又沉醉在海边日落时美轮美奂的美景中:

港湾　渔船　晚霞

课时三:

温情之旅——月光下的大海是位温情宁静的母亲,她有着蓝色的浪漫情调,给了我们蓝色的梦:

《大海睡了》

风儿不闹了,

浪儿不笑了

深夜里,

大海睡觉了。

她抱着明月,

她背着星星,

那轻轻的潮声啊,

是她睡熟的鼾声。

课时四:

希望之旅——清晨从梦中醒来的大海迸发出新的活力,给人们带来新的希望。孩子们创作诗歌:

《大海醒了》

风儿闹了,

浪儿笑了,

清晨,

大海醒了,

她抱着太阳,

她背着渔船,

那哗哗的潮声啊,

是她睡醒的笑声。

课时五:

缤纷之旅——大海的魅力应有尽有。补充阅读:“你知道吗?”——《大海是个宝》:你问我答——《海水为什么是蓝色的》《海水为什么是咸的》《海水为什么有波浪》《海洋有多大》;“大海之歌”——《大鱼吃小鱼》《浪花》《水晶宫里真美丽》《摇篮》《海浪》……

美丽神奇的蓝色梦幻旅行使孩子们认识的世界变得广阔而深邃,流淌在整个世界的美把大海从平面变成立体。丰富的感情生活、燃烧的想象正是孩子们创造力的源泉。

二、追寻诗化情怀

孩子眼里的世界是他的内在世界的投射。那是一个“诗意栖居”的世界,充盈着纯真、情趣、智慧、和谐和生命冲动。其实,孩子本身就是一首诗,他们时时渴望着诗意情感的共鸣,渴望着在诗意天地里感受诗情,体验诗意的心灵之旅。诗化的语文课堂，是对儿童世界的珍视，对生命发展的尊重。

1. 诗化的主人公

教材是重要的课程资源，无论景、物、人、古迹、环境都是主人公。儿童拒绝记忆性的东西，但谁都无法抗拒诗化的一切，因为诗是美的，诗化的主人公是美的。作为诗的化身的儿童不会拒绝美，他们憧憬着，期待着。著名特级教师王崧舟老师执教《二泉映月》，整堂课如诉如泣，如诗如歌：先由景入情，找出文中描写二泉之景的词语：茫茫月夜、如银月光……精选八个词语。孩子们用眼睛、用眉毛、用声音、睁着眼、闭着眼吟读词、画交融的二泉映月。看到了什么？听到了什么？读出了怎样的感觉？二泉映月——一首诗、一幅画在反复吟读中映入孩子们的心海。

主人公阿炳带着他的《二泉映月》和他坎坷的一生融入二泉。他的所遇、所感、出众的音乐才华，书上有的、孩子们想的，如诗般地流淌："一段人生尽坎坷，一片情怀付月光。"人就是曲，曲就是人，渐渐的，已经分不清景、曲、人了。在心中回荡的是久久不去的悲悯情怀和对命运的抗争，再深情吟读诗画——二泉映月。主人公如一首浓浓的诗，他背着二胡、踏着青石砖在清音袅绕中走进孩子们的情感深处。不管是人、是景、还是物，主人公只要带着生命、踏着诗意而来，总能留在孩子们的记忆中。

2. 诗化的儿童

儿童的天性是诗意的。他们经常陶醉在自己的小天地里，有着怎样的充满童真的诗意畅想啊！去呵护他们在课堂上表现出的诗人特质吧！是溪水般的明澈，是白云般的清悠、是浪卷般的激越，是内心的狂澜迭起、表面的波澜不惊，是融于生活的真实，是不着边际的浪漫，是不经意的遐想……这些都是诗的语言，是儿童的心灵在自由地歌唱。欣赏他们、赞美他们、宽容他们，像对待真正的诗人！

3. 诗化的引导者

教师作为生命资源中最重要的生命载体资源，作为"平等对话中的首席"，更应该是一名"课堂诗"作家。首先，要用诗的眼光去看待文本、儿童、课堂，善于将理性演绎成诗化的感性存在。如：创设诗的意境，引导儿童走进文本中的人物心灵，寻求心灵与心灵的碰撞，与文本人物同喜、同悲、同激情、同浪漫，与语言文字共舞。其次，教师自身要有对诗化语文的真情演绎。真情的介入，是对文本最好的注解，对学生最真切的熏染。其三，课堂诗是有着精神追求的，绝不是浮华，她崇尚自然、朴素、纯真，这正是价值所在，同时也是一位小学语文教师——一名诗化的引导者所应有的精神气质。

融汇生活的本真，张开诗的羽翼，这就是我理想中的绿色的课堂。她是营养儿童心灵的“绿色氧吧”，是孩子们渴望归去的精神家园。清新的绿色的呼吸创造着生命的价值，闪耀着理性的光辉。

课例 1：

大禹治水

第一课时：

初读课文，学习除“治、制”之外的八个生字。

第二课时：

教学要求：

1. 能正确、流利、有感情地朗读课文

2. 理解课文中的新词，理解课文内容，感受大禹制服洪水的顽强意志和聪明才智，以及他的献身精神。

3. 培养孩子对英雄人物的敬仰之情。

教学重点：

抓住课文中的重点词理解课文内容。

教学难点：

感受大禹制服洪水的顽强意志以及他的献身精神。

教学方法：

创设情境，指导朗读，引发思考、合理想象、充分理解、体会提升。

教学准备：

教学课件

教学过程：

一、谈话揭题，学习第一小节，感受水灾之苦：（课前板书课题）

1. 小朋友，今天我们继续学习（读课题）——大禹治水。

上一堂课，我们初读了课文，学习了 8 个生字，认识了一个伟大的治水英雄——禹。板书：禹

禹治水的故事发生在很久很久以前，（看录像）。

2. 谁来说说：你看到了什么？听到了什么？

3. 是的，（出示填空题）：

滔滔的洪水淹没了(　　),淹没了(　　),淹没了(　　)。

人们失去了(　　),失去了(　　),失去了(　　)。

4. 这就是可怕的水灾。

(音乐起)出示第一小节。(红字显示滔滔的、淹没、冲倒、无家可归)

语言描述:没有了吃的,人们拖儿带女、四处奔逃。没有被洪水卷走的也(无家可归)。

谁来读课文第一小节?

评价:你害怕地放低了声音,读出了洪水的可怕;你心疼得皱起了眉毛;你把无家可归读得很轻很慢,读出了对灾民的同情。你把我们带到了水灾泛滥的远古时代。很久很久以前(齐读第一小节)

二、感受禹的辛苦和智慧

1. 看到这一切,禹握紧了拳头,皱起了眉毛,他心里在想些什么?是的,禹下决心治理洪水,他怎么做的呢?

2. 打开课本 101 页,各自轻声读第二小节,边读边想。(课件出示第二小节)

谁来说说禹是怎么治水的呢?他先做什么,再做什么?

带红笔出示第二小节

看图,禹先查看地形,画下了宝贵的地形图。为什么要这样做呢?接着,他挖河劈山。最后,把洪水引入了大海。禹就是这样治理洪水的,一起读课文第二小节。

3. 禹的父亲鲧用堵的办法治理洪水,用了 9 年时间,还是没有成功。禹先察看水流和地形,他爬了多少座山?淌过了多少条河流?

所有的山山水水都留下了禹坚定的脚步,那时候没有交通工具,他靠的是自己的两条腿,走啊、走啊、察看啊,研究啊,走啊!引说:禹走遍了千山万水,万水千山(出示地图)。

大禹的脚走遍了现在中国的河北东部、河南东部、山东西部、山东南部、以及淮河北部。他走遍了(千山万水　万水千山)。

4. 禹还带领百姓挖通了(　　),劈开了(　　)想想看:仅仅是九条大河、九座大山吗?

为了表示多,人们常常用九这个数字。读到九,就是多。

比方说,小朋友抱着一个大西瓜,用了吃奶的力气,我们就说费了九牛二虎之力。再比如说在很高很高的天宫之上,我们就说,在九霄云外。

当时没有先进的机器,面对大河大山,他们用的是什么工具啊?

出示:铁锹　斧头

一铁锹一铁锹地挖、一斧头一斧头地凿,在走遍千山万水、挖大河、劈大山的过程中,禹经历了哪些辛苦呢?

对照这些,你可以选择说?

禹的身上(　　),

脚底下(　　),

禹的大手(　　),

饿了,(　　),

渴了,(　　),

困了,(　　),

夏天时,他(　　),

冬天时,他(　　)。

日复一日,年复一年,满身伤痕的禹只能天天拄着枴杖走路,但是他一天都没有停歇。禹吃尽了(千辛万苦)。

4. 就这样,洪水乖乖地顺着劈开的大山、顺着挖通的河流流入了大海,禹治水终于成功了。

齐读第二小节。

你读到了怎样的禹?

板书:不怕辛苦、充满智慧。

再读第二小节,突出禹的不怕辛苦和充满智慧。

三、学习第三段,感受禹的大公无私

1. 在大禹治水的过程中,还流传着三过家门而不入的故事。(出示:读:三过家门而不入)

2. 学生自由读第三节。

3. 结合实际引导感悟:你几天不见爸爸会怎样?几个月不见呢?几年不见呢?(体会禹的儿子13年没有看见过爸爸)

禹的儿子从来没有见过父亲,不是几天、不是几个月,不是几年,而是(出示13年)13年,三过家门而不入,如果你是禹的邻居,你想怎样来劝劝正路过家门的禹?

出示:“禹啊禹……”

禹真的不思念自己的亲人,不想看看自己的孩子吗?看来,大家已经读懂了大禹的内心。

一起看录像。

三过家门而不入。很多小朋友的眼睛里都噙满了泪花,谁来说说你的感受。

4. 13 年,禹始终没有停下前进的脚步。

13 年有多长啊,四千七百多天(齐读这漫长的日子);

13 年,禹的儿子从未见过父亲,从没有叫过爸爸(读这对孩子来说,孤苦寂寞的 13 年);

13 年,心里是对孩子、对亲人刻骨的思念和无尽的牵挂,但是他的脚步却一天一刻没有停歇(读这漫长却坚定的日子);

13 年,禹从帅气的小伙子变成一个又黑又瘦的中年人,他满脸胡须、拄着拐杖(读这人一生中最宝贵的 13 年);

不知不觉地,我们理解了大禹,也深深地为他感动。

6. 再读读这感人的故事。

你又读到了怎样的禹?

板书:大公无私。

四、学习第四段

出示第四自然段

1. (音乐起)就这样,洪水被制服了,太阳出来了,小鸟又开始了歌唱。(出示最后一节)谁来读课文最后一小节。如果你就是这个村的村民,你怎样感谢大禹,你怎么做的,又是怎么说的?“如果没有大禹,我们就都成了河底的鱼和虾”。

2. 人们崇敬大禹,深深地感激他,所以尊称他大禹。红笔圈出课文中的大禹。让我们带着感激的心情,一起称呼他(大禹)我们再读课文的最后一小节。

3. 大禹的故事广为流传,人们把他的形象做成剪纸,把他的故事拍成电影、做成动画片、木偶剧。

课件出示:

如今,在中华大地上,只要是大禹的脚步走过的地方,我们都能感受到人们对他的怀念。很多地方可以看到大禹遗迹。河南开封的禹王台、安徽怀远县的大禹馆、山西的禹门、山西的禹王城址、湖南的禹王碑、四川的禹王宫。

世世代代,人们永远记住了大禹这个闪光的名字,大禹伟大的精神也在中华大地上广为流传。那就是(看板书,齐说)

4. 像大禹治水这样的故事还有很多,比方说,我们即将读的孔繁森就是现代版的大公无私。

五、复习生字,教学两个生字,课堂作业

1. 上一堂课,我们还学习了八个生字:

出示:洪 害 理 形 通 被 伟

齐读两遍

读准后鼻音

说说这个字的偏旁:被

比视字旁多一点

凡是和穿着有关系的字都是衣字旁,书空:撇、点。

再来一遍。

2. 学习治和制:

还有两个字没有学:卡片出示:

它们读音相同,还有什么相同?(左右结构)

但是写法和意思完全不同?

课文中的两个词语是:治水、制服。

这个治怎么记?教师范写,学生临摹一遍,空两格;这个制怎么记?教师范写,学生临摹一遍。

评价,再写一遍。

这两个字还有那些不同的用法呢?

我们刚刚学习了音序查字法,让我们来请教不开口的老师。谁来说说,治还可以找哪些朋友?制还可以找哪些?

小结:治一般指通过治理,把杂乱的,不好的治理好了,梳理顺当了。

出示:治病、治疗、治山、治水、治国、治安。

制一般是制度和强制执行的意思。比方说:制定、制服、制造。

六、布置作业

1. 背诵课文

2. 阅读老师推荐的三个故事《愚公移山》、《女娲补天》、《后羿射日》。

板书:大禹治水

不怕辛苦

充满智慧

大公无私

课例2：

学　步

教学目标：

正确、流利、有感情地朗读课文。理解“生命的过程，大概就是学步和寻路的过程”这句话的意思。

教学过程：

一、谈话导入，了解什么是生命的过程

1. 六(1)班的小朋友们请坐正，以前我总是静静地坐在教室的后面，听六(1)班上课，心里对你们充满了敬佩。老师觉得六(1)班的小朋友们会读书，爱动脑筋。我期待着有一天，能走近你们。今天，老师站在这里，终于如愿以偿了。

2. 你们知道吗？王老师今年31岁。我梦想着自己能活到90岁。算一算，我还有多少年的人生旅程？(59年)

已过的31年加上我未过的59年，这就是我——王玲玲老师一个完整的生命过程。(板书:生命的过程)

3. 好，介绍完了老师，谁能有勇气向老师作一下自我介绍？

你们都是十二三岁的花季少年，前面的路还很长很长呢！一位父亲满怀着深情，及时地给了他的儿子，也给了我们一篇人生的寄语。

二、整体把握课文，抓住文章主旨

课前，邵老师带大家朗读了课文，认识理解了课文的生字新词。现在请大家快速地浏览课文，思考：

生命的过程，到底是怎样的呢？你能在课文中寻找到答案吗？

(板书:)

交流出示：

学步的过程，大概就是学步和寻路的过程。

齐读。教师再读一遍板书。

三、质疑学习

读到这儿,同学们想提出什么问题来?

带着问题,我们走进人生之路。

四、交流细读文章

1. 第一自然段:

(1)指名读。这四、五步,迈开了你真正意义上的人生之路。当时,你的表情和心情是怎样的?

紧张——当时,你还没有完全具备走路的条件,腿脚(　　),无法(　　)。在那之前,你还整日(　　),只会(　　),将(　　)。

怎能不紧张呢?

兴奋——竟然能(　　),靠自己两条腿(　　)。这滋味(　　)

(2)当时的我不会说话,只会咧开嘴笑,用明亮的眼睛表达着我的兴奋和紧张。想想看,如果当时你会说话,当你第一次迈开这人生中的起始步伐的时候,你会说些什么?

板书:“我能走了!”

(3)读读当时父母亲的表情和心情?这是一种怎样的惊喜?

想想当时他们的眼神?嘴巴?动作?

指名读。

偶一回头(引读),随声回顾(也大吃一惊)。

我在床上走,在(　　)走,在(　　)走,在(　　)走。我走着去(　　),走着去(　　),走着去(　　)。

(4)在不知不觉中,会走了。人与生俱来就能这样充满生命的活力。

板书:生命的活力

2. 第二自然段:

指名读。你读出了什么?

“妈妈抱你,你却挣扎着……”

只要有机会,你就拼命地想要自己走。可惜你不会说,如果你会说,你想说什么?

板书:“我要走!”

小小的你有着多么强烈的向往和追求,对独立行走,对新生活的向往和追求。

板书:向往追求

3. 就这样,你会走了! 走出了爸爸妈妈无比的惊喜和感动,走向了大天地,让我们一起读好这动人的图景。(齐读1——3 自然段)

4. 课文4——5 自然段。

提问:快速浏览4.5 自然段,你有什么收获?

(1)在学步的路上,处处潜伏着危险,防不胜防,常常使你伤痕累累。想想其中的深意:是啊,在生命的过程中,也是处处潜伏着危险。

(2)在屋里……到室外……你放声大哭,如果会说话,你又想说什么?

板书:"我不想走了!"

人们常说:孩子是父母的心头肉。此时的父亲心如刀绞,不忍(　　),担心(　　)。又深又长的口子戳在孩子的额头上,却是刻在父亲的心口上。

父母给了你一个及时的抚慰。父母想对你说什么?

板书:"继续走!"

生命的精彩,是要在勇气和勇敢中创造的。

5. 齐读最后一个自然段。

五、总结全文

(指板书):同学们,学习了这篇课文,我们知道了,生命的过程,大概就是(学步和寻路的过程)。人与生俱来充满(生命的活力),紧张和兴奋于("我能走了!"),接着是不断地(向往和追求),大声疾呼着:("我要走!")。但生命的过程中,却也是充满着艰险和苦难。你翘着嘴巴,流着眼泪,呜咽着:("我不想走了!")然而,真正地要走出生命的精彩。只有凭借着(勇气和勇敢),鼓足勇气,("继续走!")。这就是人人都要经历的生命的过程。

著名作家赵丽宏满含着深情,向儿子诠释了生命的过程,叫人回味无穷。课后,请大家背诵课文中的你感兴趣的句子。

板书:

生命的过程? ≈学步寻路

"我能走了!"　　生命的活力

"我要走!"　　向往　追求

"我不想走了!"　　艰险

"继续走!"　　勇气　勇敢

教后反思：

字词知冷暖　语言有温度

语文课，就是考验如何利用有效的教学策略让汉字展现她蕴涵的冷暖和温度，而且让儿童真切地触摸她的温度和情感。

一、抓文眼，震撼心灵

每一篇文章都有她的眼睛，抓住文眼，往往能扼住文章的魂魄，让文字升腾起她应有的温度。《大禹治水》中，教者抓住的文眼是“13 年”，让孩子们通过这个数字体会大禹的大公无私。教者问：孩子们，如果你一天不见父亲会怎么样？两天呢？一个星期呢？一个月呢？三年呢？孩子们，特别是父亲离家，或者因为种种原因不和父母一起生活的孩子袒露了对父亲刻骨的思念。有的说父亲离家，她曾经画了一颗心，插上了翅膀飞到远在苏州的父亲身边。都说女儿是父亲上辈子的最后一个情人，果然字字血泪；有的说没有父亲的家就像没有帆的船，不能安全地行驶到风景最好的地方，也就没有了快乐；甚至有孩子说：三年不见父亲，我就不想活了。这一问题，让课文中干涩的数字巧妙地接近了孩子们的生活。然后再进一步知道 13 年有多少天？多少个星期？多少个月？多少个三年？一系列的数字增加了孩子们心灵的震撼。接着“三过家门而不入”的动画片让孩子们的眼睛里溢满了泪花。一组引说又再一次让 13 年展现的艰辛入心三分：

13 年，禹始终没有停下前进的脚步。

13 年有多长啊，四千七百多天（齐读这漫长的日子）；

13 年，禹的儿子从未见过父亲，从没有叫过爸爸；

13 年，对孩子来说，是孤苦寂寞的 13 年；

13 年，心里是对孩子、对亲人刻骨的思念和无尽的牵挂，但是他的脚步却一天一刻没有停歇（读这漫长却坚定的日子）；

13 年，禹从帅气的小伙子变成一个又黑又瘦的中年人，他满脸胡须、拄着拐杖（读这人一生中最宝贵的 13 年）；

不知不觉地，我们理解了大禹，也深深地为他感动。

每感悟一次 13 年就读一次 13 年。自此，禹大公无私的形象跃然心上，我们怀着崇敬的心情再次呼唤他——大禹。

“13 年”这一文眼的突破，唤醒了不同处境的孩子心灵深处对父爱的尊重，对父爱的想念、对父爱的依赖。通过生活情感的链接,孩子们深悟了大禹这 13 年的背后给自己和家人带来的莫大的悲伤。是为大家治理洪水的信念支撑了大禹,让他舍小家、顾大家,这才是真正的"大公无私"。

在细读文本的过程中,教者抓住文眼进行个性化解读,并引导孩子走进词语的深处,读出冷暖,读出温度,才真正地感受到语言文字的魅力。文中有我,我中有情。这样,才能真正地摄住文章的魂魄,读到文章中去了。当然,对同一篇文章,个人理解有不同,抓住的文眼也会不同,处理的策略也会有差异,但只要能打开文字冷暖的门锁,这把开锁的文眼钥匙就是成功的。

二、巧想象,感悟文理

想象是适合孩子们的思维方式,引导想象教学策略的运用往往能在关键处感悟文章的理趣。赵丽宏通过《学步》告诉儿子"生命的过程是学步和寻路的过程"。教者引导孩子们想象:"我"蹒跚着迈开人生第一步、"我"重重地跌倒了,当时,你不会说话,如果会说,你会说些什么?孩子们分别答"我会走了!""我不想走了!"这些其实不存在,但我们通过想象赋予的天真的话语其实反映的是人生面临挑战和受挫时的真实的态度。然而这时,父母亲想对你说的是"继续走!"最终,是"真正地会走了!"原来,"生命的过程一如学步和寻路的过程"。在想象配音的过程中,孩子们在幼拙的语音里深悟了文章中蕴涵的道理。赵丽宏给了儿子一个父亲的人生感悟,也深深地印刻在孩子们的心扉。教师引导的想象说赋予了孩子们读懂文本的生动的途径,他们乐想象、乐总结、乐感悟。

三、设形式,走入情境

用孩子们喜欢的方式去读文,才能触碰他们思维的兴奋点、点亮他们思维的火花。为了让大家体会洪灾的可怕,教者播放了一段动画片,洪灾卷习、房屋倒塌、牛羊奔逃、人们生死一线。然后冉见练习说,再配合以《江河水》的凄惨音乐,孩子们一下子被带进了洪灾泛滥的远古时代,为故事的发展创设了意境。

用适合儿童的方式发掘文字的温度,儿童才能读出词语的冷暖,感受人物的内心。这样不仅读了书,而且读懂了,学会了读书,与文字共舞了。

第五章

课堂游戏的魅力磁场

游戏：构建有效语文课堂的美丽策略

［**内容摘要**］

游戏是构建有效语文课堂的美丽策略。一、肢体游戏：有效识字；二、舞台游戏：有效朗读；三、论坛游戏：有效阅读。

［**关键词**］

有效课堂　游戏策略　肢体　舞台　论坛

有效课堂是指在师生双方共同的教学活动中，通过适当的教学策略，使儿童整个生命体得到真实的进步和成长的课堂。如果要给有效的语文课堂取一个姓，毫无疑问地是姓儿童。

如何构建有效的语文课堂呢？——游戏。

“一旦知道同伴们有了有趣的游戏，冬晨睡在房里的会立刻从被窝里钻出来，穿了寝衣来参加；正在穿衣服的会赤了膊去参加；正在浴室的也会离开澡盆，用湿淋的赤身去参加。”设想把学习变成游戏，创设游戏的状态来组织学习，学习岂不是像游戏一样地充满魅力？教学中，游戏是构建有效语文课堂的美丽策略。

一、肢体游戏：有效识字

语文有效教学的有效就在于在课堂教学时间内儿童语文知识的有效内化和积累，语文能力的学习和掌握，语文素养的有效提升。

小学低中年级是识字的高峰期。强迫记忆、千篇一律的识字教学在语文学习的最初带给孩子们的是暗无天日的艰旅。语文老师俨然成为抢夺孩子烂漫童年的冷面杀手，自己也在低效的劳累中失去作为教师的人生精彩。教学的苍白无力一如孩子的困乏和厌倦。

妙趣横生的肢体游戏能创造出有效的识字教学。形声字是中国汉字的第一大家族，针对其特点，在教学苏教版第七册前，先将所有生字按照形旁归类，先集中识字，再用肢体游戏来帮助记忆。孩子在游戏中自己创编儿歌，动脑、动手、动嘴，他们在游戏的过程得到身心的释放，他们喜欢识字游戏，觉得生动有趣。没有一个人觉得累，只是觉得一堂课时间太短，个个神采飞扬，惟恐老师叫不到自己。更重要的是当堂课的默写表明：该记的生字他们都记得很牢，很少有订正的。

比如在学习"编"这个字时，孩子学着老师的方法左右拍手唱："编是左右结构的字"，然后拍到左边去："左边是个绞丝旁，表示它的意"，再拍到右边去："右边是个扁豆的扁，表示它的音"。齐读三遍："编、编、编"。"我写编"：说笔画，书空一遍，然后争先恐后地扩词练习，好词分享。

一个学生在作文中写道：这样的识字教学让我们耳目一新，真是妙趣横生，切实减轻了我们的学习负担，真希望全校的老师都能采用这种教学方法……"

还有老师在教学汉语拼音的时候，教师打乱顺序发平、翘舌音 z、c、s、zh、ch、sh、r，孩子们伸出右手掌，摊平代表平舌音，手指向上卷起代表翘舌音的游戏也很好玩。再比如教师要求孩子听音，用拍肩膀代表前鼻音，用跺脚代表后鼻音。

孩子们会厌倦一遍又一遍精神紧张的认读、听写，困乏而单一，但是谁也不会拒绝识字游戏，他们也会紧张，但是会全身心地渴望游戏的快乐和挑战，渴望着肢体表达的畅快和放松。肢体游戏引导孩子把思维和动作统一起来，扩大和巩固了概念和技能，演绎着语文课堂有效识字的精彩。

二、舞台游戏：有效朗读

任何一个孩子，是伶牙俐齿的，是呆板拙舌的，是外秀聪颖的，是内秀含蓄的，都会在同一个地方容光焕发，那就是舞台。在孩子的心目中，站在舞台上，意味着能凝聚所有的关注和欣赏自己的目光，可以表现自己的卓越不凡。舞台效应就是能使原本嘻嘻哈哈的开始凝神，原本躬着背的挺直了腰杆，原本无精打采的神采奕奕、跃跃欲试、乐此不疲。

课堂上,舞台游戏是孩子们进行朗读训练的有效策略。教师创设舞台氛围,全班同学组成的游戏场,个人展示的朗读空间,师生共同参与其中的倾情演绎,把朗读训练带上理想的教学境界。

例如:教师节这一天,教学苏教版第七册第一课《老师,您好!》。清晨,孩子们的笑脸、手捧的鲜花、喜庆的锣鼓赞赏着教师事业的崇高,谁都能感受到校园的每一缕空气中都弥漫着教师事业的美好。讲解已是多余,只让学生提出诗歌中不太理解的词句。依托课本,给学生各种读的角色体验。孩子们争先领读,像一只只小鸟拍着翅膀。孩子们扬起了眉毛,从拿着课本到放下课本表情朗诵,从在座位上读到带上动作走上了讲台的舞台表演。

在教师节特殊的节日里,一个充满阳光和快乐的教师,通过舞台游戏,为孩子们创设了鸟语花香的朗读天堂,放飞的是童音,在心灵流淌的是美丽的师生情愫。

在课堂上,教师用阳光般的心境组织教学,才能给孩子一个激情飞扬的舞台,朗读,才能走进理想的境界。

三、论坛游戏:有效阅读

新课标指出:第二学段要能“养成读书看报的习惯,收藏并与同学交流图书资料。课外阅读总量不少于40万字”。

孩子每天枕着美丽的故事、带着美丽的遐想进入梦乡,多么值得庆幸的阅读之旅。是阅读,让孩子们才华横溢、妙笔生花。阅读经典,更能让孩子们心底的河流悠远绵长,感怀古典情韵。

如在辅导孩子阅读中国古典名著《三国演义》时,教师有步骤地设计了三国小论坛的游戏场,引导孩子从略读到精读,读有所感,读有所得、读有所乐。

1. 知作者、解历史

从吟诵《念奴娇　赤壁怀古》开始聊到罗贯中,出示三国时期的古地图,畅谈三国时期群雄争霸的历史情况。

小结:中国古典名著都是在一定的历史背景下的长篇小说,要很好地读懂它,我们首先要像这样知作者、解历史。

2. 读故事、知情节

开设三国小擂台,教师出示必答题:

(1)谁青梅煮酒论英雄?

(2)凤雏先生是谁?

……

小结:读古典名著,第二步,我们要做的就是这样打开书本读故事,知情节。

3. 话人物、品韵味

《三国演义》中,先后出场的人物有400多个,你印象比较深的是谁?用一个词语评价一下。原著中是怎样描写的?

谁再来说说你所知道的和这些人物有关的故事?

小结:话人物,品韵味可以让我们体会到古典文学的艺术魅力。

4. 学典故,明心智

这本书给我们留下了许多为中国老百姓所喜爱的成语、典故、歇后语。你知道哪些出自三国的成语、典故和歇后语?

小结:在阅读古典名著的过程中,我们积累成语、典故、歇后语,不仅能提高我们的语文素养,还可以从中受到教益、变得聪明。

"学生在课堂上不仅仅是为了获取一份知识行囊,而是为了变得更聪明。"有效课堂是实现这一教学理想的绿色家园,而游戏是构建有效语文课堂的美丽策略。

课例1:

三国小论坛

活动目标:

1. 培养儿童对经典阅读的浓厚兴趣,初步掌握阅读中国古典文学的一般方法,让阅读为儿童的生活创造美丽。

2. 让学生了解罗贯中和三国故事发生的历史背景,熟悉三国人物,并积累出自三国的成语、典故和歇后语。

3. 引导学生感受作品中的豪迈之气和英雄气概。

活动准备:

1. 师生用一个星期同读《三国演义》,并搜集有关罗贯中和三国故事发生的历史背景;

2. 三国故事会:诸葛亮篇、关羽篇、曹操篇,张飞篇……

3. 搜集整理出自三国的成语、典故、歇后语。

活动过程:

一、谈话导入

同学们，翻开三国书页，我们似乎身临群雄争霸的三国时代，恢宏的战争场面、栩栩如生的三国人物都充满了无穷的魅力。苏东坡曾怀想三国，写下了著名的《念奴娇　赤壁怀古》（齐吟诵）。

二、走近作者

今天，我们能享受这一切，不能忘记《三国演义》的原作者罗贯中（板书：罗贯中）。你知道罗贯中吗？谁来聊聊罗贯中？

历史背景：

（出示三国地图）：有人说，三国是一段恢宏的历史画卷，你觉得呢？谁能说说三国故事是在怎样的历史情况下发生的呢？

小结：中国古典名著都是在一定的历史背景下的长篇小说，要很好地读懂它，我们首先要像这样知作者、解历史。（板书：知作者　解历史）

三、三国擂台

下面进入三国擂台，三国知识必答题目，先请第一横排的同学回答，要是答不出来，其他的同学可以抢答。每答对一题，就可以在星星榜“读书小能人”栏里得一颗星，并且老师以大组为单位画“正”字，看哪一组总分最多？

谁青梅煮酒论英雄？

凤雏先生是谁？

凤雏在赤壁之战中有什么功劳？

三国故事中，诸葛亮几气周瑜？

诸葛亮一气周瑜气的什么？

诸葛亮二气周瑜气的什么？

诸葛亮三气周瑜气的什么？

关羽字什么？

曹操割须弃袍为了躲避谁的追赶？

关羽单刀赴会去了哪里？

阿斗是谁的儿子，大名叫什么？

……

一共24题。

小结:同学们都很会读书,看来三国故事已经被你们熟记于心了。读古典名著,第二步,我们要做的就是这样打开书本读故事,熟情节。(板书:读故事　熟情节)

四、三国人物

1.《三国演义》中,先后出场的人物有400多个,你印象比较深的是谁?

(根据学生发言贴出学生头像:孔明、关羽、曹操、张飞、刘备、周瑜)分别用一个词语评价一下。

2. 首先,这些人物外表不凡,原著中是怎样描写的?

出示作品中写张飞、关羽、孔明、刘备外表的句子,读一读。

你有怎样的感受?

罗贯中只三言两语,就刻画出了这样形象鲜明、如今已家喻户晓的人物。

谁再来说说你所知道的和这些人物有关的故事?

真好!同学们都喜欢三国人物,谁来讲三国故事?

小结:这些人物形象并没有因为时光的流逝而变得暗淡,三国人物特征鲜明的形象和他们动人的故事,一直被中国老百姓喜欢着,品一品,能感受到古典文学悠远的韵味。

话人物,品韵味可以让我们体会到古典文学的艺术魅力。(板书:话人物,品韵味)

五、三国典故

1. 罗贯中用他如椽的大笔为后人留下了三国时期恢宏的战争场景和不朽的三国人物,也给我们留下了许多为中国老百姓所熟知和喜爱的成语、典故、歇后语。你知道哪些出自三国的成语和典故?

大组为单位,指定横排继续必答。

2. 三国故事中的歇后语也是令人叫绝的,谁知道?

小结比赛结果。

小结:在阅读古典名著的过程中,我们积累成语、典故、歇后语,不仅能提高我们的语文素养,还可以从中受到教益、变得聪明。(板书:学典故,明心智)齐读。

六、总结引导:

1.(内容上):同学们,读完了三国,我们知道了罗贯中、三国故事发生的历史情况,了解了三国人物,积累了成语、典故和歇后语,收获真不少。

2.(学法上):而且,我们还学会了古典名著的一般阅读方法,是:(指黑板齐读)。

最后,让我们在苏轼的《念奴娇　赤壁怀古》中感怀三国,结束今天的三国小论坛。

板书:

刘备骑马像　知作者、解历史　读故事、熟情节　话人物、品韵味　学典故、明心智。
罗贯中　三国地图　　正　　　正　　　　　正　　　　　　正

教后反思:

游戏——儿童文化的磁场

游戏——儿童文化的载体。引导儿童读书,在教者看来,就是把书中文化读成自己的文化。中年级孩子读名著,最终读成了游戏的磁场。

一、大气磅礴的恢弘画卷

"读书先读史,读史使人明心智。"翻开《三国演义》,知作者、解历史让我们置身于东汉末年群雄逐鹿的历史时期,残阳如血、英雄辈出、智者如星辰。《念奴娇　赤壁怀古》道尽历史的苍茫之感,三国人物似乎在历史的波涛中向我们颔首微笑。三国地图弥漫着古代战争的烽火和征人的呼喊,展现了天下纷争的场面。读来,似乎有震撼山岳的擂鼓呐喊在耳畔,似乎有争霸天下的雄心在搏动。

二、底蕴深厚的文化积淀

三国故事脍炙人口,每一个故事都让人回味百回。关云长败走麦城、诸葛亮挥泪斩马谡……那么牵扯着读者的心弦,让人惆怅千古;"诸葛亮三哭周瑜、七擒孟获、空城记……近似神人的智者锦囊,后无来者。

当孩子们以游戏的方式如数家珍,老师也觉得历史故事重现今天。三国人物带着个体独特的魅力,从儿童的视角个性化地解读,是儿童与作者跨时空的对话。三国歇后语、成语更是纯文化的积淀,孩子们在阅读和游戏的过程中,将三国语言内化成富有三国特色的"三国式"表达,语言的学习具有了生命的活力,言语智能在无形中形成。

三、掌声雷动的舞台效应

舞台游戏是儿童期盼的形式,儿童期待在舞台上、掌声中展示自己的习有所得，这是他们阅读的成果，理应创设展示的舞台让他们焕发光彩。每一项竞赛都搏动着孩子们的脉搏，他们跃跃欲试、满心欢跃，群雄逐鹿的课堂、美妙的舞台效应让大家沉浸在三国历史的恢弘、三国文化的魅力之中，久久品茗，音韵袅绕。

第六章

情景　想象　诵读

拨动生命的琴弦，打造语文教学的浪漫经典

［**内容提要**］

生动的情景：浪漫之舟；活跃的想象：浪漫之羽；香醇的诵读：浪漫之韵

［**关键词**］

情景　想象　诵读

语文课程具有天生的浪漫情结。离愁别绪、月下伤怀、日月星辰、都市乡野，宁海的潮声、草原的牧歌，真挚的亲情、深邃的哲理，经文人骚客心灵的洗礼，流淌成一篇篇清丽的文章、一行行动人的诗句。翻开语文课本，似乎一把风雅的琴弦正迎风在绿色的原野上。教师是一名神奇的魔术师，手持魔杖，借助情景的氛围、想象的音符、情感的鼓点、诵读的音韵拨动孩子们生命的琴弦，跃过四季的河流、聆听鸟虫的呢喃、淌过斑驳的岁月、放飞纯美的情思。打造语文教学的烂漫经典，生命才能超越单纯的知识和技能训练而抵达人性深处的灵魂之优化，也才能真正地彰显出语文课程的魅力和神韵。

一、生动的情景：浪漫之舟

《语文新课程标准》说："要有效地利用和开发课程资源。"教教材，难免单薄、枯涩；用教材教，才是真正地关注了生命个体，才能走进语文教学的浪漫田园。创设生动的教学情景是教师为孩子们走向语文之旅而悉心准备的浪漫之舟。情景是指充分利用形象，创设生动的场景，在探究、审美、认识周围事物的乐趣中，激起

孩子们学习的热情,加强对教材的理解和体验,同时受到性情陶冶。依托教材,有效地用好教材,到语文学习的大环境中去创设教学情景,能有效地促进孩子们思维的活跃,让思维曼妙起舞、让智慧落地生花。

如教学苏教版第二册《识字1》有关春天的词串以及和春天有关的部分课文。教师设计了如下步骤创设教学情景:

一歌:表演唱《春天在哪里》。春天应该是孩子们敞开胸怀放声歌唱的季节,这首清新的老歌,把春意带进了孩子们的心海。她伴随着孩子们一整个春天,伴随着孩子们愉悦地学习有关春天的语文知识。

二诗:古诗1《村居》(课本练习一),感受早春的迷蒙,体会春天里孩子们争放纸鸢的乐趣,对春的向往油然而生。古诗2《咏柳》。

三游:早春时节:踏春、寻春;

阳春时节:游春、喜春;

暮春时节:送春、惜春。

在心灵感受的过程中,孩子们感悟时光、融合于大自然之中。

四寻:寻找描写春风、春雨、春花和春天里的小精灵的儿童诗,美美地读一读。

五词:描写春天的成语:春暖花开　春色满园　鸟语花开　春江水暖　春光明媚　春意盎然　花红柳绿　桃李春风

课堂学习的前后,教师利用好教材,通过多种形式创设了生动的教学情景,引领孩子们走进春风、春雨里,与春天里的精灵对话,与春天里的花儿细语。从语文大天地走进生活课堂,迎风谱写了生命的乐章,师生共同感受着语文教学特有的浪漫情怀。

二、活跃的想象:浪漫之羽

语文课堂教学中,引领想象使语文学习具有更加强烈的感染力和生命活力。想象给了孩子们梦想的翅膀和飞翔的力量。她是山涧的清泉,引领着孩子们向自己向往的大海飞去。

如教学苏教版第一册《秋姑娘的信》中,教师设计了借助想象打开学生语文学习的浪漫之羽:

1. 整体朗读课文

秋姑娘给哪些人写了信?

2. 走进想象的王国

南飞的大雁一路上会遇到哪些危险?

还有哪些小动物在怎样冬眠？小松鼠是怎样贪玩的？准备哪些食物？怎么运输？小树在寒冷里会遭遇什么？

3. 感悟

你觉得秋姑娘是个怎样的人？

4. 想象练说

秋姑娘还给哪些人写了信？说了些什么？

这一堂课以引导想象为主要教学手段，孩子们在想象王国里尽情抒发作为天才诗人的浪漫情怀。特别是想象小松鼠怎么准备食物、运输食物时，更是情趣横生。引领想象，使孩子们展开了浪漫之羽，飞向生命发展的绿色原野。

三、香醇的诵读：浪漫之韵

情到深处，诵读是浪漫心绪的最好表达形式。含英咀华的诵读，标志着孩子们与文本的倾情融合，是师生上下寻觅、左右求索的过程，弥漫着主体精神与心灵的勃然生机。诵读的绝妙境界是使读成为孩子们表达意向的冲动。自然流露的表情、丰富的眼神、高高扬起的眉毛，才能显示孩子们已经读到了深处。

如教学苏教版第一册《大海睡了》，孩子们带上动作吟诵深夜里大海熟睡时的诗句，天籁般的童音倾吐着海的宁静、安详和温情，美丽的心灵之蕾在深夜的海的怀抱里轻轻地吐艳。然后，孩子们伸一个懒腰，带上动作吟诵自己仿写的《大海醒了》：

风儿闹了，浪儿笑了。
清晨，大海醒了。
她抱着朝阳，她背着渔船。
那轻轻的潮声啊，是她睡醒的笑声。

孩子们生动的表演，甜甜的嗓音，把一个清新热闹的海边早晨如画卷般地铺展开来。

傍晚的大海又是怎样的图景呢？学习《识字 5》有关大海的词串时，孩子们对词语的朗读也是充满着浪漫色彩。大家闭上眼睛，带上翅膀，飘着思绪读海风，好惬意。飞翔着翅膀读海鸥，好情趣。舒展着双手做花朵状读浪花，好调皮。“看哪朵小浪花笑得最美？”大家争先恐后地用最纯真的笑脸、最动听的声音演绎着浪花的可爱。

“下一堂课，我们再去大海寻宝，感受渔船归来时的海边美景。”课后，孩子们意犹未尽，自己拿着书，品读着：珍珠、鱼虾、海带、港湾、渔船、晚霞……俨然一个个小诗人、小学究。

语文本浪漫。拨动生命的琴弦，在语文教学上创设情景、引领想象、放飞情思、反复诵读，引领孩子们乘上浪漫之舟、展开浪漫之羽、演绎浪漫之韵，实现着生命成长的和谐、丰盈与完美。

课例 1：

埃及的金字塔

（专题网站学习课例）

一、导入新课

同学们，翻开世界历史厚重的书页，有七大世界奇观被记写在人类的文明史上，神奇而且神秘，想知道吗？

在首页上点击七大奇观，挑选你感兴趣的认真阅读。

谁来介绍你读到的世界奇观？

旷世奇观，的确不可思议。遗憾的是因为天灾人祸，已经有六大奇观在地球上永远消失了。经历了几千年的历史沧桑，今天的人们能看到的只有（埃及的金字塔），仅仅只有金字塔。（板书：埃及的金字塔）

看录像片段，埃及的金字塔。（停在画面上）

埃及的金字塔是感叹号，讲述着国家悠久的历史和灿烂的古代文明，同时也是一个个仰天的大问号。在人们心中留下了千古不解之谜。越是迷雾重重，越能激发人们的好奇心和探索欲。

今天，我们将走近埃及金字塔，在这里寻梦、探索、发现，有兴趣吗？

二、朗读课文

请大家打开课本 77 页，各自轻声读课文，看看：你能从课文中了解到哪些金字塔的知识？

三、学习课本

通过朗读课文，你知道了哪些关于金字塔的知识？

随机课文讲解：

第一小节,出示文字。

小结描述引读:碧澄澄的蓝天下,金字塔,一座座(角锥形的建筑物),在金黄色的沙漠上,(巍然屹立)、(傲对碧空),他们(举世闻名)。

金字塔的来历:

原来金字塔是这么来的:(齐读)

为什么叫金字塔?

(出示模型)引说:坟墓的底部是(　　),愈往上(　　),最后成为(　　)。因为他们的轮廓很像汉字中的(　　),所以称为(　　)。

多:

有70多座。沙漠里随处可见金字塔,说它是一部活的史书,可真是篇幅浩繁,所以埃及又被称为金字塔国。神奇吗?

宏伟而精巧:

(出示)让我们来仔细地品一品,胡夫金字塔上一连串的数字。

1. 胡夫金字塔高(　　),相当于(　　)。

今天老师给同学们上课的这幢楼有(　　)层高,抬起头来想一想,在(　　)层楼顶上再加上一个这样的(　　)层,高不高?再往上加,三个(　　)层,四个(　　)层,五个(　　)层,六个(　　)层……算算看,40层一共是(　　)个这样的(　　)层,高不高?这样的高楼,堪称(摩天大厦),读出它的高。再引读。

2.(引读):绕金字塔一周,差不多要走(1000米)的路程。1000米,就是从我们海门实验学校到(　　)的距离。这样的数字真是(震撼人心),给人的感觉是(　　)。

3. 还有更加震撼的,(引读):塔身由(230块巨石砌成)。这些巨石平均每块重(2.5吨)。2.5吨是什么样的感觉?1吨是1000公斤。在我们的生活中最最肥的一头猪大约是100公斤。算算看,2500公斤的石块相当于多少头猪呢?(副板书)25头猪,一辆卡车可装不下,总得两三辆才能装走。这样的巨石不是100块、200块,不是1000块,一万块,而是(230万块)。这样的数字真是(震撼人心),给人的感觉是(如此宏伟)。

4. 运输:(引读)有人估计,如果将这些石块(　　),可绕地球(　　)。如果用火车装运,(　　)。可是,4700多年前的古埃及,远离现代文明,没有火车,没有拖拉机,你会产生怎样的疑问?能先从课文中找到答案吗?(出示)古埃及人就是这样用原始而又聪明的方法运输巨石的。(再读)

5. 运输问题解决了,你还会有怎样的疑问?能从课文中找到答案吗?(出示文字、模型)就是这样垒起来的金字塔,真是(精妙绝伦)(巧夺天工),堪称(奇迹)。

6. 读到这儿,你会有怎样的感慨?齐读:它们是古埃及人民(　　),也是(　　)。

7. 为了建造这样的金字塔,经常有(　　),全部工程用了(　　)。

8. 这就是宏伟而精致的金字塔,推荐一名读书最好的同学读出金字塔的宏伟和精巧,一起读一读。

四、质疑解疑

(回到数字页)课文用了举例子、列数字、作比较、打比方的说明方法向我们介绍了金字塔,非常生动,让我们读得明明白白。除了课文中所描写的,你还想知道些什么呢?

你们想知道的问题可真多,这些问题老师也很感兴趣。请点击历史解密,你们一定会有新的发现。

你们寻找到哪些问题的答案?

还读到些什么?

有些结论是科学家经过长期的研究和大胆的猜测得出的结果。还有至今没有能够解答就成了千古之谜。(板书:千古之谜)

点击千古之谜。

谁来说说,你对哪一个不解之谜最感兴趣?

五、结束语

同学们,埃及金字塔是世界建筑史上的奇观。读到它,我们满心的惊奇,走出课堂,我们依然满心的疑惑。正因为如此,金字塔才以它们无穷的魅力,吸引着成千上万的游客去游览,也吸引着世界各国的考古学家们去破解千古之谜。

六、作业

请同学们继续关注金字塔之谜,大胆猜想,把你想到的写成文字,以 Emeil 的形式发送到王老师的邮箱中,邮箱地址 wangllnt@ 163. com

板书:

埃及的金字塔

宏伟精巧

千古之谜

说课：

运用专题网站，打造适合儿童的课堂

尊敬的各位专家、各位评委：

下面我以《埃及的金字塔》一课的教学为例，以构建适合儿童的语文课堂，使语文课堂成为滋养和成就儿童生命的绿色空间这样一个价值追求为整合点，谈谈整合语文和网络课程的预设与实践。

《埃及的金字塔》是学生已经学过的一篇课文，抽到教材以后，感觉再炒冷饭会索然无味，稍稍担心之后，我依据教材特点，决定设计成语文知识的拓展课。我想：这是孩子们期待的语文课堂。

一、适合儿童的课堂是亲近生活的课堂

杜威讲："教育即生活，课堂教学成为儿童生活本身，才能触动儿童心灵，闪现活性因子。课堂设计中，我把枯燥的文字、陌生的数字和生活中孩子们所熟知的事务作一些风马牛不相及的比较，让数字走进孩子们的生活，变无动于衷的朗读为深入骨髓的惊诧。这样的设计，融汇了生活的本真，创设了妙趣横生的课堂生活，孩子们对课文的理解在原来的基础上又多了生动地感受，读得自然有滋有味。

二、适合儿童的课堂是求知探索的课堂

心理学研究表明：课堂教学中，有效激发儿童的求知探索欲望，能积极调动儿童的各种感官处于兴奋状态，才能使语文学习成为儿童充满兴趣和探索意味的精神之旅。专题网页设计，力求依托教材，搜集能够激发儿童阅读兴趣的资料，七大奇观、古国神韵、图片赏析、神话传说、历史解密、千古之谜、经典影片、网站导航这些版块充满着奇趣、神话、神秘和经典。网页设计深深吸引着儿童，书香浓浓，让人浮想联翩。网络教学为语文学习插上了飞翔的翅膀，为孩子们的心灵插上了梦想的翅膀。

三、适合儿童的课堂是"栖居诗意"的课堂

儿童的天性是诗意的，充满着童真畅想。教学中，教师让孩子们说说对哪些问题有兴趣？大胆猜测金字塔之谜。孩子们的回答充盈着智慧与情趣，他们的探

究伴随着激情和陶醉,他们的猜想神奇而美丽。这些都是诗的语言,是孩子们的心灵在歌唱。

走进网络的神奇世界,能彰显语文教学的无穷魅力和神韵。借助网络的魔杖,教师是神奇的魔术师,语文教学资源成为风雅的琴弦,语文课成为孩子们渴望归去的精神家园,语文与网络的整合,实现着生活发展的深远意义。

教后反思:

浅谈新课程背景下语文与网络课程的整合价值

建构主义认为:知识是学习者在一定的情境即社会文化背景下,利用必要的学习资料,通过意义建构的方式而获得。真正的理解只能是由学习者自身基于自己的经验背景而建构起来的,取决于特定情境下的学习活动过程。

在语文教学中实现建构主义学习的实质性飞跃,是对教育规律的遵循。《小学语文新课标》说:“努力建设开放而有活力的语文课程……”语文与网络课程的整合为这一教学境界的追寻提供了理想的教学载体。专题学习网站的建立与运用,增大了语文教学的信息量。走进网络学习的神奇世界,彰显出语文教学的无穷魅力和神韵,为语文教学插上了飞翔的翅膀,为儿童的心灵插上了梦想的翅膀,创设了适合儿童的语文课堂,实现了通往未来的语文教学,体现了语文与网络课程的整合价值。

一、实现教师职能的理想转变

网络背景下的语文老师是新课程提出的“平等对话中的首席”,以学生为中心,教师起到了组织者、指导者、帮助者和促进者的作用。

其次,在设计网络课的过程中,教师深透文本、搜集资料,不是教材的单纯照搬照套,而成为了真正意义上的学习者、研究者、运用者、设计者和创造者。教师搜集设计网页、制作网页、运用网页的完整的研究过程中,接受着时代的信息,丰富着自身的知识内涵,闪现着教学智慧,使教学活动真正成为教师的生活,教师也和儿童一起享受着学习活动的快乐和充实。

教师是一位神奇的魔术师,手持网络的魔杖,让以语文课本为依托的大容量的语文学习资源成为风雅的琴弦。教师的面孔变得有魅力,不再单调、枯涩、目光短浅,网络环境下孩子们感兴趣的一切让教师充满着亲和力,像涓涓的溪流,让孩子们的心灵流淌着明澈。教师借助网络载体的激趣、引导成为了拨动儿童生命琴弦的美妙音响。

二、实现教学资源的理想转变

现代信息社会,课本的信息量已经远远地不能满足儿童的知识需求。课本只是一个依托,一个工具,用好教材教出大语文,才是新课程追求的语文学习的新境界。网络环境下的语文学习整合了课堂教学资源和课外学习资源,专题学习网站创建了大语文学习载体,是探奇的城堡、是求知的隧道、是寻梦的田园、是创作的舞台、是心花怒放的阳光地带……专题学习网站是孩子们钟情的美丽读本,充满魅力地促进着语文新课标中儿童课外阅读量的实现。

教学《埃及的金字塔》这篇课文,教师搜集了大量和金字塔有关的儿童感兴趣的资料,纵横古今,大气磅礴,然后分类罗列成:七大奇观、古国神韵、图片赏析、神话传说、历史解密、千古之谜、经典影片、网站导航这些版块。每一个版块都是一块磁石,吸引着课堂上儿童的双眸,迫不及待,津津乐道。

每一个版块里都有几个孩子们感兴趣或者能给他们带来震撼的知识。如:图片赏析中有金字塔傲对碧空、夕阳唱晚、异类风情三组图片。孩子们观赏后,迫不及待地畅所欲言:有的想起鲁迅先生的名言,表露出为了法老想不朽、死后升天、灵魂归来而被迫从事超体能劳动的奴隶的深切同情,领悟出最终不朽的是埃及人民的智慧;有的感受到夕阳唱晚中金字塔温柔的美;有的表达对当世另类金字塔的惊奇。其它的几个语文版块也都是各具特色,各显神通,再加上美轮美奂的美工设计,使专题学习网站配合语文课本成为魅力语文课程资源。

三、实现学习方式的理想转变

语文与网络课程的整合,能有效地实现儿童学习方式的理想转变:变单一枯燥的语文学习为自主探究的课堂生活。学习方式的转变构建了适合儿童的语文课堂,使语文课堂成为滋养和成就儿童生命的绿色空间,成为营养儿童心灵的“绿色氧吧”。

心理学研究表明:课堂教学中,有效激发儿童的求知探索欲望,能积极调动儿童的各种感官处于兴奋状态,才能使语文学习成为儿童充满兴趣和探索意味的精神之旅。语文网络课教学中,在感悟课文的基础上,趁着孩子们兴致正浓,再引导他们质疑,然后到网页上去探究谜底,充满着奇趣、神话、神秘,经典的网页设计深深地吸引着他们,给他们带来丰盈的精神满足。这样的语文课是适合儿童的语文课。

学习方式的转变为儿童寻找到理想中诗意的栖居地。儿童的天性是诗意的,他们经常陶醉在自己的小天地里,有着充满童真的诗意畅想:有融于生活的真实,也有不着边际的浪漫。还以《埃及的金字塔》为例:教学中,教师把枯燥的文字、陌生的数字和生活中孩子们所熟知的事物作一些风马牛不相及的比较,让数字走进孩子们的生活促使无动于衷的朗读变成深入骨髓的惊诧。趁着孩子们兴致正浓,让孩子们说说除了课文中描写的,还对哪些问题有兴趣?

大胆地猜测金字塔之谜。借助网页去求知、探索。孩子们的回答充盈着智慧与情趣,他们的探究伴随着激情和陶醉,他们的猜想神奇和美丽。这些都是诗的语言,是孩子们的心灵在歌唱。教师由衷地赞美他们、欣赏他们,像对待真正的诗人。

语文与网络课程的有机整合使语文课充满着魅力和艺术风采,教师和学生都沉浸在意境美、情感美和视觉美之中,这样的语文课堂深怀幽古情思,叙谈今日经典,畅想未来风貌,是孩子们渴望归去的精神家园,同时也体现着生命发展的深远意义。

课例 2:

爷爷的芦笛

教学目标:

1. 学会生字新词;

2. 理解课文内容,体会海边大风大雨的夜给孩子带来的恐惧,知道“人的胆识必须在艰险的环境中磨练”,有感情地朗读课文。

教学重点:体会海边的夜给孩子带来的恐惧。

教学难点:理解爷爷用芦笛告诉孩子:人的胆识必须在艰险的环境中磨练。

教学准备:课件。

教学过程:

第一课时

初读课文,学会生字新词。

课文中几次写到爷爷的芦笛声?划出相应的句子,仔细读读,想想:爷爷的芦笛声给孩子们带来了什么?

第二课时

一、复习提问

今天,我们继续学习《爷爷的芦笛》,还记得课文中最动人的是什么?(看课件,出示描写爷爷芦笛声的三句话,背景音乐《苗岭的早晨》响起)

引读:爷爷的芦笛给孩子带来了什么?

板书:快乐　勇气

二、略读第一部分

1. 记忆中,爷爷的芦笛声飘扬在一个美丽又好玩的地方:(课件出示引读:碧蓝碧蓝的海水就踩在脚下……还带着浓浓的海水味……)描述:这景象画中有、诗中有、爷爷的芦笛声中也有。(看课件:海边美景)

2. 抑制不住心中的渴望,强强在苇叶葱茏的五月,来到爷爷的小闸屋,五月的海风、海面、海水编织成了一首美丽的小诗。(把第二自然段写成诗的形式)谁来念念?

多好的时候啊,快拉住爷爷的手,到芦苇丛生的地方去。清脆的笛音传得很远,招引来(　　),在大海边(　　)。

三、课文第三部分

1. 转眼间就到了晚上,打开课本 149 页,各自轻声朗读 7——13 自然段,在孩子眼里,这是一个(　　)的夜?

2. 用浪线划出描写海的句子,用(　　)括出能表现孩子心情的句子。交流,指名分角色读描写海和表现人物心情的句子。

3. 能触摸到孩子在漫漫长夜中心情的变化吗?

板书:不怕——恐惧——勇敢

4. 一段艰难的心路历程,都是因为海的变化,让我们看一看海的凶险和在波峰浪谷中颠簸小船(看课件)

(出示句子:“大海不知什么时候变得狂怒起来……的小船。”

(1)各自放声朗读;

(2)找到让你触目惊心的词语了吗?

(3)这触目惊心的词语展现的是触目惊心的景象。(齐读这段话)

(4)试想:现在把我们的教室缩小缩小,缩小成爷爷的小闸屋。现在,我们就在海的堤岸上,透过这些触目惊心的词语,你能看到怎样的景象?听到怎样的声响?拿起语文书再去读读这些句子,展开联想,把你看到的景象、听到的声响写到相应的词语旁边,写关键词也行。

谁来说说你联想到的景象、听到的声响?

(相应评价:你很会读书:你读出了海的凶险;你很会动脑筋)让我们更好地读出海的凶险。

在这样的小闸屋,你会有怎样的感受?

强强一个人呆在小屋里,他比我们更害怕,他觉得(引读)

看课件:真正被海水吞没的小船

强强觉得自己的小屋正像一只(引读:在波峰浪谷中颠簸的小船,他大声呼喊着:"爷爷!爷爷!)

强强在喊爷爷的时候,声音里充满了什么?谁再来读出这种感觉?

(齐读:强强大声喊道:"爷爷!爷爷!)可是,听不到任何回答,强强又是什么感觉?把所有的感觉都读进去。

此时,在强强手里唯一能抓着的是什么?

被子、只有被子。

(引读:)强强先是裹紧了被子,(　　),又是一个大浪(　　)……门外伸手手不见五指(　　),(　　)。这可怕的夜啊,每一分、每一秒都是煎熬。

齐读:强强从没有经历过这样的漫漫长夜!

(8)强强心里一直想着的是谁?

爷爷在大风大浪中干什么呢?是怎样的神情?后来,又是怎样地吹起了芦笛声,这笛声告诉了孩子什么?

(9)强强仿佛听到:(在逐渐平息下来的风涛声里夹杂着一种奇特的声响)是什么?

板书:啊,爷爷的芦笛!

读出怎样的感觉?

你读,你读,一起读。

强强情不自禁地大喊起来:(　　)悠扬的笛声将他的恐惧(　　)让强强变得勇敢的仅仅是爷爷的芦笛声吗?是什么?

在强强心里,爷爷是个怎样的人?

描述:几十年了,爷爷默默地守着小闸屋,看着海堤。白天,与海鸟为伴;夜晚,与星星对话,爷爷是寂寞的。他还总是在大风大雨的夜,到海的堤岸上去查看水位,在关键时刻开闸放水,爷爷是辛苦的。然而,爷爷也能从中找到乐趣,他奇特的芦笛声显示了生命的光辉!

强强想起了爷爷常常说的一句话:

“海边的孩子,不沾点海水就长不结实。”

爷爷也有过像强强一样的童年,也有过对大海的憧憬与恐惧,如今是什么让他能够从容地面对狂怒的大海而无所畏惧呢?

现在,你理解了爷爷常说的一句话了吗?

小结板书:人的胆识必须在艰险的环境中磨练。

关键是要敢于面对,挺过去,你就能收获(勇敢),这正是爷爷的生活体验,悠扬的芦笛声向爷爷诉说了这一切。爷爷的芦笛,这是一曲(　　)的歌?

让我们再来回味那奇特的笛声。

(课件显示:《苗岭的早晨》齐读:描写爷爷笛声的三句话。

四、作业:熟背课文 7——13 自然段

板书设计:

啊,爷爷的芦笛!——爷爷!

快乐　勇气

人的胆识必须在艰险的环境中磨练。

教后反思:

快乐和勇气的交响

一、爷爷的芦笛声带给孩子的是快乐

课始,描写海边图景的文字被写成一首美丽的小诗,吸引着“我”去海边陪伴爷爷的足迹,也吸引着我们朗读的目光和向往的心灵。海边是景,也是画,更有爷爷的芦笛这美妙的自然之声,景、画、曲的美妙交融,把我们带进了让我回忆至今的美丽的海边意境之中。

二、爷爷的芦笛声带给孩子的是勇气

朗读、联想、体验的步步深入,让我们体会到那个似乎被海浪吞噬的夜晚,那间似乎被海浪吞噬的小屋,那颗爷爷不在身边几乎被海浪吞噬的担忧害怕的心。

裹紧的被子、颤抖的心,黑暗中的极度恐惧中,爷爷的笛音在黑暗和海浪声中传来,似乎是穿透恐惧、直射心灵的灵丹妙药,给我带来了无限的勇气——战胜风浪的勇气。爷爷的形象在黑暗中那么清晰、那么真切、那么富有力量。爷爷就是笛音、笛音就是爷爷。

三、爷爷的芦笛声带给孩子的是成长的足音

余音袅绕,伴着爷爷的芦笛声成长,孩子收获的是面对艰险,磨练意志,以至能够泰然处之的人生态度。试想:在孩子的成长过程中,他会很多次地遇见生活的风浪。每一次,当他畏惧退缩的时候,他的耳边似乎会有爷爷的芦笛声响起,他就会有勇气去战胜生活的风浪、走出生活的险滩,重新迎来霞光万道的黎明。爷爷的芦笛声带给孩子的是成长的足音,给予孩子的是一生的勇气。

课例 3:

荷　花

教学目标:

学习生字新词;理解课文内容,感受白荷的色彩美、形态美,体会白荷的纯洁清高;有感情地朗读背诵课文。

教学时间:两课时。

第一课时

一、导入新课

小朋友,人们常常用“出淤泥而不染”来赞扬一种花,意思是说它从脏兮兮的淤泥里长出来却不沾一点尘土,依然纯洁淡雅,知道是说的哪一种花吗?(荷花)

今天,我们就来学习第 16 课——荷花(板书)

齐读课题。

二、学会生字词

课文中出现了 4 个生字词,能读准吗?

小莲蓬:

指名读后指正“蓬”在这里读轻声,齐读。能在图上找到小莲蓬吗?

莲蓬里面藏着荷花的果实——莲子。小莲蓬小小的、嫩嫩的。

饱胀、翩翩起舞、好梦

指名读、齐读。

三、总体把握课文

我是一个爱荷花的人,荷花为什么吸引着我呢?听老师读课文,边听,边看画面,欣赏荷花究竟美在哪里?

范读课文:

(音乐起)清早,我到公园去玩……(出示画面)荷花已经开了不少了……(画面变化)我忽然觉得……

教师有语感地依图背诵。

看图说话:

小朋友们,你们觉得这满池的荷花美吗?仔细看看:它美在哪里呢?

(颜色好看、开放时多姿多彩)

图文对照、学文

四、学习第二部分

课文中哪一部分直接描写了池中荷花的美景呢?

小朋友打开课本,各自轻声、快速地朗读课文,找一找。

(2.3 自然段)

2. 老师请一位小朋友读二、三自然段。其他小朋友们想想:课文中是怎样描写荷花的色彩美和形态美的呢?

(1)提问:谁来说说:课文中描写了哪些美丽的色彩?

出示:(　　)的荷叶,(　　)的荷花,(　　)的小莲蓬,多么(　　)的色彩!

教师把“碧绿”换成“绿”来形容荷叶,把“嫩黄色”改成“淡黄色”来形容小莲蓬,你们觉得哪个词好?好在哪里?

是的,“碧绿”比“绿”绿得更浓、更鲜艳;“嫩黄色”比“淡黄色”更加可爱和有生气。一起读原词填空。

(2)出示句子:荷叶挨挨挤挤的,像一个个碧绿的大圆盘。

这里把什么比作什么?写出了荷叶的什么?

会给“挨挨挤挤”换个词吗?

把“一个个”换成“一个”行吗?

碧绿的荷叶紧挨着、拥挤着。荷叶生长得十分茂密、数也数不清。

我们一起读好。

雪白的荷花从碧绿的圆盘中冒出来,小莲蓬嫩黄嫩黄的,色彩很美丽。

3. 再看看,文中描写了荷花哪些不同的形态?

(出示):刚开的荷花;

盛开的荷花;

将开的荷花。

指名2名学生说说。

将开的荷花饱胀得几乎要破裂似的:(图中出示)饱胀

"饱胀"是什么样的呢?

(花骨朵非常饱满)我们也可以把这种形态叫作"含苞欲放"。

课文中写荷花的不同姿态,用了什么句式呢?

出示:"有的……有的……有的……"

(引读):有的(　　)有的(　　)有的(　　)

这样就把荷花姿态各异的形态美写清楚了。板书:形态美

你最喜欢哪一种形态的荷花呢?

引读:的确,这么多的荷花,看看这一朵(　　),看看那一朵(　　)。

(出示):"如果……"

小朋友,自己默读这句话。

加着重号,这个假设句,你能读懂吗?

想一想:画家要想把眼前的这一池荷花,画成一幅活生生的画,容易吗?

恐怕是很难的。这一池荷花,无论是色彩还是形态,都是画家的画笔所难以描绘的。

如果有这么一位画家,这位画家是谁呢?(大自然)

是大自然的风、大自然的雨、大自然的阳光、肥沃的土壤、甘甜的池水一起描画了这一池的荷花。作家陶醉了,用文字写下了荷花;画家陶醉了,用画笔画下了荷花。你觉得谁的本领更高?

(作家笔下的荷花是活的,色彩、形态都是活的,透着香气。)

五、想象,进入意境

(音乐起、舞蹈起)

站在阳光下,站在荷塘边,我成了一朵荷花,穿着(　　)翩翩起舞。

怎样的舞蹈呢?

蜻蜓飞过……小鱼游过……

还有谁来了,带来了什么呢?

啊!我是一朵(　　)的荷花?

板书:纯洁　快乐

就让我们永远住在荷花的童话里,不要醒来。

在下一堂练习课上,我们一起练写生字词和背诵课文。

六、布置作业:

写一、两句赞美白荷的句子。

板书:荷花

色彩美　形态美

纯洁　快乐

第二课时略。

教后反思:

把握“活”字　教活《荷花》

《荷花》描写了白荷花的静态美,展现了白荷花的动态美。“如果把眼前的这一池荷花看作一幅活的画,那画家的本领可真了不起。”叶老用这一假设句,赞叹了白荷花的美好。如何让学生领悟到文中描绘的清纯意境、进行扎实的语言文字训练?我把握了文章中的“活”字——透过这一文章的“眼睛”,让学生欣赏到文字所描绘的活的画面,优化了教学过程。

一、静态白荷:体会盎然生气

活的生命总是生气盎然。课文二、三自然段直接描写了白荷花的美好。学生圈出描写颜色的词语后填空:(碧绿)的荷叶,(白)的荷花,(嫩黄色)的小莲蓬。教师把“碧绿”换成“绿”来形容荷叶,把“嫩黄色”改成“淡黄色”来形容小莲蓬,学生通过比较,说出“碧绿”比“绿”绿得更浓、更鲜艳。“嫩黄色”比“淡黄色”更加可爱和有生气。教师适时引导:只有生长得十分茂盛的荷叶,才会显出浓浓的绿色,小莲蓬在阳光下成长,嫩嫩的。在学生心里怦然一动的基础上,出示:“多么(　　)的色彩”来赞叹文中描写的色彩美,将鲜活的色彩呈现出来。再让学生找出文中描写白荷不同样子的句子,说说刚开的、全开的、将开的白荷花是什么样儿的?再找找:课文中用了一个什么句式来描写的?体会用“有的……有的……有的……“这样的句式就把白荷花开放时不同的形态写得很有条理。观看录象,体会三种不同形态的荷花的美。学生有感而发:这么多的荷花,一朵有一朵的姿势。看看这一朵,很美,看看那一朵,也很美。通过以上语言训练,学生体会到静态荷花活脱脱的生命力。

二、艺术比较:品味文字魅力

艺术家都用一双慧眼去感悟美,但不同的艺术形式展现美的方式却各不相同。课文配有一幅插图:满池的白荷花在绿叶的衬托下朝气蓬勃。它给学生的感受是最直接的。然而课文中描写的白荷花展现给读者的是灵动的美。一经比较,语言文字的美更具有丰富的内容。让学生体会到这一点,有利于培养学生对语文学习的兴趣,播洒下热爱文学的种子。于是,在前文学习的基础上,活用插图,可引导学生寻找文眼,突破难点。先出示课文插图描述:画家用画笔画下了白荷花,你们看:美吗?学生齐声回答:美。的确。画家生动的画笔吸引了学生。再问:课文用生动的语言写下了白荷花,如果把文中描写的白荷花叶看作一幅画,那么,请你想象:你读到怎样的美?除了图画中描画的,你还能想象出哪些不同的姿态?

从而总结:语言文字描写的情景更加多彩、蕴含的内容更加丰富。这些文字透着美、透着香,胜过流动的音乐、美过斑斓的图画。

三、合理想象:进入空灵的意境

白荷花的舞蹈——阳光下的舞蹈、孩子们期待的舞蹈。老师在阳光般的音乐旋律中提问:我们都成了白荷花,我们在阳光中怎样舞蹈?课本中告诉我们;有谁在陪伴我们?想象:还会有谁来陪伴我们?是怎么玩的呢?这是一段创设优美情境、化景为我的环节。在情境中舞蹈让孩子们领悟白荷花的动态美。阳光是轻柔的舞美,风儿是伴奏的乐曲,洁白和碧绿是美丽的容颜和姿态。孩子们动情地读、乐乐地想、美美地动,理解文字、想象快乐、沉醉意境,情趣与意趣同生,智慧与情感共融。

评课稿：

好一段芳香的音韵

苏教版第十册《月光启蒙》中，纯美的母亲在铺满明月星光的农家小院旁，深情地为我们吟唱歌谣时“芳香的音韵”是课文的美点。海门市东洲小学吴建英老师有效引导。教学时，芳香的音韵飘满教室四周，渐渐地，在孩子心中流淌成一首动人的诗、一支悠扬的曲、一幅清丽的画、一段浓郁的情。教学片段如下：

师：从母亲嘴里吟唱出来的歌谣又是怎样的滋味呢？

（课件出示带有浓郁诗情的背景，抒情音乐起，教师深情引读第一自然段后播放母亲清唱的歌谣）

师：(1)是什么让你们陶醉了？(2)课文是怎么描写母亲的歌声的？(3)听着母亲的吟唱，我们仿佛来到了农家小院，你仿佛看到了怎样的画面？（孩子轻柔地舒展开想象的翅膀，美的翅膀、情感的翅膀）(4)美的月夜、美的母亲、美的歌谣，谁能把美读出来？(5)咱们的教室里也飘满了芳香的音韵，怎样让音韵飘得更远，把句尾的句号改成什么标点？(6)让音韵飘得更远，谁再读？(7)如果你就被母亲搂在怀里，你会是什么感觉？(8)把这些美好的感觉读出来。（孩子们深情并茂地齐读）(9)从“芳香的音韵”中你嚼出了什么？(10)是啊！这芳香的音韵让我们嚼出了母亲声音的甜美、轻柔；嚼出了那一首首歌谣散发出的美好的情感……这就是孙友田体会到的“芳香的音韵”。再来读读歌谣。

笔者聆听了这段精彩的教学，为之陶醉：

一、飘满芳香音韵的情境创设

创设情境，才能引导孩子入情入境，与汉语言文字紧密相拥、与文本倾情对话。“月光启蒙”是著名文学家孙友田童年记忆中一段挥之不去的心灵珍藏。母亲吟唱着歌谣，使“我”的童年铺满明月星光，也映照了“我”今生的文学之路。幽远、香醇的记忆在老师创设的和谐美妙的背景画面：明月、星光、树影中铺展开来，优美的抒情乐款款而来，艺术美的流淌把孩子带入作者幽远、神秘、充满梦幻色彩的童年记忆中。随之，对第一自然段充满韵味的引读后，再播放母亲清唱的歌谣。神奇的诗情、充满泥土气息的芳香韵味在愉悦的情境中，享受着课堂诗的优美、敞开了纯美的情怀、放飞着幽远的情思。

二、飘满芳香音韵的朗读指导

著名特级教师孙双金的好课观：书声琅琅、议论纷纷，高潮迭起，写写练练。其中，书声琅琅被放在第一位。传统的教学方法在新课改的今天被注入了新的内涵，展现了新的生命。吴老师在这一教学中的亮点之一就是朗读指导的美轮美奂，指导过程飘满了芳香的音韵。她"以读解文、以情带读"正应和了《月光启蒙》"言美辞浓"的特点。飘满芳香音韵的朗读指导：是什么让你陶醉了？美的月夜、美的母亲、美的歌谣，谁能把美读出来？激发了孩子表现美的欲望、引燃了孩子的情感点、让音韵的芳香走进孩子的情感世界；充满芳香音韵的朗读评价：哎呀，咱们的教室也飘满了芳香的音韵，怎么读，才能让音韵飘得更远？如果你被母亲搂在怀里，你会是什么感觉？把这些美好的感觉读出来。学生用心灵感悟、用情感体验、用想象补充，感受的深刻激发了学生用朗读来抒发情感的欲望。在逐步引导中，孩子读出了情感、读出了智慧，感受到了愉悦，读出了"芳香的音韵"。

三、飘满芳香音韵的生命涌动

"我们的语文教学，只有激活原本凝固的语言文字，才能使其变成生命的涌动。"（叶谰语）吴老师深悟了教材中浓郁的画意诗情、浓郁的母子亲情。引导孩子展开想象、交流感受等多种方式，课堂处处可见生命涌动、真情流淌：那芳香的音韵将我们带进农家小院，你看到怎样的画面？美好的月夜，你听着母亲的吟唱，会是什么感受？从"芳香的音韵"中，你嚼出了什么？一系列充满教学智慧的引导飘满了芳香的音韵，激发了孩子强烈的活跃的想象，激发了孩子的独特感受。母亲声音的甜美、轻柔使孩子们如痴如醉。那一首首歌谣带来的独特感受都是"芳香的音韵"。有效引导，使这一片段的教学流程恰如一曲飘满芳香音韵的歌谣，婉转动人、音韵深远，她以艺术美的形式展现着文学的魅力。文本丰富的内涵伴随着孩子的思维，如夜空中的火花柔情地绽放。飞扬的思绪、瑰丽的情感，诠释着课堂上生命涌动的五彩斑斓。

第七章

作业伊甸园的悲喜

寻归本真语文，铺筑作业的回归之路

［**内容提要**］

从课堂、教师和学生的缺失分析作业的哀伤。寻归作业的回家之路：（一）立足课堂：减轻作业负担；（二）尊重差异：分层设计作业；（三）着手阅读：美丽作业容颜。

［**关键词**］

苦行师生　回归之路

苦行师生的作业之路

救救老师！救救孩子！背着“怕苦怕累”的罪名，语文老师喊出了久埋心底的声音。放眼小学基础教育，就语文而言，作业多多，时间满满，任务重重，要求高高。学生厌烦，教师筋疲力竭，师生已不堪重负。

一、从课堂的缺失看作业

智慧型教师乘着新课改的春风，提高了学生对语文学习的兴趣，活跃了教师的思维，增强了学生的综合学习能力，但不能掩盖语文课堂追求表面活跃、学生“轻舞飞扬”的现实。为了热闹，教师不敢去落实语言训练、不敢去抠词语、不敢去咬文嚼字、不去讲标点、不带学生查字典、辨字型，怕别人说没有新意。特别是在某些公开课上，怕给听课的人以枯燥和压抑感，课堂上没有书面作业，很少用课本,教师围着课件转,学生瞪着课件看。为了追求新奇,常常选用课外内容作为教材。公开课上的作业布置追求新意,尊重学生自主、体现“减负”的原则。但为了应付一成不变的考试,教师用课后大量的作业布置来弥补课堂在听、说、读、写方面的缺失,训练应试能力。教师歪曲新课程理念下的课堂,为孩子也为自己套上了沉重的枷锁。

二、从教师的缺失看作业

评古论今,凭心而说,现如今的教师要难当得多。在旧私塾里,先生只要一把戒尺就能管住学生。《四书五经》《中庸》《大学》里也能走出鲁迅。作业单纯得多:读、背、写。很少有不完成作业的,这多少归功于戒尺的威力。严厉、方正、不苟言笑的先生也能赢得学生的深切怀念。而如今,超大的班额、种类繁多的阅读、作文、作业批改、评讲、订正占据了教师大量的时间。在城乡结合部,为相当数量的“留守孩子”督作业、补作业成了语文老师的又一负担。再加上名目繁多的各级统考,相互之间攀比考分、统考排名的巨大压力,增加了教师心理的过分焦虑。教师因为不轻松而不愉快,因为焦虑而变本加厉地看待学生的作业,已经无暇顾及自己在作业堆中的脸庞过早地与年龄不相称和没有了生活的气息。似乎多改一套作业就会离统考排名落后的耻辱远一些、再远一些。学生成了教师赢得名词的工具。孩子们是否快乐、他们在想些什么,教师不敢去想,而把目光紧紧地盯在他们试卷上的每一个词语、每一个标点。担忧的是是否哪一个孩子因为漏做了哪一道题而影响了班级平均分小数点后面的几位数。教师在给孩子布置作业的同时,也给自己布置了作业。无尽的疲倦和心理压力在无形中削弱了教师的教育激情,似乎已经忘了“孔子弟子三千,贤者七十二人”的学生个体差异,残酷的现实暗淡了教师的教育追求。

三、从孩子的缺失看作业

“以考分论英雄”的学校评价倾向,在无形之中冲击着教师。教师是爱孩子的,但为了脸面,他们用超时的作业,绷着脸的苛求取代了对孩子的同情。“爱”变了味道,向着声嘶力竭的方向蹒跚着。孩子“日间由先生督课、晚上由家长督课”(叶澜语)。教师不敢让孩子雀跃,害怕他们因一时的忘乎所以而漏做了试卷上的哪一道题。家长也不敢放松孩子,生怕因哪一道题而输掉了此生唯一的爱。面对如山的作业,孩子正襟危坐,成了看书、写字、做题的机器。隔绝了花香鸟语、隔绝了金色童年、隔绝了飘飞的纸鸢。孩子没有了朋友、没有了刻骨铭心的体验、没有了美好的回忆。陪伴他们的是作业、孤独和疲倦。

我的孩子上一年级了！“我上一年级了！”小东西带着无法言喻的喜悦和自豪蹦跳着遁入已经期盼已久的教室，快乐得像一只急盼归林的雀儿。一天、两天、一年，我揪心地看着她学会了皱眉，常常打着哈欠，翘着嘴巴，抹着眼泪。“甜，你还喜欢上学吗？”我偶尔胆战心惊地问她，心虚地不敢看她的眼睛。我知道她不喜欢超多的语文作业，而我也是个语文老师。我害怕从她嘴里蹦出“不喜欢”三个字，今后的求学之路那么长，每天都要面对自己不喜欢的事情，那是多么可怕啊！“有点喜欢有点不喜欢！”小家伙耷拉着脑袋，小声说，瞧也没瞧我一眼。我的心一颤，脑海中浮现出她坐在书桌旁，面对一堆要写的作业抹着眼泪的情景。而我，则在一旁对着她指手画脚、大声苛责。

一声长叹，我拿什么奉献给你，我还敢拿什么奉献给你，我的孩子、我的学生？

寻归作业的回家之路

一、立足课堂：减轻作业负担

语文课堂呼唤简朴、扎实的教学流程，只有上成常态的精品课才是真正的精品课。常态的精品课真诚地为孩子的健康成长和终身发展服务，在课堂上念好“字、词、句、段、篇、听、说、读、写、背”这十字真经，该写的当场写、该读的当场读、该背的当堂课背，该理解的理解透。这样，才能从根本上去除卑劣的题海战术，还语文以生命的色彩。

著名特级教师薛法根的课堂教学，引导学生学生字、初读课文、听写词语、切实减轻了孩子的课业负担。背负特级教师的美名，也就背负了无数双对他百般挑剔和满怀期待的眼睛。特级教师的课堂，标新立异、美轮美奂是一种境界，而坚持简朴、扎实的教风，让课堂彰显语言文字本身的魅力，坐在这样的课堂，孩子是幸福的，也是富足的。

二、尊重差异：分层设计作业

学生对作业的厌倦在相当大程度上源于在家长、老师的威逼利诱下，无可奈何地服从着、“喜欢”着。为了面向大多数、也为了省事，教师不去顾及孩子的个体差异，每天给孩子的作业是萝卜炒南瓜——一色。面对作业，孩子就像站在没有尽头的荒园上，卑躬屈膝地劳作着。而事实上，作业设计只有尊重和服从孩子的个体差异,才能打开孩子的心窗,让他们亮堂堂地睁开眼,在沁人心脾的深呼吸中清醒头脑、提高能力。

为了让孩子在他们自己已有的基础上得到适合于他们的发展,分层布置作业尤显重要。例如:在教学苏教版第12册《给家乡孩子的信》时,笔者设计了如下作业:

A:1. 代表家乡的孩子给巴金爷爷回一封信,用上“多么……多么……”“不是……而是……”的句式;2. 补充阅读冰心的《再寄小读者》。

B:1. 用上“多么……多么……”“不是……而是……”各写两句话;2. 完成一封书信:给(　　)的一封信。(也可选用A题)

C:1. 把课堂上默错的词语正确地写两遍。2. 用上“多么……多么……”“不是……而是……”各写一句话;3. 完成书信格式填空。

这样的作业设计,学有余力的同学获得成就感,同时给了中等生一个挑战自我的机会,学困生心儿也不慌慌。

三、着手阅读:美丽作业容颜

作业是孩子学习的一种方式。“只有在你不经意的时候,孩子自己拿起了书,津津有味地阅读,他才真正懂得了学习。”

“你的孩子有阅读的时间吗?”

“有。”

听者舒了一口气,并为孩子有了幸福的阅读之旅而感到庆幸。

“没有。”

心猛地往下一沉,这是一个在求学之路上黑着眼蹒跚的苦命儿。教师改变了给孩子布置作业时除了写还是写的作业现状,给他们相当时间的阅读作业,让阅读逐渐成为孩子每天的习惯性作业。孩子每天枕着美丽的故事、带着美丽的遐想进入梦乡。久而久之,孩子的语文素养在阅读中快乐地生成,美丽的情思在文学世界里插上了翅膀轻盈地飞翔。

“书中所描写的要比电视里更丰富。”一位在小学里走过六年阅读之路的孩子不经意间说了他的体会。从《儿歌300首》到《唐诗300首》,从《皮皮鲁传》到《鲁滨逊漂流记》,从中国古典名著到《儒林外史》,从鲁迅走向高尔基……以课内来指导课外,以课外来滋养课内。阅读,让孩子从小书房走向大世界;阅读,让孩子有了美好的回忆;阅读,开启了孩子的智慧之门;阅读,给了孩子丰富的精神世界;是阅读,让孩子才华横溢,妙笔生花。

寻归本真语文，走进作业的青色家园，让孩子在作业之路上走出奴性，看到阳光，看到鲜花盛开，能够畅快地呼吸，让童心、童趣、童真在阳光下绽放，老师的笑脸会和孩子们一样灿烂。

课例1：

一首春天的赞歌

——苏教版第八册《燕子》情境作业设计和设计意图

一、教材简介

《燕子》节选自郑振铎表达思乡之情的散文，成了一篇状物的文章。小燕子的外形美、动态美、静态美如素描一般动人。而文中烂漫无比的春景是小燕子一切活动的背景，读完全文，感觉燕子就是春天。

二、作业设计

作业设计分两课时，创设了“我是小燕子”的情境。

第一课时：根据教学内容：主要学习课文一、二小节，设计以下练习。

课堂作业：

“我是小燕子”

为了参加春天的盛会，我打扮一新，唱着歌儿从南方飞回来了。听到我的歌声，千万条柔柳都舒展开鹅黄色的双眼，它们在说些什么？

Wēi(　　)风细雨中，小燕子回来了，欢迎你，小燕子！你一会儿斜着身子在天空中 lüè(　　)过，一会儿 yì(　　)尖又 zhān(　　)过水面，在水面上画上小圆 yùn(　　)，真是春天里最可爱的精灵。小燕子快飞到 dào(　　)田上、柔柔的柳树下，还有高高的几 hén(　　)电线 gān(　　)上来捉迷藏吧！春天因为有你而更加热闹！

课后作业：

“我是可爱的小燕子”

准备一张 A4 的白纸，按照课文中第一小节的介绍，画一画小燕子，从整体到部分，画出小燕子的外形特点。画好以后，按照课文第二自然段再画出春天的彩色背景图。然后以“我是可爱的小燕子”为题用书上一、二小节的内容介绍“我”的外形和“我”看到的春天。要求把拟人句写到相应的画的旁边。在完成此项作业时，配上音乐。

第二课时：

课堂作业：

“我是可爱的小燕子”：

用课文三、四小节的语句带动作表演小燕子的飞行和停息的姿态。

课后作业：

1. 根据课文三、四小节的描写，继续完成“我是可爱的小燕子”的图画。并把打比方的句子写在相应的画的旁边，这支春天的歌到底唱的是什么？可以为小燕子编写歌词，用漫画的方法写出来。画完后，写完后，用课文三、四小节的内容描述画中小燕子的飞行和静止的姿态。

2. 阅读郑振铎《燕子》原文，和课文比较有什么不同。你在原文中读到怎样的情感？

三、设计意图

本次作业设计旨在于依据中年级孩子的心理特点和年龄特点创设情境，形式美好，使作业成为孩子们渴望归去的精神家园。

1. 落实双基：

检查了孩子们生字词的书写，对本课打比方、拟人修辞方法的运用，进一步培养了孩子从整体到部分的观察和表达能力。背诵理解了课文。

2. 诉诸审美：

孩子们学完了本课，实际上是完成了一部春天里的完美作品。画、说、鉴赏、想象多种能力都在美好的情境中边享受边完成。

3. 着眼阅读：

从哪里来还到哪里去，郑振铎的原著中蕴涵着一股震人心魄、让人百般惆怅的思乡之情，阅读原著，对情境教育大阅读背景下的二附孩子是一种挑战，孩子们阅读的积极性一旦被调动起来，就会很期待、很投入。这一道精神的食粮应该让老师和孩子们共同品味、分享。

情境作业给孩子们一道期待的风景，很简单、很美丽、很儿童。

课例2：

走进神秘与恢弘

——《埃及的金字塔》情境作业设计

一、教材解析

古埃及的神秘和神奇在《埃及的金字塔》这一篇课文中有了比较感性的洞悉。埃及的金字塔以恢弘的气势屹立在开罗的沙漠中，诉说着埃及古老的文明，也隐藏着无数的未解之谜。课文详细描写了金字塔的外形宏伟、制作精巧，以及对当年如何运送建筑材料和如何建造金字塔做了大胆的假说。让人们进一步感受金字塔的伟大和感受埃及人民的无穷智慧。

二、作业设计意图

（一）课前作业：

感受世界古老文明的神秘和神奇，引发孩子们探究对埃及金字塔的浓厚兴趣。引导孩子们上网查阅资料：世界古代七大历史奇观是指哪七个？它们的产生都和哪些动人的故事有关？这些奇观如今还在吗？

除了埃及金字塔，其它的六大奇观都堙没在历史的尘埃中了，从而激发孩子们对埃及金字塔的探究兴趣。

（二）课中作业：

感受并理解文章的主要内容，迁移运用。

1. 摘抄描写埃及金字塔的四字词语：让孩子们积累词汇，进一步深入了解埃及金字塔的特点；

2. 用“打比方”、“列数字”、“具体描述”的说明方法生动描写我们的情智楼。

这一设计，是对文中说明方法的迁移运用，引导孩子们知道说明方法、运用说明方法。

（三）课后作业：

感受语言文字的无穷魅力和继续探究金字塔的神秘和神奇。

1. 阅读《补充阅读》上的《月光下的金字塔》，品析优美词句，画出文中描写景象和意境的美句。

2. 看录像、完成小练笔：

除了埃及，还有哪些国家有金字塔？分别是什么样子的？你有怎样的感触？

这一设计，继续激发孩子们对金字塔的探究兴趣，扩大阅读面，感受语言文字的魅力，感受金字塔的神秘和神奇。

教学反思：

情境作业：回归童年的本真

当作业活动与儿童的情感、心理因共鸣而契合的时候，作业就回归了童年的本真，成为学童心向往、心栖居、心归属的精神绿地。教者快乐，己欲，施于人，人也快乐。语文情境作业的有效创设，使作业成为儿童精神栖居的生态绿洲。

一、意趣：有声有色

设计得有声有色的情境作业，充满意趣，可以较好地落实双基，培养审美和阅读能力，给孩子们一道期待的风景，很简单、很美丽、很儿童。

以苏教版第八册《燕子》一课为例，情境作业可设计为"一支春天的歌"。

第一版块："欢迎你，小燕子！"

我是小燕子，为了参加春天的盛会，我打扮一新，唱着歌儿从南方飞回来了。听到我的歌声，千万条柔柳都舒展开鹅黄色的双眼，它们在说些什么呢？

Wēi（　　）风细雨中，小燕子回来了。欢迎你，小燕子！你们一会儿斜着身子在天空中 lüè（　　）过，一会儿 yì（　　）尖又 zhān（　　）过水面，在水面上画上小圆 yùn（　　），真是春天里最可爱的精灵。小燕子，快到 dào（　　）田上、柔柔的柳树下，还有高高的有几 hén（　　）细线的电线 gān（　　）上来玩捉迷藏吧！春天因为有你而更加热闹！

这一版块的作业在创设的情境中检查了孩子们对生字词的书写，一下子将小燕子美好的形象带入了美丽的春光中，也带进了孩子们的心中。

第二版块："我是可爱的小燕子！"

小燕子如此可爱，我好想成为春天里可爱的小燕子。依照课文第一、第二小节，画一画小燕子和美丽的春天。根据课文第三、四小节的描写，画出小燕子的动态美和静态美；把打比方的句子和拟人句写在相应的画旁。这支春天的歌到底唱的是什么呢？展开想象，编写歌词。画完后，用第一人称"我"介绍春天中小燕子的样子和她的动态美、静态美。唱出小燕子心中的歌。

孩子们学完了本课，实际上是完成了一部春天里的完美作品。画、说、鉴赏、想象多种能力都在美好的情境中得到提升。这一版块的作业巩固了本课中打比方、拟人的修辞方法,进一步培养了孩子从整体到部分的观察和表达能力。

第三版块:“燕子的故乡情”

郑振铎的原著中蕴涵着一股震人心魄、让人百般惆怅的思乡之情。阅读《燕子》原文,和课文比较有什么不同?你在原文中读到怎样的情感?有了第七册《桂花雨》的阅读基础,孩子们能读到原文中的情感。

二、情趣:有滋有味

设计得有滋有味的情境作业,充满情趣,可为儿童抒写自己童年的“史诗长卷”。孩子们需要有滋有味地玩耍、有声有色地习作,这是他们应有的生活状态。

例如,作业“我是小花农”是一项有趣的实践性作业。通过这项作业,引导儿童在春天里培育生命,让阳光照进他们的心窗,让雨露洒向他们生命的原野。其具体内容是:(1)去花鸟市场买花种,开展“我是快乐的小花种”活动。观其形色、让春风春雨和小花种说悄悄话。(2)种花种:给小种子一床松软的泥土被,喂她甜甜的雨水。(3)小种子的梦:小种子睡得很香,听到春雨滴答、小鸟叽叽、树叶歌唱,还听到小朋友在春天里诵诗读文,她们会做怎样的美梦啊?(4)亲亲小种子娃娃:当小种子娃娃努力地从泥土被里探出头来时,亲亲她的小脸,握握她的小手,抚一抚她身上的小露珠,和她聊聊天。(5)小种子眼中的世界:阳光、雨露、蓝天、云彩,大自然中的小伙伴,想象他们之间的对话。(6)小种子的生活:小苗逐渐长成小姑娘,亭亭玉立的身影焕发生命的光彩,虽然还有些纤弱,但能让我们听到生长的声音,为她唱一首生命的歌。

这一作业,让孩子们在大自然的怀抱中,手捧着花盆、追寻着阳光、聆听着大自然的声响,感受着生命的拔节。在语文情境作业活动中,孩子们回归了自然、回归了本真。情境作业支撑着儿童天真烂漫、充满童真童趣的情感生活,促进他们情感的体验,契合儿童心灵和精神的需要。

三、理趣:有情有义

设计得有情有义的情境作业,充满理趣,这样既体现教师的“童心未泯”,也能体现教师的深思熟虑,给孩子们留下回忆的芬芳和精神的力量。

例如:在护蛋作业——“我当蛋爸爸、我当蛋妈妈”活动中,孩子们变成了蛋爸爸、蛋妈妈们,他们争先恐后地打扮自己的蛋宝宝、为蛋宝宝取名字、为蛋宝宝安置一个安全温暖的家,然后带上蛋宝宝,睡觉、吃饭、上学时都要形影不离,包括课间、上厕所、体育活动等。有的孩子护蛋成功，成为“护蛋天使”，喜形于色；有的蛋宝宝不幸夭折，蛋爸爸蛋妈妈就会黯然失色，甚至号啕大哭。无论结果如何，大家都深刻领会到做父母的不容易。然后，一篇篇美文应运而生：《护蛋的故事》、《护蛋进行时》、《护蛋、让我欢喜让我忧》、《蛋破的一瞬间》……描写细致、感情真挚。有的孩子体验到做父母的快乐，立志将来要做个好爸爸好妈妈；有的怀想父母平日里对自己的照顾，充满了感激。无需太多的说教，一切尽在护蛋进行时的体验。接着，教学《第一次抱母亲》一文，不少学生读着读着眼中就挂满了泪花。

明理催生了情感，情感更加坚定了信念，这就是情境作业的理趣。

第八章

七嘴八舌话鸟语

棒打狼外婆，唱响云雀之歌

——从一次期末作文审题再审视今天作文教学的人文导向

[内容提要]

笔录情境教育背景下期末童话作文争议观点四例，从现实人文的角度解析成长中的人允许存在的各种姿态：1. 浪漫主义诗人和小哲学家的并存；2. 虚无飘渺的创新和脚踏实地的幸福感；3. 物质品质和精神追求的并行；4. 学术崇拜和多元存在的矛盾。提出作文教学中“棒打狼外婆，唱响云雀之歌”的幸福教学观：1. 棒打狼外婆；2. 珍视多元存在；3. 以“人”来命名。

[关键词]

期末作文《我想告诉小神鸟》　争议　解析　向往

一、背景：童话作文绽新颜

精英教育、情境教育大背景下，学校童话节胜利闭幕。在童话节中，萦绕身边的童话人物、人人参与的班级童话剧编演、奇趣多多的童话小镇都给孩子们留下了深刻的印象。童话节中，二到六年级全员参加的童话作文现场大赛，群英璀璨，精彩呈现。不久后迎来学校作文期末考试。形式：当场给题，推磨监考、密封试卷。隔年段每两个老师一组阅卷，先各自评分，再合议评分。

二、争议：七嘴八舌话鸟语

五年级期末试题是《我想告诉小神鸟》。小神鸟是本届童话节的吉祥物，一只很萌的神鸟，肥溜溜的卡通范儿，天蓝色的身形、七彩的尾羽、耀眼的金冠，俏皮的大眼睛使他的形象一下子深入童心。

在批改作文试题的过程中，旁听一些分歧，现记录如下：

观点一：

啥都好写，只要层次清楚、言之有物、有真情实感即可。批改中，认为孩子言语精妙、想象奇特，读来赞赏有嘉的，就给予高分；

观点二：

要扣住“神”字，把“我想告诉小鸟”和“我想告诉小猫小狗”相区别。神鸟是“神”的，要利用它的神性来创造改变世界。如果没有体现这一点，不能得到优秀等级；

观点三：

只能写童话节的事情，否则将不予好评，即达不到优秀等级；

观点四(执教者)：

赞同A。实际上不是每个孩子都对小鸟说话，诗人气质的孩子清晨初醒听到鸟语、看到鸟的身形，心生喜爱，就会和鸟说话，他们有他们的快乐。现在生成的磁场是所有的孩子在童话节中认识了小神鸟，不管是真喜欢小神鸟还是被喜欢小神鸟，都对小神鸟说话了。因为是小神鸟，所以对小神鸟说话了，孩子们都成了精通鸟语的公冶长，有了对小神鸟说话的时间和空间。如果小猫小狗和孩子很亲近的话，也可以说话。这跟和小神鸟说话，似乎也没有多少差别。

三、解析：棒打狼外婆

1. 浪漫主义诗人和小哲学家的并存

浪漫主义诗人在梦幻的世界里放飞心绪、吐露心声。小神鸟成为知己，向小神鸟吐露心底的秘密、告诉它心中的美好憧憬和愿望，想象和构思奇特，充满着神秘感和儿童诗者的浪漫情感。离愁别绪、月下伤怀、日月星辰、都市乡野，宁海的潮声、草原的牧歌，真挚的情感都是儿童诗者想向小神鸟倾诉的内容。翻开浪漫主义小诗人的习作，似乎一把风雅的琴弦正迎风在绿色的原野上。童声就是天籁，就是日月星辰。

如果没有浪漫主义诗人，这世界似乎就不会有风歌鸟语，只有天气预报，只有乐音和噪音的科学区分。这将会是多么程式化和多么条框式的世界。为了绚丽多彩的情感天地，我们需要浪漫主义诗人。因此，孩子充满浪漫色彩想象写文，只要言之有物，何尝不是一件美事呢？

如峰同学写：“我想告诉小神鸟：我想有一双帅气的翅膀，因为我想去你们神鸟王国玩耍。你们鸟王国一定在美丽的云彩上。你们的房子是用水果、糖果、棉花糖建成的。在你们神鸟王国的学校里,鸟孩子们羽毛球、篮球、游泳样样都在行。鸟子民们在三百六十行里,行行出状元。”

智同学写:“我想去你生活的童话世界。到了童话世界,我会见到奇妙的童话人物们:美丽善良的白雪公主……我将与他们休闲、游戏,十分快乐。我会居住在大森林里,望着小鹿敏捷的身手,聆听鸟儿悦耳的歌喉。我的身边是清澈见底的小溪、五彩斑斓的花儿、果实累累的大树。小神鸟,快带我去吧,那样,快乐将与我相伴。

骅同学写:“我想让小神鸟有一双宽大美丽的翅膀,把我带上无边无际的天空……我想让她带着我,一起来到充满幻想的童话王国……我想让她来到我们班级,给她讲我们班级里的牛人牛事。”

敞开浪漫的胸怀,字字皆浪漫。浪漫之心,呈现浪漫之文。

小哲学家是有思想的,他理智冷静地观察世界,思考世界,并且怀揣着美好的愿望理智地去引导或者直接去改变世界。我们需要哲学家,社会才会进步,文明才会不断地向前迈进。

孩子利用小神鸟的神性,理智地去改变这个世界,如地球环保、世界和平等热点问题和人类生存问题,无法不令人拍案叫好。

现实主义和浪漫主义的结合体是理智也不乏浪漫情怀的人。他们没有卫道士的生硬言语,以充满浪漫柔情的姿态闪耀理性的光华。孩子浪漫地看世界、理性地想通过小神鸟的神性去改变世界,是一种多么亲近的姿态、多么理性的思维。完美的人性不就是这样的吗?

如旭同学写:“明天就是我可爱的小狗‘啦啦’丢失整整三天的日子。小神鸟,请让‘啦啦’回来。……如果找不回‘啦啦’,请让别人好好待它。……如果‘啦啦’去了天国,那么请让它照顾好自己,不要乱吃别人的东西。”

如楠同学写:“我要是拥有了小神鸟的法力,我要让所有的病人恢复健康,让地球上不再有疾病;我要让所有的警察叔叔都能抓到坏人,地球从此安宁;我要让所有的武器全部消失,世界上再没有战争和恐慌;我还要让地球上的每一块土地都充满绿色,世界上不再有沙漠、沙尘暴……

现实主义和浪漫主义在现实生活中是并存的,正因为如此,世界才会多彩、生活才会多样。认为孩子只能写通过小神鸟的神性来改变世界的老师,他忽略了生活中的浪漫情怀,忽略了浪漫主义诗人在现实生活中的真实存在和他们这一类人在社会生活中所发挥的作用。

认为孩子可以写想象作文，而并不需要理性改变世界的老师，尊重了孩子的童化特点，从孩子的角度予以褒扬；而认为只能写童话节题材的观点不免流于形式，显得狭隘可笑。

当因为写作风格问题而被以成人智慧条框孩子的老师拒之优秀等级门外的学生无疑是中了“狼外婆”的蛊毒，伤害了孩子对写作的美好向往，也许同时也扼杀了孩子美好情感的滋生。我们老师何必要成为穿着伪慈祥的外衣，戴着伪善面具的“狼外婆”呢？我们怎能以伪善的微笑、动听的言语去践踏孩子写作上的生命花园呢？

一枝独放不是春，姹紫嫣红春满园。我们在倡导完美生命的同时，为何不能以宽容的姿态容忍多样的人性美丽呢？

2. 虚无缥缈的创新和脚踏实地的幸福感

创新是时代的最强音。当一个国家和民族每天都以创新的姿态迎接朝阳、每天都以创新的标准总结一天的脚步的时候，这个国度就会蒸蒸日上、永不衰老。孩子们的创新意识从何而来呢？首先是自然性创新，孩子具有创新的天性，童化的心灵遐想本来就漫无边际、无所顾虑，也常常灵光闪现、智慧花开；其次，是知识性衍生，孩子们从书本、媒体、各种课外读物上了解了和自己有关的生存、生活方面的知识以后，爱思考的孩子就会在现实的基础上创新出自己独特的想法，有些是弥足珍贵的；再次，是源于成人世界的引领，在具有创新心理暗示的活动氛围里，孩子们朝着成人意想的方向，带着自己的孩童特征有意识地创新新的思想和付诸孩童特征的创新行为。

我们可以看到有些创新是脚踏在现实的土壤上的，让人有拭目以待的光明的一天。但有些创新的思想似乎虚无缥缈了一些。虚无缥缈的创新让孩子自己也不免发笑。“我是为了写作文才创新的哦。”“我知道实现不了，我是写作文的哦。”听到这些言语，我们不由得暗自神伤。原来，有些孩子走进了思想的虚伪区域。比较起来，有些想象类的和寄托情感的文章倒也是孩子们情感的归宿。

走出创新的误区，追求脚踏实地的幸福感是引领孩子走朴实文风的的路径。在这条写作的路上，孩子不会失望，对写作充满热情和信任，把写作视为情感表达的精神寄托。这是一件多么美好的事情。

3. 物质品质和精神追求的并行

马克思说：物质第一性，精神第二性。这是人类科学发展道路上的必然规律。在人类社会生活的进程里，这一规律得到人类最普遍的认同。那么，在孩童的世界里，是否也可行呢？如果在教师专业素养考试的考场上有这么一道题，可能大多数老师会选择“是的”这一答案。理由是因为孩童世界也是人的世界,这个世界也是科学发展观人类世界的一个组成部分,是归属于整个世界的。然而当我们在现实生活中把“精神”提在“物质”前列的时候,似乎总是带有些政治色彩,怀有些政治目的。那么,让我们将镜头对准孩子的作文考卷:

“我想告诉小神鸟我心中的一个小小的愿望。我的愿望是让百元大钞把我的钱包塞满。我给自己买个玩具、给爸爸买个高级墨镜、再给怕冷的妈妈买一件羽绒服。不仅这样,我还要去贫困山区,给山区的孩子们买新书,带着希望帮助他们去上学。兴许这样,他们能找回生活的乐趣。”

楷同学写:“我想让世界人人富贵。那时候比尔·盖茨不会和穷光蛋之间有天壤之别,每天像同事一样打招呼。银河系里的人都很稀少了,大家都有条件到宇宙深处游玩去了。”

语迪同学写:“我想让我的存钱箱快快存满。这样我可以干许多有益的事情。我要拿出一部分钱捐献给贫困山区,让那里的孩子买文具、书包和花衣服。我要帮爸爸买一个可爱的烟灰缸,让她抽烟时能看到上面的提示:抽烟有害健康。剩余的钱我会继续保存着。”

这样的文章被拒之优秀等级的门外,分数成了一把手术刀。这尘封的是什么?当人们怀着“伪高尚”对金钱崇拜嗤之以鼻的同时,是否也对世界首富比尔.盖茨仰首而望甚至口水直流呢?没有小小的金钱崇拜哪里能有大大的事业成功?我们的成人世界究竟该给孩子不该给孩子怎样的价值引领呢?

同时,我们也清醒地感受到,物质追求能带来感官的短暂愉悦,但是如果缺少了精神的追求,也必然没有长久的美好。因此,只一味地想实现物质目标,缺少精神含量的思想也是有些残缺的。

处于少年时代,孩子们没有物质的意识,是缘于物质的不缺乏。这时,美好的精神向往是大多数孩子的思想主流。

因此,孩子们独有物质追求的文风需要引导,有精神相随的物质理想需要激励,而美好的精神追求需要褒扬,同时教师也分享孩童精神世界的美好和纯真。

4. 学术崇拜与多元解读的矛盾

人们常常对学术权威怀揣崇敬的情感。的确,见多识广、勤勉自律的权威人士常常以缜密的心思和智慧的见解赢得大家的信任。但人无完人,如果我们因为职位和荣誉的光环一味地崇拜,没有自己的思想和思维,就显得盲目,“君子和而不同”的精神还是需要倡导的。更有甚者,以职位高低论英雄,成了一个“伪人”。“伪”是一个空洞的字眼儿。这个字眼儿会使智慧丧失、正义丧失,体现在学术上,就成了"伪学术"。当一种看法出炉的时候,多元解读就没有声音了,这是一种"伪学术"。话语霸权和主题霸权常常使孩子成为牺牲品。

盲目的学术崇拜对孩子意味着什么呢？只有一种答案,向着一个方向去,单一的思维、统一的优秀等级,这是多么可怕的事情。作文失去了诚信,增加了难度,成人的意识钻进孩童的思维世界。作文显得那么陌生和遥远,甚至孩子成了"伪学术"的牺牲品。

因此,对于一个作文题,太需要进行个性化解读了,以孩童的目光进行个性化解读。作文可以往也应该往多种方向去,往孩童喜欢、富有孩童特征的方向去。

四、向往:唱响云雀之歌

(一)棒打狼外婆:不要给孩子有争议的文题。

狼外婆吃掉小红帽的外婆又扮成外婆的模样吃掉了小红帽。她外表慈善,内心狠毒。如果我们成人总是将一个有争议的文题给孩子,在作文审题上让孩子纠结不已,那么即使有再先进的作文教学理念,又何谈尊重儿童？给儿童精神的安宁,是任何学科必须担负的神圣使命,作文学科更是如此。她是儿童真实世界的儿童化演绎,是儿童内心情感的自由流淌,我们何能以成人的智力结构去框构他们的设想呢？这该是一件多么残酷的事情。

《我想告诉小神鸟》这个作文题很明显是一篇童话作文,我要和小神鸟说话,至于说什么,那是孩子自己的事情。文题本身给了孩子比较自由的空间。老师要求孩子说什么,不说什么;该说什么,不该说什么,那么,这个文题就彻底成为穿着和善外衣的狼外婆了。他以一双毒手扼杀了孩子对作文的信任和精神依赖。棒打狼外婆是孩童作文情感的呵护,是对孩童视野的珍视。

文题理应是对孩童写作基本内容的牵引和提示,不该是束缚,更不该是陷阱。她是新春的一道阳光,引领孩子们往花开草绿的地方去;她是炎夏的雨后清风,在孩子们诉求的心海上吹起朵朵心花。

(二)珍视多元存在:写作活动与童年相知

"从你的作文中不难看出你是个天才。"多元存在是在写作过程中,不同的孩子表现出的不同的情感体验的方式和结果。哲学家、科学家、诗人、畅想者、具有浪漫情怀的哲人、改变世界的浪漫主义者都是天才。"有1000个小神鸟就有1000个不同的神思。"孩子们对作文的多元解读体现了孩童世界极富幻想的特征。多元的个性化解读让孩子们共享丰富的想象力和创新力,珍视多元存在是为孩子们在写作过程中构建的生态绿洲。这里泉语、虫鸣,这里风歌,鸟舞,这里充满美感和智慧、弥漫浪漫和传奇色彩，小云雀们以不同的曲调引喉歌唱，是孩子心向往、心栖居、心归属的精神绿地。如果我们以成人的意愿苛求他们往哪一方面去，或者强求他们一定要利用小神鸟的神性去干什么，就缺少了对孩童自然性的敬畏，教师就无从谈起和孩子们一起感受教育的幸福，也无从谈起对教育的虔诚，充其量只是一种“伪教育”。

（三）以“人”来命名：孩童也是人。

人的愿望具有发展现实性，孩童也是如此。想让钱包鼓起来的孩子不过只是思想现实了一些，他的愿望具有发展现实性，更何况他还准备拿着钱去支援贫困山区，去实现自己的生活理想，这是多么美好的愿望。为什么不能有金钱的愿望呢？金钱从何而来，自己劳动所得是一种途径，但是既然有了马良的神笔，有了小神鸟的神性又何乐而不为呢？美好的愿望有时候是可以通过物质世界而实现的。成人世界常常以圣人的标准来要求孩童，把孩童世界和现实世界隔离开来，这是一种狭隘和对成长中人性的蔑视。孩童是人，孩童可以有美好愿望下的物质追求。

孩童的想象可以具有发展可能性：通过小神鸟的神性去呼吁并且创设一个环保生态的世界，建设美丽家园，这是可能的，这是对人性的珍视。同时，我们也感受到孩童的世界毕竟和成人世界也有区别。成人世界的想象多建立在现实的基础上，而儿童世界的想象可能缘于一个科学幻想，可能缘于一个根本不可能实现的猜测，可能缘于一个美好的幼稚的愿望。这些都理应成为成人应允和呵护的因子。

教师和孩童共享写作生活，是为儿童的学习、为教师的幸福，是为作文教学的方向，更为儿童的人文性成长——

在作文教学的今天，我们需要审视作文教学的人文导向，棒打狼外婆，唱响云雀之歌！

课例 1：

“王婆”引路　巧编故事

——四年级根据歇后语编故事微课教学

（出示课题）同学们，歇后语很有趣儿，大家已经积累了不少的歇后语了。今天，我们就张开想象的翅膀，根据歇后语来编故事。

（一）编完整

王婆卖瓜——自卖自夸。看到这条歇后语，你想提出什么问题来呢？

是啊,如果我们通过奇思妙想,把起因、经过、结果都说清楚了,就是根据歇后语编成了一个完整的故事。

(二)编具体

(1)歇后语王国里星光灿烂,鼎鼎有名的王婆一大早就开始嚷嚷了,她在嚷嚷些什么呢?

出示:一大早,王婆就嚷嚷开了:"______________________________"

小结:这个王婆,真是麻雀下鹅蛋——会吹啊! 编故事的时候,像这样根据人物的特点,想象他的语言,就能使故事具体生动。

(2)王婆的一番吆喝,立刻吸引了不少人。被吸引过来的人听了王婆的夸耀,他们是怎么说的呢?

(3)王婆为了能卖出自己的瓜,极尽吹捧之能。有的人信以为真,有的人半信半疑,有的人嗤之以鼻。你能想象出王婆此时的表情吗?

(出示一组词语)引说:王婆可能(惊诧不已),可能(故作镇静),可能(干咳了两声),可能(满脸堆笑),可能(神色不安),还有很多很多的可能。

(4)此时此刻,王婆心里是怎么想的? 她又会怎么做呢?

王婆心想:也许王婆的瓜的确是那么的好,她卖光了所有的瓜,收拾好鼓鼓的钱袋,早早地就收摊享福去了。那真是胸门口挂钥匙——开心啊! 也许她的瓜真的不那么好,她即使吹得天花乱坠,也只能落得个惨淡收场。

小结:同学们,刚才,我们展开了丰富的想象,想象人物的语言、动作、表情、心理活动,(点课件)就把"王婆卖瓜——自卖自夸"这个歇后语编得具体生动了。

这就是叙事完整、描写具体的秘诀。你们都学会了吗?

喜欢用歇后语编故事吗?

心动不如行动,请你选择一则歇后语编故事,可以是这上面的:(出示)

猪八戒照镜子——里外不是人

小狐狸开商店——没好货

按老方子吃药——还是老一套

老鼠过街——人人喊打

黄鼠狼给鸡拜年——没安好心

王婆卖瓜——自卖自夸

也可以是别的歇后语,当然,你能自己创作歇后语就更棒了。

你可以独立创编,可以邀请你的好朋友合作,可以绘声绘色地讲述,也可以分角色表演。

相信,聪明的你们一定能创编出优秀的作品。

教后记:

关于教什么和怎样教

歇后语是一种比较有趣的母语现象,我们可以把它当成一种作文游戏来对待。

一、教什么呢?

(一)激发作文兴趣

歇后语是有趣的母语现象。在积累歇后语的过程中,孩子们在百度、歇后语词典、以及各类古典名著中搜寻积累自己喜欢的歇后语:有的诙谐有趣,有的谐音逗趣,有的出自古典名著的也是让人回味无穷。歇后语在孩童世界里焕发着独有的魅力和光彩,是深受孩子们欢迎的。在班级“歇后语大王”比赛中,有的孩子一下子能说出近 80 条歇后语,这样的擂台又进一步激发了孩子们对歇后语的热情。那么用歇后语编故事自然而然地成为他们的又一挑战。这一作文选题新颖、有趣,孩子们兴致高涨,作文成为一种游戏,磁场般地吸引着他们倾情参与。

(二)引导叙事完整

以“王婆卖瓜——自卖自夸”这一歇后语为例,以“王婆”引路,解决了教师在第二学段如何引导孩子将故事叙述完整的问题。

(三)引导叙事具体

以“王婆卖瓜——自卖自夸”这一歇后语为例,以“王婆”引路,解决了教师在第二学段如何引导孩子通过想象——想象人物的语言、表情、心理活动、动作,将故事描写具体生动的问题;

(四)引导大胆想象

歇后语给了孩子们大胆想象的空间,引导孩子们的奇思妙想融入现代元素、童化元素和传统元素,使母语文化焕发时代魅力和童化魅力,成为姓儿童、姓传统、姓时代的可读作品。深刻的内涵在创作的过程,在幽默的作品之中。

二、能帮助学生解决学中的什么问题

(一)学习的主动性问题

认识歇后语的魅力,了解歇后语在表情达意方面诙谐幽默又不乏深刻的独特魅力,就像敞开了母语文化的一扇幽香弥久的大门。孩子们睁开好奇探究的双眼,去触摸它的温度,感受其中的乐趣。争当“班级歇后语大王”的竞赛活动,激发了孩子们更大的探究热诚。孩子们一开始学习的主动性、积极性就在兴趣的指引下,如火花般地绽放。

(二)想象的多维度问题

奇思妙想是根据歇后语创编故事的命脉。大家从多角度去想象故事的发生、发展、高潮和结局。在创编的过程中,孩子们融入了自己的愿望、自己的鬼怪精灵、自己的个性、自己的结局。总之,故事中有自己的影子。想象的多维度使故事创编得有声有色、有滋有味。

(三)创编的科学性问题

孩子们的写作多一些神奇和神秘,少一些科学论断和理论指导,但也并不是说无章法可依和天马行空。如何将故事创编得完整、创编得具体?本微课深入浅出又诙谐生动地提供了秘诀。孩子们在生趣盎然的学习过程中,较清晰地感悟其中的方法,比较好地领悟了想象文章的写作技巧。

学生习作

黄鼠狼给鸡拜年——没安好心

沈天睿

春节的大森林,厚厚的白雪挡不住它的喜气,随处可闻欢呼雀跃的声音。而黄鼠狼的家里却冷冷清清,与外界截然不同。只见他皱着眉,按着正在咕咕翻腾着的肚子。他已经好久都没碰过肉,都快忘记肉的味道了。

大年初一的早晨,黄鼠狼无力地来到餐桌前,看着满桌子的绿色食品不禁嘀咕:“怎样才能吃到肉呢?”他的小白眼咕噜一转,自言自语道:“不如给鸡拜年?”

理好皮毛,带上礼物——从小兔家抢到的玉米,黄鼠狼便踏着瑞雪铺出的小路,向鸡先生家出发了。“叮咚、叮咚……”,“谁呀?”鸡先生拖着长长的睡衣,打了个哈欠,晃晃悠悠地来到了门前,刚要转动门把手便听到,“是你的邻居——黄鼠狼,鸡兄弟。”黄鼠狼的话音刚落,还沉浸在梦乡的鸡先生一下便清醒了,朦胧的睡眼一下子变得水汪汪的，清澈无比。他的手立即从门把上缩回来，心中如火山喷发、流星坠落。在门前愣了好半天，他弱弱地问了一句："你干什么？"

"鸡兄弟呀，你不要怕，您看现在都讲究合作双赢，我来是想和您商量商量，今年我们也搞个合作。人类不是有句话'小合作就有小成就，大合作就有大成就'吗？我觉得我们要由敌人变为朋友。"说罢，黄鼠狼特地把装满玉米的礼盒递到了门的猫眼前。鸡先生小小的眼睛透过猫眼，对黄鼠狼的热情半信半疑，但胆小的鸡先生凭着"安全第一、友谊第二"的精神，颤抖着问："我为什么信你？"听了鸡先生的话，黄鼠狼依旧满脸堆笑，和善地回答道："您想想吧，我如果真想要害您，我还要带玉米吗？我如果真想要害您，我不早用武力破门而入了吗？我如果真想要害您，您现在还能和我说话吗？……"听了黄鼠狼连珠炮似的问题，鸡先生彻底打消了心中的疑云，"黄先生请进，这外面的天——咯——"鸡先生开门了，只见黄鼠狼两颗尖利的大齿闪着寒光，伴着一声得逞的阴笑。

"咯！——"一声凄厉的叫声划破天际，回荡在新年第一天的早晨。空中鸡毛飘舞，久久未曾落地。

天敌十分可怕，在生活中不能被他们的恶花言巧语迷惑，因为那是：黄鼠狼给鸡拜年——没安好心。

按老方子吃药——还是老一套

黄磊

"快来看看哪！快来看看哪！狐狸老中医又推出新药方了！"动物新村的老狐狸医馆门前一大早就有动物来议论了。

原来，喜爱旅行的狐狸刚从人类世界回来，他还带回了一盒大家伙呢！听老狐狸说，这可是人类家喻户晓的灵丹妙药呢。

呦！这下可轰动了，全村上上下下的动物全来了，连大名鼎鼎的山羊博士也来了！这山羊博士认识汉字，他特意前来一探究竟。随着山羊专车在"呜呜……"声中驶来，记者们、广播员、男女老少没有一个不来观看的。山羊博士来到老狐狸的卧室内，他身穿一件白大衣，脚蹬一双大皮鞋，还戴着一副眼镜，很有一种大科学家名爵的架势。狐狸老中医早就在那等候了。他们握了握手，来到药盒前。老中医拿出放大镜察看了一会儿，意味深长地对狐狸说："这药名叫'999 感冒灵'啊，据老衲所知，这的确是人类家喻户晓的名药啊！"这下子，老狐狸立马喜笑颜开，喜滋滋地送走了山羊博士。

当天中午，老狐狸中医立即找来电视台做广告。看！在聚光灯下，狐狸登场了！只见他满脸笑容、趾高气扬地面对镜头，微笑地说："动物要不感冒，就要用名药！用了名药，一包提神醒脑，两包永不疲劳，三包长生不老！哦耶！"不出一小时，全村的广告就出来了。老狐狸兴高采烈地回家了。"咳咳、咳咳咳……"那是小狐狸的咳嗽声。老狐狸听了赶忙来到小狐狸床前，小狐狸脸色蜡白，一点没有光泽。老狐狸摸了摸他的额头，啊！原来是发高烧了。老狐狸眼珠咕噜一转，他心想：何不让小狐狸试一试新药，从而更好地宣传呢？于是老狐狸赶紧拿来一小包，给小狐狸泡水服下，大半天过去了，小狐狸的病情仍不见好转，反而严重了许多。老狐狸也没办法了，只好把老药方拿来，让小狐狸喝完中药，睡上一觉总算好了。老狐狸是个心系百姓的好中医，他从不把百姓的身体看轻，所以他只好把新药扔了。第二天早晨，老狐狸来到药店，那里早就挤满了买药的人，老狐狸把招牌拆了，对大家说："还是相信古老医术的精华吧，按老方子吃药——还是老一套的好啊！"

看来，有时新鲜的东西不一定是最好的，只有实用的、自己信任的才是最脚踏实地的！

鸡给黄鼠狼拜年——没安好心

蔡宸旭

在"开罗森林"里，有一只黄鼠狼和一只敦厚的老母鸡。老母鸡每天晚上都在幻想："这黄鼠狼一直都要吃我哩！狼之初，性本善，也许我给他一些礼品，套套近乎，说不定还能成朋友！"

正值春节，"开罗森林"里的动物们都在家吃年夜饭，但黄鼠狼家却是一片凄清，他心里在想："这大过节的，我竟然还挨着饿，太不好了！"眼前又浮想起一只只烤熟的老母鸡在向他招手。但在另一边的老母鸡家，老母鸡早就准备登门造访黄鼠狼了：一条鲜艳的大红裙，加上一条绿色的小围脖，足蹬一双"蹬黑型"小皮鞋，可好看了。老母鸡看着精心打扮的自己，"咯咯！"开心着又顺了顺毛，摆了摆小尾巴，去黄鼠狼家拜年了。

黄鼠狼看了一会儿"春晚"，便拖着早已饿扁了的身体，踱步来到一盘热乎乎的蜘蛛汤前，刚要动勺吃那漂在水上的蜘蛛时，黄鼠狼家的门铃响了。黄鼠狼披上披风，大声喊道："谁呀？""我是老母鸡！"黄鼠狼一愣，再往猫眼外一看，哇噻！一只体态丰满，肥美多汁的老母鸡正在笑呢！手里还提着一篮鸡蛋和一些金灿灿的稻谷。"老母鸡竟被快递到家了！哈哈！有可口的晚餐吃了！"黄鼠狼心里暗爽着擦了擦自己多毛的小手掌子。而老母鸡则心想："看来，黄鼠狼对我们鸡也不是立刻就杀的呀!”

黄鼠狼满脸堆笑着开了门,使劲地摇着老母鸡的爪子激动地说:“老母鸡!不!鸡女士,真是稀客呀!请进!快请进!不用客气!”老母鸡见黄鼠狼是这么的热情友善,也拍了拍黄鼠狼的爪子,说道:黄鼠狼先生,想不到你是如此善良!你家房子可真大呀!”

于是,老母鸡被请进了黄鼠狼家中。老母鸡解下围脖,抖了抖被雪打湿了的毛,对黄鼠狼说:“黄鼠狼先生,您不要再吃鸡了!跟我们鸡一样吃稻谷吧!如果想吃肉了,就吃我下的鸡蛋吧!咯咯!”黄鼠狼听后,连连答应,但心中可是一百万个不愿意。老母鸡见黄鼠狼答应了,也就准备要回家了,可黄鼠狼迅速地关上门,对老母鸡说:“老母鸡,您大晚上的,要去哪呢?”老母鸡傻傻地说:“当然是回家了,黄鼠狼先生!”黄鼠狼的眼神开始变得凶恶了起来,老母鸡刚一要走出黄鼠狼家门,黄鼠狼便拦住了老母鸡,大声吼道:“错!是进我肚子里!”

说完,黄鼠狼开始追逐老母鸡,而老母鸡则疯狂地逃着。眼瞧就要抓到老母鸡吃一顿全鸡盛宴了,这时恪尽职守的黑猫警长骑摩托车来巡查,发现黄鼠狼家格外热闹,察觉形势不对,透过窗户往里望去,正好看到老母鸡正狼狈地被黄鼠狼追赶,便一头冲进了黄鼠狼家,解困老母鸡。黄鼠狼见半路杀出了个程咬金,准备逃跑,可是被警长的电击枪先击晕了。老母鸡终于脱险。

这件事告诉我们:面对曾一直对你心怀歹意的坏人,请不要相信他突然的甜美蜜语,小心他们是笑里藏刀,更不要坚信你的一时善良会感化他,那样你只会自投罗网。

黄鼠狼进鸡笼——投机

胡简妮

春天,阳光普照大地,太阳柔柔的光芒洒在森林中,一切似乎都是懒懒的,唯独黄鼠狼邪恶地想着怎么去偷鸡吃。

冬天刚过,许多动物都还没有醒来,所以,黄鼠狼没有东西吃,饿着肚子的它只好打起了家鸡的主意。可是鸡有着人类的保护呢,黄鼠狼只好晚上偷偷地去。

夜晚,星光暗淡,万籁俱寂,几乎所有的动物都还保持着必要的警戒,唯独“衣来伸手,饭来张口”、无忧无虑的家鸡在鸡笼里笃定地睡着大觉,完全不知道可怕的事情即将降临到它们的身上。听:“嚓嚓”“嚓嚓”,伴着这令人毛骨悚然的声音,一只猫着腰,踮着脚的黄鼠狼嘀溜溜地转动着它那双绿色的,奸诈的小眼睛,一步一步缓缓地走向鸡笼。突然,它听到了一阵“扑啦啦”的声音,顿时吓了一大跳,后来才发现原来是一群宿鸟被一只小兔子惊飞了起来,这真是做贼心虚啊!黄鼠狼蹑手蹑脚地来到了鸡笼,看见了熟睡的小鸡们,它贪婪的眼睛死死地盯着小鸡,口水"叭、叭、叭、叭"地流了出来,继而又被它自己吸了一部分回去。心动不如行动,黄鼠狼瞅准了一只小鸡,猛地扑了上去,迅速咬住小鸡的喉咙,叼起小鸡就逃。唉,这可怜的正在睡梦中的小鸡还不知道是怎么一回事,就惨死在黄鼠狼的口中了。黄鼠狼满心欢喜,叼着嫩嫩的、肥肥的小鸡回了洞,美餐了一顿。吃完后,它擦了擦油腻腻的嘴,很满足地转身回房睡觉去了。

第二天夜晚,尝到甜头的黄鼠狼又一次逼进鸡笼,准备继续对这些可怜的小鸡大快朵颐。当它刚来到鸡笼边,只见一只大狼狗正在鸡笼边打盹儿,黄鼠狼鄙夷地望了望它,开始了自己的"偷鸡行动"。它刚叼起一只小鸡,背后就传来了母鸡的尖叫声,吓得它拔腿便逃,大狼狗一下跳了起来,狠命地追着黄鼠狼。只可惜,黄鼠狼一下钻进了草丛里,不见了踪影,留下大狼狗遗憾地摇着尾巴回来了。

黄鼠狼不见棺材不掉泪。第三天,又一次摸黑来到了鸡笼。可是,家鸡的主人可不会一而再,再而三地让它侵犯,他正端着猎枪等着黄鼠狼自投罗网呢。当一只大尾巴慢慢地从草丛中露出来时,"发现目标!"主人暗暗地说了一声,待这只猖狂的尾巴靠近鸡笼时,主人一下拉动了扳机,"呯,呯"两声过后,那只大尾巴就像一堆烂泥摊倒在地。主人跑过去,提起黄鼠狼,狠狠地说:"哦,原来是你这贼东西啊!"奄奄一息的黄鼠狼白了鸡主人一眼,就死去了。

这个故事告诉我们:想要投机,不劳而获,是永远不可能的。即使有一次因投机而成功,那也只是偶然的。

黄鼠狼给鸡拜年——没安好心

季芯月

在一片美丽的大森林里,住着形形色色的动物:奸诈狡猾的黄鼠狼、憨厚老实的鸡……

黄鼠狼是个小偷小摸的人物,三天两头地将大森林闹得鸡飞狗跳。可最近,却愁眉苦脸,因为动物们全都防着他,他越来越吃不到东西了。"不行,不管怎样我都得搞个整鸡来,不然光吃灰鼠这年就过得太寒酸了。"快过年时,黄鼠狼这样自言自语地说。说干就干,黄鼠狼千方百计地骗来两袋鸡最爱吃的稻米,迫不及待地向鸡大妈家进发。

晚上,月黑风高,森林中不时传来几声夜猫子叫,一点也没有大年三十的气氛。鸡大妈忙活完年夜饭,送走了最后一批客人,刚想哄自己的小黄鸡们睡觉,却听到门外一声谄媚的声音:“鸡大妈,我来给你拜年啦!”

鸡大妈浑身打了个激灵,心里暗叫晦气:天,我今年犯了什么错,这黄骚鬼居然大年三十找上门来了!我自己被黄骚鬼吃了也就罢了,但我家那群小黄鸡可是我最珍爱的宝贝呀!屋内许久没有回应,黄鼠狼却如痒虫上身;这傻鸡怎么还没动静?不会看破我的计策逃了吧?于是黄鼠狼又试探着问道:“鸡大妈,您过年好啊?”

门内鸡大妈听了这像在蜜罐里泡过的话,身上起了一层鸡皮疙瘩。她没好气地说:“哟,黄大仙,是哪阵风将你吹到这里来了?多亏了你了,我今天的运气可谓翻了好几十倍啊!”黄鼠狼一听这火药味十足的语气,就知道这回得下狠心了。他假惺惺地抽泣起来:“对不起,鸡大妈,以前都是鄙人不好,总干些遭天罚的事情,鄙人现在要改过自新了,鸡大妈,请您见证一下鄙人的蜕变吧!”说着,他“啪啪”甩了自己两个耳光。这一切都让鸡大妈从猫眼里看到了,她有些动摇,天哪,这世道我真是越来越看不懂了,黄鼠狼也会弃暗投明?我是不是该请他进来吃顿饭?但她转念一想:不行,这家伙前些天刚用花言巧语吃掉了麻雀一家,我可不能也着了他的道!

黄鼠狼看到鸡大妈没上当,急得团团转:哟嗬,我虽早料到“鸡门难开”没想到这鸡大妈如此机灵!怎么办?正在这时,一只迷路小花鸡路过,黄鼠狼一见,立马一个坏点子冒了出来。他把口水咽进肚子,“慈爱”地抱起小花鸡,抓出一把稻米,一粒粒“温柔”地喂进小花鸡嘴里,待小花鸡吃到撑得不能再撑才放下,轻轻地拍了拍他,让他回家了。

鸡大妈把这一切都看在眼里,她不由得心想:这黄鼠狼还真的走到正道上来了,我一定要好好款待他一番!想着,她便拉开了门:“黄大仙,我错怪你了,你可别……”“放在心上?我可不会放在心上的,烤鸡!”只听一阵腥风呼啸而来,鸡大妈的脖子被咬断了,黄鼠狼一抹嘴巴,狠狠地说:“我给你拜年?下辈子吧!”

坏人的话是不可信的,大意就会引火烧身。

第九章

经典园的茉莉花事

科学视角下,儿童良好语言情境的生成策因和催生新码

[**内容提要**]

“生活教育”是陶行知先生教育思想的核心。情境教育是行知先生教育思想的拔节,创设了适合儿童的学习生活和精神生活。儿童良好的语言情境是储存于儿童头脑之中呼之即出的语言积淀。

催生儿童良好的语言情境的新码可以是什么?

(一)香醇的诵读:古诗词阅读课程读本的开发及使用;

(二)历史的画卷:中国古典文学名著阅读课程读本的开发及使用;

(三)民族的智慧:《论语》、《孙子兵法》等人文类作品阅读课程读本的开发及使用;

(四)母语的瑰宝:传统蒙学读本的开发及使用。

传统文化阅读诉诸儿童良好语言情境生成的科学价值:

(一)放眼语言学;

(二)探密心理学;

(三)遵循教育学。

[**关键词**]

“生活教育” 语言情境 香醇的诵读 历史的画卷 民族的智慧

母语的瑰宝 科学价值

一、情境概念新解读

“生活教育”是陶行知先生教育思想的核心。“用生活来教育，教育要通过生活才能发生力量而成为真正的教育”。情境教育是行知先生教育思想的拔节，创设了适合儿童的学习生活和精神生活，植根于儿童的生活沃土，被儿童所接纳，在儿童的心田中绽放出富有时代气息的花朵，成为儿童渴望归去的精神家园。

情境教育中的“情境”有着民族文化内涵，主要表达的是情与境相互交融、和谐统一的意思。这种情境是人为优化的、激发儿童的意识能动地、积极主动地参与其中的环境。她能促使儿童在情境与活动交互作用的统一和谐中展现他们的生命力量，获得素质和谐发展。

情境是广义的，除了外部情境，包括自然环境、社会环境、人为环境以外，还有一种存在于学生头脑中的情境。儿童良好的语言情境是储存于儿童头脑之中呼之即出的语言积淀，是能依据各种情境自然生成言语的能力和乐于表达的情绪冲动，成因于儿童的智慧、生活经验、道德情操、文学气质、词汇积累、表达技巧，是儿童语文素养的物质化和精神化体现，是与自然环境、人为环境等外部情境相对的内部情境，物质表现为温润的情感、语言的积淀、丰富的想象，意欲表达的激情。

二、儿童良好语言情境的生成策因

儿童良好的语言情境缘何而生？

从语言学角度溯源：

静观：语料储备——包含语言词汇的积累和认知、语法的理性把握和认知、语用理性把握和认知等；

动观：语言能力及实践过程——包含听、说、读、写的心理状态和过程、言语运用的感性经验等；

动静相宜：语文素养——单向的、不断趋同的、由动与静的因素相互作用而折射出的综合性母语品质，包含情感态度、价值观念、审美情趣及人文精神。

因此，我们的教学要施以静、引以动、作用于动静相宜。

从心理学角度溯源：

儿童语言是在个体与环境相互作用中，尤其在于人们语言交流中，在认知发展基础上发展起来的。儿童语言富有创造性，但模仿、学习在语言获得中仍起着不可低估的作用。

从教育学角度溯源：

影响儿童言语表达的因素有：言语能力：语音、词意理解、词汇量、语用技能等；认知发展：知识经验、认知水平、需要与情绪状态。

总之，是要在适合儿童的生活中创设适合儿童的生活情境，以此来发展和优化儿童内在的语言情境。

儿童良好语言情境的催生新码：

催生儿童良好的语言情境的新码可以是什么？

（一）香醇的诵读：古诗词阅读课程读本的开发及使用

"从生活中来，到生活中去"是古诗贴近儿童的最佳途径。师生共同创编走进传统佳节、淌过四季的河流、投身自然的怀抱、徜徉情感世界四个融于生活的古诗单元阅读读本。

1. 精神的安宁家园：融于生活的单元序列

传统佳节、四季更替、自然万物的清新气息、情感世界是孩子们的生活。一首诗歌，一脉心曲。

（1）走进传统佳节

中国有很多充满浓郁风情的传统节日。喜庆、热闹、和谐是节日文化赋予儿童的精神休闲。师生美美地在节日里忙碌，搜索节日的由来、与节日有关的美丽传说、与节日有关的诗歌、玩与节日有关的传统游戏。组诗单元："炮竹声中迎春来"——春节，"灯月无边庆元宵"——元宵节、"断肠人在清明"——清明节、"端午思古黯神伤"——端午节、"千里明月寄相思"——中秋节……古诗新读给予儿童精神世界的丰盈和美丽像一幅幅徐徐舒展的多彩画卷。

（2）淌过四季河流

春夏秋冬是孩子眼里明媚的小物件，是具有游戏气息的季节呈现，是在四季的摇篮里孕育和绽放生命的自然生物。组诗单元："让我们一起享受春天"、"清凉夏日"、"秋日私语"、"冬日暖情"，用她的斑斓和温情滋润着童年的每一个日子。在四季的诗行里，孩子们成了春天里秋千上飘飞的雀儿、夏日里酸梅宴上的食客、秋天里麦杆堆里的"猫猫"、冬日里雪地上的精灵。

（3）投身自然怀抱

与大自然有关的组诗单元引导儿童关注周围的生活世界，滋养美好的生活情趣。组诗："百花熏得游人醉"：荷、梅、菊、桃……百花图景，交相吐艳、芳香四溢；"虫鸟王国交响曲"：鸣蝉、山鸟、老牛、归雁……百般生趣、引人思考。孩子们在生活中有意识地寻访着它们的踪迹，乐淘淘地享受着盎然情趣。

(4)徜徉情感世界

“儿童是情感的王子。”(李吉林老师语),体察“古仁人之心”,能引起儿童的情感共鸣,还能陶冶情操、提升孩子们的文化品位。组诗单元:“一片冰心送友情”——送别诗、“掏心吐哺慈母心”——母爱篇、“边塞苍茫思乡切”——边塞诗、“垂髫嬉戏图”——儿童情趣诗,润泽了儿童的情感世界,几许怜惜、几许沧桑、几多温情、几多情趣。

2. 付之游戏:探寻适合儿童的阅读方式

游戏是儿童自然生成的心灵归宿,是吸引儿童的天然磁场。设想创设游戏的状态来组织学习古诗阅读,学生岂不是像热爱游戏一样地热爱古诗阅读?

(1)画意诗情

诗是意境。孩子们用五彩的画笔描画诗歌形象:诗中景富有童话气息、色彩鲜丽。在孩子们的画笔下,诗中人或卡通,妙趣横生,或古装,在诗景中撑着小花伞徜徉,或轻捻长须,对月吟叹。画中人是孩子心目中诗人的时代形象,其实也是孩子把自己融入了诗境,用快乐的方式表达了诗情。

(2)组诗回放

组诗回放是用游戏的读书会形式让孩子们享受阶段学习成果,展现个人学习风采。具体操作为:⑴、展示孩子们的优秀诗配画作品,以多种方式竞赛吟读诗歌,可以着古装,情景再现,可以在吟读的基础上,创编新诗。⑵、唱诗:给诗歌谱曲,动情吟唱。随口哼唱是孩子们信口而来的游戏形式,让流动的音乐艺术把古诗这门古老的文字艺术所包含的意境抒发入骨。

(3)引经查典

古典诗歌产生的年代久远,诗中的历史事件和历史人物经常是孩子们感兴趣的话题。如:《寒食》一诗中,教师布置孩子查找寒食节来历的典故。孩子们查出,春秋时期,重耳为了逼迫介子推出山,放火烧山,致使介子推被烧死。因此人们为了纪念介子推,在清明前两天,禁火吃冷食的民族风俗。孩子们在读诗的过程中,探究历史故事,充满了好奇心,也对同类型的古诗充满了探究兴趣。

(4)野外体验

与野外活动相融合的诗歌读本是孩子们的精神绿地。孩子们会在春天的新柳下站成水墨画,吟读《咏柳》边享受“春风送暖我先知”;会在桃园中迷醉,感受“桃花一簇开无主,可爱深红爱浅红”的诗韵;会在夏日荷塘边摄影,然后在作品上题“接天莲叶无穷碧,映日荷花别样红”;会在冰天雪地上感受雪韵、雪情、雪趣,吟诵雪趣诗;会在元宵节跟随爸爸妈妈挤过熙熙攘攘的人流,观灯赏月,然后在习作的文头文尾吟道:“有灯无月不娱人,有月无灯不算春。春到人间人似玉,灯烧月下月如银”。诗情诗韵在他们的野外活动中铺展,孩子们享受着生活、品味着古典诗歌文化,积淀着才情,丰盈着精神世界。

(二)历史的画卷:中国古典文学名著阅读课程读本的开发及使用

“读书先读史,读史使人明智”。翻阅中国四大古典名著,可以发现每一本书实际上都是一段历史时期的生活和政治的生动画卷。读古典名著,可以欣赏到千锤百炼的语言、引人入胜的故事、栩栩如生的人物。每一本书,第一遍,老师和孩子们可一起囫囵吞枣,这叫享受;第二遍就静心坐下来读,这叫吟味;第三遍便要一句一句想着读,这叫探究。三遍读过,放上几天,再去读读,常又会有再新再悟的地方,真正地爱上了这本书。

(三)民族的智慧:《论语》、《孙子兵法》等人文类作品阅读课程读本的开发及使用

《论语》:

读《论语》足以“齐家治国平定天下。”儿童离生活政治理想似乎比较遥远,而他们天天都有班级生活、天天都在班级乾坤中沉浮。读《论语》,俨然与孔子交谈,求学、交友、生活、工作,仿佛有一根无形的牵引,牵引他们做学问运用智者的方式,牵引他们到真善美的领空放逐自己的灵魂。

“跳着读”——容易理解的就读,不能理解的跳过去读,为孩子们扫除了阅读的心理障碍,也激发了他们探寻的积极性,阅读成了一种挑战,是孩子们喜欢的阅读方式。

“跟故事读”——读了论语之后,读一读跟这句言语有关的故事,也是孩子们愿意做的事情。

《孙子兵法》:

妈妈怀抱里的乖宝宝、温室里面的豆芽菜没有足够的精神准备在语言表达等方面进行内心的锻造。读《孙子兵法之三十六计》,接着看电视剧浓彩重墨描绘出一幅二千年前中国战国时期政治、军事与各阶层不同的人物情感相交融的历史画卷。看电视剧,读《三十六》计,读《三十六》计,再看电视剧。谋略思想和哲学光辉不会让孩子们面对多变的情境而输于市。

(四)母语的瑰宝:传统蒙学读本的开发及使用

幸福的言语缘自幸福的内心,表达是思想的外露。《弟子规》是中国传统蒙学读本,读起来像顺口溜,琅琅上口。用《弟子规》来指导儿童的言行,就能让儿童成为人人伸出大拇指的孩子。男孩子将来是风度翩翩的绅士,女孩子将来是人见人

爱的淑女。读《弟子规》,琅琅上口:1. 依拼音,读通畅;抓词句,解句意;诵读之,明道理;日一得,赋行动;2. 看卡通版《弟子规》,熠熠生情;3. 唱《学学弟子规》,妙口连珠。智慧明了、利益众生。

三、传统文化阅读诉诸儿童良好语言情境生成的科学价值

(一)放眼语言学

传统文化阅读施以静、引以动、作用于动静相宜。为儿童提供了语料储备,主题活动创造了语言能力及实践过程;在阅读和主题活动的相互作用过程中折射出的综合性母语品质。从语言学的视角来看,传统文化阅读弥足珍贵。

(二)探密心理学

传统文化阅读引导孩子感受四季、节日、生活,儿童个体与环境相互作用,有利于内在良好语言情境的生长。阅读中,儿童在模仿、学习,主题活动中创造。从心理学的视角看,传统文化阅读不可或缺。

(三)遵循教育学

传统文化阅读过程中,儿童能在母语精华中学习到言语能力、特别能加强词意理解、增加词汇量、感悟学习语用技能。最值得一提的是促进认知发展:使知识经验、认知水平从哲学的高度不断提高,并不断以生动活泼的形式激发儿童的需要与情绪状态。从教育学的视角看,传统文化阅读势在必行。

教育姓儿童,就是施行了陶行知先生的“生活”教育理论。在科学视角下,孩子内在的语言情境得到优化,语言素养得以提升。

课例 1:

“晚风拂柳笛声残”

——《城南旧事》主题交流会

教学目标:

1. 通过本课交流,让孩子们感受经典传承的魅力;

2. 重温书中的老游戏、老北京的旧图景,感受心灵的快乐和宁静;

3. 重温书中淡淡的忧伤、丝丝的温暖、深深的思念,感受书中蕴涵的美好情感。

教学过程:

一、导入新课、进入情境

1. 同学们，很多年前，在老北京的一所旧学堂里，有一帮即将毕业的孩子，他们唱着一首送别童年的歌谣。

放电影视频：歌曲《送别》

诗句起：长亭外，古道边，芳草碧连天。晚风拂柳笛声残，夕阳山外山。

切换到黑鸭子组合《送别》

（音乐停）：一首美丽的歌谣《送别》曾伴随着老师童年远去的足音，给过老师无限的感动。

指课题板书："晚风拂柳笛声残"——知道这"柳"在这里是什么意象？

"柳""留"谐音，柳在诗歌中有挽留、送别之意。齐读课题。

这凄美动人的歌声里有什么？

（拂面的晚风；有在晚风中摇曳的枝条；有残缺的笛声）

2. 歌声向我们展现了一幅送别的景象，这歌声的背后有着一段——《城南旧事》

（PPT 引入情境）：穿过一条老胡同，透过岁月的光影，我们就来到一个城南的四合院。这是老胡同里的旧时光，有些班驳的木头门微微开着。在我们的门口，来了骆驼队。我站在骆驼的面前，看它们吃草料咀嚼的样子：

（出示：）那样丑的脸，那样长的牙，那样安静的态度，它们咀嚼的时候，上牙和下牙交错地磨来磨去，大鼻子里冒着热气，白沫子沾满胡须上。我看得惊呆了，自己的牙齿也动起来。

谁来读一读？

骆驼的牙是怎么动的呢？

老师读，你们动。

原来如此，你们读，请一位同学来表演。

（出示引读）：夏天来了，再不见骆驼的影子，我问妈妈："夏天，它们到哪里去了？"

妈妈回答不出来了，她说（指名张一读）："总是问，总是问，你这孩子！"

3. 夏天过去，秋天过去，冬天又来了，骆驼队又来了，但是童年一去不复返了。我是多么的想念童年住在老北京城南的那些景色和人物啊！我默默地想、默默地写。我看见冬阳下的骆驼队走过来，听见缓慢悦耳的铃声，童年又重临于我的心头。

于是，就成了这本《城南旧事》。（出示：封面）

二、整体把握

1. 看视频，到片头始。

2. 小说中的“我”是一个名叫英子的小女孩儿。(看照片)

围绕着英子，《城南旧事》向我们讲述了哪几个故事？

三、进入情境

1. 人物

喜欢英子吗？说个理由。

英子是个很有主见的孩子，与其他孩子不一样的想法常常让人喜欢。

感受老游戏的快乐和北京的风俗画：

2. 感受快乐和宁静

英子和她的小伙伴儿妞儿周围的一切有条不紊：缓缓的流水、缓缓的驼队、缓缓而过的人群、缓缓而过的岁月……

她们玩着哪些旧时光里的老游戏？

“一只破藤箱子里，养了最近买的几只刚孵出来的小油鸡，那柔软的小黄绒毛太好玩了。我和妞儿蹲着玩弄箱子里的几只小黄鸡。看小鸡啄米吃，总是吃、吃、吃。”

“小黄鸡的黄毛上长出短短的翅膀来了，我和妞儿喂米喂水又喂菜。宋妈说不要把小鸡肚子撑坏了，也怕野猫叼了去，就用一块大石头压住藤箱盖子，不许我们随便掀开。”

发言后出示：请一位同学读一读。

读到这些文字，你仿佛看到了什么？听到了什么？

我和妞儿和小油鸡玩着，看着它们慢慢地长大了。

还有更好玩的，指名读。

“还有更好玩的。拿两个制钱穿在一根细绳子上，手提着我们玩踢制钱。每一踢，两个制钱打在鞋帮上”嗒嗒“地响。妞儿踢时腰一扭一扭的，显得那么娇。”

知道“制钱”吗？

这个游戏让你想起了我们现在玩的什么？(踢毛毽)

拿绳子系着拎在手上踢，毛键不会掉。踢制钱，声音更加清脆。当我们偶尔对着电脑头昏眼花的时候，不妨去跟你的奶奶要两个制钱，你也可以玩了。

歌德说："经验丰富的人读书用两只眼睛，一只眼睛看到纸面上的话，另一只眼睛看到纸的背面。"刚才你们已经用一只眼睛看到了纸面上的话。谁还能用另一只眼睛看到纸的背面去？

出示：这老时光里的旧游戏啊，他们带给了你什么？

同学们已经能用两只眼睛读书了，真好。

当时，英子的家乡台湾被日本人占领，为了不当亡国奴。英子跟着爸爸妈妈从台湾飘洋过海来到北京，（看图片）就住在城南的一条老胡同里。京华都城的城垛颓垣、残阳驼铃、闹市僻巷……这一切都让英子感到新奇，为之着迷。透过英子的双眼，你看到哪些老北京的旧生活图景呢？

根据学生的发言，适时地点拨：

烧菜烧饭都是用的煤球炉子，炉子里烧的是有洞洞的煤球；

王妈和张妈见了面，可能同时会问一声："你吃了没有？"

井窝旁是打水的人，大街上有推着水车的，你家门口有人来送水。家家户户都是这么着喝上水的。

这些就是老北京的旧生活，我们一起把文字读成画面：

出示：门道口的煤球炉子是大家煮饭用的用具。

英子朝夕相处的乳母宋妈穿着恶心的大棉裤，那么厚、那么肥、裤脚绑着；

北京人一天到晚闲着没有事，不管什么时候都要问吃了没有。

井窝子旁有人在向深井里打水，水打上来倒在一个好大的水槽里，推水的人就在水槽里接了水再送到各家去。"

这老北京的旧生活带给了我们无比的宁静。

板书：快乐　宁静。

3. 感受忧伤和温暖

（1）英子眼中的世界是迷离的，每个故事里都有一两个悲情的人物。你能回忆起哪些人来？

发言后出示：

这些悲情人物有：

会馆门前的疯女人秀贞

遍体鞭痕的小伙伴妞儿

出没在荒草丛中的小偷

朝夕相处的乳母宋妈

沉疴染病终眠地下的慈父

他们的悲情故事都让人扼腕叹息。

你能选择其中的一到两个人说说英子和他们之间的故事吗?

英子从来不在自己的世界里上锁,这些人都在她的世界里进进出出。他们都和英子玩过、谈笑过,他们的音容笑貌还在,却都一一悄然离去。

为何人世这般凄苦?英子苦苦思索而不得其解。

再次出现图片:引说:“深爱着的(会被抛弃),原本正直的青年(会被迫向生活屈服),深沉的母爱(会因为生存而作出让步),年仅13岁的孩子(会因为生离死别而负起生活的责任、挑起家庭的重担)。

这些悲情故事又带给了你什么?

出示:这悲情的故事带给了我________。

板书:忧伤

(2)如果只有忧伤,我们的心不免冰冷。在读《城南旧事》的时候,你的心中仅仅只有忧伤吗?

你读到了哪些温暖?

老师将书中的温暖写成了一首诗。(出示)

温暖

失散六年的母女
终又重逢

被生活压弯了腰的青年
和一个小姑娘许下
“我们看海去”的誓言

门不当户不对的两个年轻人
最终走在一起

在爸爸的花儿落了的时候
至少记住了爸爸的话——
无论多么困难的事
只要硬着头皮去做
就闯过去了

这每一份温暖,都是一个心灵的花朵。这第一朵花交给张一读;第二朵给周天颐;第三朵交给王语迪。第四朵花黑体字部分全班一起读。引语部分两行请黄屹凡。老师读题目。分清楚了吗?音乐起

爸爸的花儿落了,他沉疴染病终眠地下。然而爸爸的话语却是最有力量的花朵。爸爸说——(再齐读)

爸爸的花儿落了,英子也长大了。13 岁的英子挑起了生活的重担。

当她在每一个夜晚,面对没有爸爸的家,弟弟妹妹们无依无靠的时候,她想起了爸爸的话——(齐读)

当她四处奔波找工作,屡屡碰壁的时候,她想起了爸爸的话——(齐读)

当她创作一部新的作品辗转反侧、无法入眠的时候,她想起了爸爸的话——(齐读)

爸爸的话是最有力量的花朵,结出了最丰硕的果实。

书中的英子就是台湾作家林海英。她一共出版了 18 部作品,被称为"台湾文坛祖母级的人物。"

这本书又带给了你们什么?

出示:城南旧事又带给了我________

板书:温暖

4.(指板书):那北京城南的旧时光啊,那旧时光里童年的(　　)、心灵的(　　),那萦绕心头的淡淡的(　　),那稍纵即逝的(　　)、还有对童年深深的怀念都映在了英子的记忆中。

四、拓展延伸

1. 合上这本书,你是什么感觉?课前同学们写下了读书心语,谁来说一说?

合上这本书的最后一页,老师也觉得房间里飘着一股淡淡的幽香,久久无法散去。

当我们再次捧起这本书来读的时候,心中是熟悉而又向往的快乐、宁静、忧伤和温暖。

这快乐、这宁静、这忧伤、这温暖,仅仅是孩子眼中的世界吗?

你们用另一只眼睛看到了书的深处。这也是这本书的高明之处。透过英子童稚的双眼,我们看到了大人世界的悲欢离合,虽然很天真,却道尽了人世复杂的情感。

通过一个人物去观照一个时代、一个社会是很多作家常用的写法。《城南旧

事》通过小孩子的视角,更加适合我们阅读。

我们读了原著,也观看了影片。观看了电影,又回看了原著。

你们觉得是先看名著好,还是先看电影好?说说理由。

语言文字散发的馨香、激发的想象、流淌的情感更加沉静、更加丰盈、更加让人久久地回味。

当然,读无定法,你可以先看看原著,再看看电影,你也可以看看电影,再看看原著。你当然也能边看电影边看看原著。

2. 最后,让我们在一曲《送别》中去送别英子的童年,这是主人公英子在毕业典礼上唱的歌,是这本书的味道,是老北京恬淡悠远的风俗画,也是我们要在毕业典礼上唱的歌。

《城南旧事》,作者林海英以一种自然的、不露痕迹的手法精细地描写了自己多层次的情绪色彩。老师要求同学们小组合作,完成这样一个作业——自由组合,三个一群、五个一伙,以微电影的形式在校园里里拍摄属于你和小伙伴的童年故事一则。记实编剧是你、摄影师是你、主人公还是你。故事可以发生镜亭里、健身长廊、教室里、阅览室、珠娟园,小竹林里,也可以是老师办公室、操场上、科艺宫、体育馆、童话楼、校徽旁。可以是抓西瓜虫的、可以是借阅图书的、可以是玩"真人大战的",可以是老师不在的时候,你们调皮捣蛋的。让我们每个人都在自己的内心孕育一段属于自己的童年旧事。让我们一起用自己的方式送别我们的童年,让童年的馨香永远珍藏在我们的记忆之中。

3. 老师将把你们的作品剪辑制作成我们六3班的毕业故事。让我们一起分享属于自己童年的快乐、宁静、忧伤和温暖。(出示:PPT)

板书:

"晚风拂柳笛声残"

——《城南旧事》读书交流会

快乐　宁静

忧伤　温暖

学生作品：

晚风拂柳笛声残

——读《城南旧事》有感

季芯月

“长亭外，古道边，芳草碧连天。晚风拂柳笛声残，夕阳山外山……”每当唱起这首凄美的歌，一些忧伤和思念的往事便悄然涌上心头，让我不禁想起《城南旧事》这本书。

《城南旧事》这本书是写的英子的童年。《惠安馆传奇》《我们看海去》《兰姨娘》《爸爸的花儿》等几个章节，具体生动地讲述了书中小主人公英子对童年的回忆和眷恋之情。用孩子天真纯洁的心灵和眼睛，描绘了大人世界的悲欢离合，喜怒哀乐。读完这本书，一种幽幽的馨香在房间里萦绕，让人难以忘怀。

《城南旧事》充满了淡淡的忧伤。这本书是描写了旧北京形形色色的人和事。从童年的骆驼队到爸爸的花落了，英子经历了许多成长的变故。也就是这样，一个个人物开始走进故事里：惠安馆内被称作疯子的姑娘秀贞、英子的好朋友妞儿、为供弟弟上学而无奈做小偷的哥哥、常住在英子家躲风声的德先叔、被施家赶出来留宿英子家的兰姨娘、英子家的仆人宋妈、因病去世的爸爸……书中的一个个人物都活灵活现地展现在我眼前。他们都曾是英子童年记忆深刻的人物，都和英子有着深厚的感情，都陪英子玩耍过，谈笑过，但他们最终都在英子童年匆匆的脚步声中离去了、消失了。读到这里，我也思绪万千：为何人世如此险恶，妞儿与秀贞母女二人才刚刚重逢，结果在深夜的途中惨死在火车轮下……读到这里，我的心一下子从山顶跌落到了谷底，都要碎了。我甚至抱怨她们为什们要深夜赶路，为什么老天对她们如此不公？为什么她们的命运如此悲惨？为什么她们一家不能开开心心地团聚呢？要知道，秀贞为了她的小桂子，疯了六年，好不容易母女团聚却又……读罢，泪水已溢满我的眼眶，内心涌起一阵阵忧伤。

《城南旧事》虽带忧伤，却也不失温情，一股股暖流，慢慢地渗入我的心田。正义善良的小英子看到伙计手里的饭，给了泪水汪汪的妞儿。慈父收留了被施家赶出来的兰姨娘，与德先叔去寻找属于他们的幸福。“疯子母女”幸福团聚，使我心头漾起温情的涟漪。小英子偷偷地把母亲心爱的金手镯送给秀贞当盘缠用，英子一颗纯洁、善良、朴实的心着实令人感动。我感受到了人间也是有丝丝温暖存在的，就好像一抹初冬的暖阳，融化了心中的忧伤，又像雨后的甘霖，给原本忧伤的人们丝丝心灵的慰藉。

《城南旧事》中又饱含着深深的思念。曾经陪伴过英子长大的人们,又悄然远去。与英子结下深厚友谊的妞儿与秀贞被无情地夺去了生命。与英子朝夕相处的宋妈,也骑着骆驼离开了英子。《城南旧事》如同一幅淡淡的水墨画,讲述着人间的悲欢离合;又像一首悠悠的思乡曲,唱说着童年的酸甜苦辣;又如秋日绵绵细雨,诉说着英子对朋友和亲人们深深的思念……《城南旧事》并不是一本快乐的童年史,而是一本充满忧伤与思念的回忆。

"长亭外,古道边,芳草碧连天……"每当唱起这首歌,伤感与温情便一齐向我涌来……

课例 2:

漫画水浒

活动目标:

1. 培养儿童对经典阅读的浓厚兴趣,初步掌握阅读中国古典文学的一般方法,让阅读为儿童的生活创造美丽。

2. 让学生了解施耐庵和水浒故事发生的历史背景,熟悉水浒人物。

3. 引导学生感受作品中的豪迈之气和英雄气概。

活动准备:

师生用一个星期同读《水浒》,并搜集有关施耐庵和水浒发生的历史背景。

水浒故事会:讲自己最喜欢的水浒人物的故事。

活动过程:

一、谈话导入

同学们,翻开水浒书页,我们似乎身临北宋人民奋起抵抗统治阶级的时代,栩栩如生的水浒人物、引人入胜的水浒故事都充满了无穷的魅力。

二、走近作者

今天,我们能享受这一切,不能忘记《水浒传》的作者施耐庵(板书:施耐庵)。你知道施耐庵吗?谁来聊聊施耐庵?

历史背景:

谁能说说水浒故事是在怎样的历史情况下发生的呢？你是怎么知道的？

小结：中国古典名著都是在一定的历史背景下的长篇小说，要很好地读懂它，我们首先要像这样知作者、解历史。（板书：知作者，解历史）

三、水浒擂台

1. 栩栩如生的人物

下面进入水浒擂台，水浒知识必答题目，比一比，你能记得多少水浒人物？一大组为单位比赛，要求先说说外号再加姓名。大组说时不得重复。老师以大组为单位画“正”字，看哪一组总分最多？

小结：同学们都很会读书，看来三国人物已经被你们熟记于心了。读古典名著，第二步，我们要做的就是这样打开书本读故事，熟情节。（板书：读故事，熟人物）

2. 千锤百炼的语言：

在水浒中最家喻户晓的就是一百零八将，作者施耐庵往往用三言两语就刻画出个性鲜明的人物形象。

原著中是怎样描写的？

你有怎样的感受？你又有什么收获？

施耐庵只三言两语，就刻画出了这样形象鲜明、如今已家喻户晓的人物，真是“鬼斧神工”“出神入化”。

小结：这些人物形象并没有因为时光的流逝而变得暗淡，水浒人物特征鲜明的形象和他们动人的故事，一直被中国老百姓喜欢着。品一品，能感受到古典文学悠远的韵味。

话人物，品韵味可以让我们体会到古典文学的艺术魅力。（板书：话人物，品韵味）

3. 引人入胜的故事

施耐庵用他如椽的大笔为后人留下了北宋时期恢宏的农民起义和不朽的水浒人物，你最喜欢谁？能讲讲有关他的故事吗？再谈谈你读后的感受？

读古典名著，在了解人物的同时，我们要做的就是这样打开书本读故事，熟情节。（板书：读故事，熟情节）

4. 启迪心智的典故

水浒给我们留下了不少的典故，到今天仍然留下了智慧。你最喜欢哪个典故，又从中悟出了怎样的道理呢？

第四步,就是这样去想一想(板书:学典故,明心智)齐读。

5. 总结引导:

(1)(内容上):同学们,读完了水浒,我们知道了施耐庵、水浒故事发生的历史情况,了解了水浒人物,会讲了水浒故事,收获真不少。

(2)(学法上):而且,我们还学会了古典名著的一般阅读方法,是:(指黑板齐读)。

板书:

漫画水浒

知作者,解历史　读故事,熟情节　话人物,品韵味　学典故,明心智

课例3:

梦红楼

活动目标:

1. 培养儿童对经典阅读的浓厚兴趣,初步掌握阅读中国古典文学的一般方法,让阅读为儿童的生活创造美丽;

2. 让学生了解曹雪芹和红楼故事发生的历史背景,熟悉红楼人物;

3. 引导学生感受作品中所描写的由盛及衰的家庭和社会演变史。

活动准备:

1. 师生用一个星期同读《红楼梦》,并搜集有关曹雪芹的资料和红楼故事发生的历史背景;

2. 红楼故事会:喜欢自己最喜欢的红楼人物的故事;

3. 搜集自己喜欢的红楼诗词。

活动过程:

一、谈话导入

同学们,翻开红楼书页,我们似乎置身于古代繁华街市、大户人家的奢侈生活之中。栩栩如生的红楼人物、引人入胜的红楼故事、甚至藏红纳柳的红楼诗词都充满了无穷的魅力。

二、走近作者

今天，我们能享受这一切，不能忘记《水浒传》的作者曹雪芹（板书：曹雪芹）。你知道曹雪芹吗？谁来聊聊曹雪芹？

三、历史背景

谁能说说红楼故事是在怎样的历史情况下发生的呢？你是怎么知道的？

小结：中国古典名著都是在一定的历史背景下的长篇小说，要很好地读懂它，我们首先要像这样知作者、解历史。（板书：知作者，解历史）

四、红楼擂台：（栩栩如生的人物）

下面进入红楼擂台，红楼知识必答题。比一比，你能记得多少红楼人物？一大组为单位比赛，说时不得重复。老师以大组为单位画“正”字，看哪一组总分最多？

小结：同学们都很会读书，看来红楼人物已经被你们熟记于心了。读古典名著，第二步，我们要做的就是这样打开书本读故事，熟情节。（板书：读故事，熟人物）

五、千锤百炼的语言

在红楼梦中最家喻户晓的就是王熙凤、贾宝玉、林黛玉、薛宝钗等人物，作者曹雪芹往往用三言两语就刻画出一个鲜明的人物形象。

原著中是怎样描写的？

你有怎样的感受？你又有什么收获？

曹雪芹只三言两语，就刻画出了这样形象鲜明、如今已家喻户晓的人物。

真是“鬼斧神工　出神入化”

小结：这些人物形象并没有因为时光的流逝而变得暗淡。红楼人物特征鲜明的形象和他们动人的故事，一直被中国老百姓喜欢着，品一品，能感受到古典文学悠远的韵味。

话人物，品韵味可以让我们体会到古典文学的艺术魅力。（板书：话人物，品韵味）

六、引人入胜的故事

曹雪芹用他如椽的大笔为后人留下了红楼一梦，通过一个封建家庭由盛及衰的过程，让我们感慨人物命运的悲惨。在所有人物中，你最喜欢谁？能讲讲有关他的故事吗？再谈谈你读后的感受？

读古典名著，在了解人物的同时，我们要做的就是这样打开书本读故事，熟情节。（板书：读故事，熟情节）

再谈谈你读后的感受？

第四步，就是这样去想一想（板书：学典故，明心智）齐读。

七、读诗词，品意境

在《红楼梦》书中，有很多的唱词、诗词，你喜欢吗？你喜欢哪一句，能读懂吗？为什么喜欢？读一读，背一背。

八、总结引导

（内容上）：同学们，读完了红楼，我们知道了曹雪芹、红楼故事发生的历史情况，了解了红楼人物，会讲了红楼故事，还赏读了红楼诗词，收获真不少。

（学法上）：而且，我们还学会了古典名著的一般阅读方法，是：（指黑板齐读）。

板书：

梦红楼

知作者，解历史　读故事，熟情节

话人物，品韵味　学典故，明心智

读诗词，品意境

课例4：

小话西游

活动目标：

1. 培养儿童对经典阅读的浓厚兴趣，初步掌握阅读中国古典文学的一般方法，让阅读为儿童的生活创造美丽；

2. 让学生了解吴承恩，熟悉西游人物，并在书中积累成语；

3. 引导学生感受作品中的正义、勇敢和团结。

活动准备：

1. 师生用一个星期同读《西游记》，并搜集有关吴承恩和西游故事创作的背景；

2. 西游故事会；

3. 搜集整理出自书里面的成语；

4. 搜集作者的资料。

活动过程：

1. 谈话导入、感受人物形象

同学们，翻开《西游记》，我们似乎跟随着唐僧师徒，踏上了西去取经的征程。也似乎跟随着孙悟空，一路上斩妖除魔，历尽艰险。

2. 走近作者

今天，我们能享受这一切，不能忘记《西游记》的原作者吴承恩（板书：吴承恩）。你知道吴承恩吗？谁来聊聊吴承恩？

生活困顿给吴承恩带来的压力并不小于科考的失利。父亲去世以后，他需要操持全家的所有开支，但他却没有支撑门户的能力，更没有养家活口的手段。家中生活来源，除了每月从学府里领回六斗米外，只能坐食父亲所留遗产了。

品尝了社会人生酸甜苦辣的吴承恩，开始更加清醒地、深沉地考虑社会人生的问题，并且用自己的诗文向不合理的社会进行抗争。

3. 历史背景

唐僧取经是历史上一件真实的事。大约距今一千三百多年前，即唐太宗贞观元年（627），年仅25岁的青年和尚玄奘带领一个弟子离开京城长安，只身到天竺（印度）游学。后来玄奘口述西行见闻，由弟子辩机辑录成《大唐西域记》十二卷。但这部书主要讲述了路上所见各国的历史、地理及交通，没有什么故事。吴承恩也正是在民间传说和话本、戏曲的基础上，经过艰苦的再创造，完成了这部令中华民族为之骄傲的伟大文学巨著。

小结：中国古典名著都是在一定的历史背景下的长篇小说，要很好地读懂它，我们首先要像这样知作者、解历史。（板书：知作者，解历史）

4. 西游擂台

下面进入西游擂台，西游故事必答题，先请第一横排的同学回答，要是答不出来，其他的同学可以抢答。老师以大组为单位画“正”字，看哪一组总分最多？

(1)孙悟空跟着谁学会了本领?

(2)孙悟空学会了哪些本领?

(3)孙悟空的武器叫什么?

(4)孙悟空的武器哪里来的?

(5)唐僧在哪里收服了猪八戒?

(6)唐僧的坐骑是谁变的?

(7)唐僧师徒带到车迟国,与哪三个大仙斗法?

(8)孙悟空先后几次向铁扇公主借扇子?

(9)第一次变成谁的模样?结果?

(10)第二次变成谁的模样?结果?

(11)第三次变成谁的模样?结果是谁帮助了孙悟空?

(12)孙悟空兄弟三人偷吃人参果惹恼了谁?

(13)唐僧误入盘丝洞,遭遇了哪个妖怪?

(14)灭法国国王要杀和尚,孙悟空想出了什么办法治了国王?

(15)琵琶洞里有个什么妖怪?

(16)红孩儿的宝贝是什么?

(17)月宫玉兔成精,想做什么坏事?

(18)唐僧师徒历经多少磨难?

(19)唐僧师徒最后在哪里受封?

(20)唐僧被封为什么?

(21)孙悟空被封为什么?

(22)猪八戒被封为什么?

(23)沙僧被封为什么?

(24)白龙马被封为什么?

一共24题。

小结:同学们都很会读书,看来西游记的故事已经被你们熟记于心了。读古典名著,第二步,我们要做的就是这样打开书本读故事,熟情节。(板书:读故事熟情节)

5. 西游人物

(1)《西游记》中,有各种各样的人物,外表不凡,原著中是怎样描写的?出示作品中写人物外表的句子,读一读。

只三言两语,就刻画出了这样形象鲜明、如今已家喻户晓的人物。

你喜欢他们的什么故事？哪些故事和哪些章节是研究他的？

通过这些故事，你看出他是个怎样的人？

根据学生发言板书总结：

唐僧：相貌堂堂　一心向佛　求经心切

孙悟空：神通广大　情深义重

猪八戒：好吃懒做

沙和尚：老实忠厚

真好！同学们都喜欢西游人物，谁来讲西游故事？

小结：这些人物形象并没有因为时光的流逝而变得暗淡，西游人物特征鲜明的形象和他们动人的故事，一直被中国老百姓喜欢着，品一品，能感受到古典文学悠远的韵味。话人物，品韵味可以让我们体会到古典文学的艺术魅力。（板书：话人物，品韵味）

6. 西游记中的成语

（1）吴承恩用他如椽的大笔为后人留下了西游取经的故事和不朽的西游人物，你在书中积累了哪些成语？

你在书中读到怎样的精神力量？勇敢、团结、智慧、正义

小结：在阅读古典名著的过程中，我们积累成语，感悟智慧，不仅能提高我们的语文素养，还可以从中受到教益、变得聪明。

（板书：学典故，明心智）

齐读。

7. 总结引导

1.（内容上）：同学们，读完了《西游记》，我们知道了吴承恩、西游故事发生的历史情况，了解了西游人物，积累了成语，收获真不少。

2.（学法上）：而且，我们还学会了古典名著的一般阅读方法，是：（指黑板齐读）。

板书：

小话西游

知作者，解历史

读故事，熟情节

话人物，品韵味

学典故，明心智

课例 5：

读《弟子规》

教学目标：

诵读《弟子规》，感悟古典诗文中的做人道理，培养热爱经典文化的情感。

教学重点：

采用各种方法诵读《弟子规》，演绎《弟子规》，领悟《弟子规》的内涵。

教学过程：

一、导入

同学们，你想成为人人伸出大拇指的孩子吗？

男孩子想成为一个风度翩翩的绅士吗？

女孩子想成为一个人见人爱的淑女吗？

那就让我们走进《弟子规》。

《弟子规》是中国传统蒙学读本，读起来像顺口溜，琅琅上口。用《弟子规》来指导我们的言行，就能让我们现在是人人伸出大拇指的孩子。男孩子是风度翩翩的绅士，女孩子是人见人爱的淑女。大家愿意读吗？

二、学习《弟子规》

苏轼有这样一句诗："旧书不厌百回读，熟读深思子自知。"旧书：是指经典。这句话的意思就是：经典文章以及书籍要多读，多读并且深思后其中道理自然也就知道了。我们就用多读领会的方法来学习《弟子规》。

阅读方法：

（一）依拼音，读通畅；

（二）抓词句，解句意；

（三）诵读之，明道理；

（四）读故事，明意境；

（五）赏动画，强记忆；

（六）日一得，赋行动。

相信你一定能读出其中的滋味，读出个中的道理，读出一个美丽的成长之路。

例：惟德学，惟才艺，不如人，当自砺。

一、依拼音，读通畅（略）

二、抓词句，解句意；

惟：只是，单单的；

砺：磨砺；

德是指什么呢？你认为品德都包括哪些方面呢？

（关心同学，爱班集体……）

我们每一个人都应当重视自己的品德、学问、才能、技艺的培养，有不如人的地方，应当自我努力、奋发图强，也就是要取人之长、补己之短。

三、诵读之，明道理

我们要真正赢得别人尊重，靠的是什么呢？

勤学苦练、真才实学、取人之长、补己之短。

赏故事，明意境；

赏读教材配套的故事，你知道了些什么？

赏动画，强记忆。

观看和本课配套的动画片，加深孩子们的印象，更加激发阅读兴趣。

日一得，赋行动。

小练笔："今日一得"：

说说自己今天的学习内容、联系自己的生活和学习实际谈谈自己的收获，对自己的启发。

课例6：

杜甫的故事

教学目标：

1. 通过本堂课教学，以故事的形式了解杜甫的生平；

2. 选读杜甫的部分诗歌，了解诗句中夸张比喻等修辞方法的妙用，感受李白炉火纯青的表现手法和诗歌中蕴含的情感。

一、导入新课

站在唐诗璀璨的星空下,我们刚刚研读了诗仙李白。

被称为“诗圣”的你知道是谁吗?(杜甫)

读过他的哪些诗?

同学们知道的不少呢?

今天我们就来了解杜甫的故事。

二、有关杜甫小时候的传说

童年杜甫

杜甫小时候很贪玩,连板凳都坐不住,长到五六岁都记不住一首诗。他爷爷很生气。在爷爷的严厉管教下,杜甫改掉了贪玩的习惯。发奋苦读,为了练好诗,他练习的习作装了整整一麻袋。杜甫成名以后曾在诗中表达了他对于诗歌创作的心得。那就是“读书破万卷,下笔如有神”。

杜甫出生在官宦世家,祖父在朝廷做官,父亲曾任司马。杜甫从小就志向远大,最崇拜的是远祖杜预,他是晋代的名将。杜甫的母亲很早就去世了,幼小的杜甫寄居在姑母家里。姑母不光教杜甫读书识字,对他的生活也照顾得无微不至,他和表弟每天在一起游戏玩耍,写字学画。可是一场大病把兄弟俩人击倒了,姑母悉心照顾杜甫,把杜甫从死神手里夺回来,表弟却病死了。这让杜甫难过了很长时间。在姑母的精心照顾下,杜甫到十几岁时,已经健壮得像头小牛犊,一天到晚欢蹦乱跳的。姑母家的院子里种着梨树和枣树,八月秋风送爽时,树上梨黄枣红。他简直像只顽皮的猴子,不停地爬上爬下,帮助姑母摘梨打枣,欢声笑语飞满庭院。

三、杜甫的生活

杜甫的草堂

杜甫建成草堂以后,就在里面居住下来。一个秋天的下午,突然刮起大风。草堂上盖着的茅草飞到树梢,落到水塘。杜甫想去追,可是茅草被一群顽皮的孩子抱起来互相追逐打闹。杜甫急得直叫:“别把草拿走,我还要补屋顶呢!”可是,这些不懂事的孩子早就跑远了。

杜甫回到草堂。这时,风停了,雨下了起来。这茅草屋平常就漏雨,这时,漏得更厉害了,家里几乎没有干的地方了。一家人缩在床上,小儿子睡相不好,把破被子也踢得更破了。

杜甫一声叹息，无法入睡。这天下，像我这样挨冻受苦的人该有多少啊！他写得诗句：安得广厦千万间，大庇天下寒士尽欢颜。

小结：杜甫的一生是穷困的一生

四、杜甫与李白的相遇

“诗仙”李白和“诗圣”杜甫如果相遇，你猜猜看，会是怎样的情形呢？

公元744年，杜甫与李白初次相逢于洛阳，两位诗坛泰斗一见如故，同饮同醉，携手同游，度过了一段彼此难忘的日子。杜甫在成都做节度使严武的幕客时，生活还算安定。闲暇时常想起与李白相处的日子，这时他们阔别已经十多年了。想起那一段令人难忘的好时光，杜甫总感慨不已，颇为怀念。如今正是仲春时节，杜甫所住的蓉城景色秀美，心旷神怡，李白若能来此同游，那该是何等美事？一代豪放的诗仙，在这兵荒马乱的动荡年代，将栖息于何处？想到这里，诗人不禁提笔做诗，写了一首五律《春日忆李白》，开头四句是：

白也诗无敌，飘然思不群。
清新庾开府，俊逸鲍参军。

杜甫在诗中对李白是这样赞许的：庾信的诗清新而不俊逸，鲍照的诗俊逸而不清新，而李白的诗兼而有之，其清新俊逸之风实在是无人可以匹敌的。时年33岁的杜甫，对于长他11岁的李白仰慕之心，不一而足。他们同行同止，同唱同和，同饮同酌，同醉同酣，似乎给杜甫留下了终生难忘的记忆。杜甫，涉及到李白的诗篇有：《赠李白》（“秋来相顾尚飘蓬”）、《赠李白》（“二年客东都”）、《与李十二同寻范十隐居》、《送孔巢父谢病归游江东兼呈李白》、《饮中八仙歌》、《冬日有怀李白》、《春日忆李白》、《梦李白二首》、《天末怀李白》、《寄李十二白二十韵》、《不见》、《苏端薛复筵简薛华醉歌》、《昔游》、《遣怀》，计十四首诗。尽管，作品数量的多寡，并不能决定两人情谊的深浅，但是，他对李白诗作的赞美：“李侯有佳句，往往似阴铿。”“白也诗无敌，飘然思不群”，“敏捷诗千首，飘零酒一杯。”可见一斑。

五、杜甫的现实主义诗作

《春夜喜雨》《茅屋为秋风所破歌》《蜀相》《闻官军收河南河北》《登高》《登岳阳楼》等大量名作。其中最为著名的诗句为：“安得广厦千万间，大庇天下寒士俱欢颜。”而《登高》中的“无边落木萧萧下，不尽长江滚滚来”也是千古绝唱。

课例 7：

李白的故事

教学目标：

1. 通过本堂课教学，以故事的形式了解李白的生平；

2. 选读李白的部分诗歌，了解诗句中夸张比喻等修辞方法的妙用，感受李白炉火纯青的表现手法和诗歌中蕴含的情感。

一、导入新课

同学们，唐朝在我国历史上是一个诗的朝代。站在唐诗璀璨的星空下，你认识了哪些诗人？（诗圣杜甫　　诗佛王维　　诗鬼李贺　　诗狂贺知章　　诗魔或者诗王白居易）

其中被称为“诗仙”的你知道是谁吗？（李白）

读过他的哪些诗？

同学们知道的不少呢？

今天我们就来了解李白的故事。

二、有关李白出生的传说

传说在李白的母亲生下李白的前一天晚上，她梦到了一片很美丽的星空。那么多闪亮的星星都在冲她眨眼睛呢，其中有一颗很特别的星星吸引了李白妈妈的注意。这是秋天傍晚西方天边上最早升起的那颗最亮的星，叫做太白星，也就是我们今天所说的启明星。它是那么耀眼那么闪亮，把夜空中其它的星星一下子就比下去了。

正当李白的妈妈抬着头望着这颗太白星赞叹它的明亮和耀眼时，这颗太白星忽然从天上坠下来，落入了李白妈妈的怀里。这时，李白妈妈感到肚子一阵疼痛。于是，一个白白胖胖的小生命便呱呱落地了。因为这个太白星的梦，爸爸妈妈便决定给他们可爱的小宝宝起名李白，字太白。

三、李白思想的转折期

小李白从小和许多同龄的小伙伴一样不喜欢念书，当时孩子们都在私塾里念书，就是几个孩子结伴在先生家里读书。他常常逃学，到街上去闲逛。

一天,李白又没有去上学,在街上东溜溜、西看看,不知不觉到了城外。暖和的阳光、欢快的小鸟、随风摇摆的花草使李白感叹不已,“这么好的天气,如果整天在屋里读书多没意思?”

走着走着,在一个破茅屋门口,坐着一个满头白发的老婆婆,正在磨一根棍子般粗的铁杵。李白走过去问:“老婆婆,您在做什么?”

“我要把这根铁杵磨成一根绣花针。”老婆婆抬起头,对李白笑了笑,接着又低下头继续磨着。

“绣花针?”李白又问:“是缝衣服用的绣花针吗?”

“当然!”

“可是,铁杵这么粗,什么时候能磨成细细的绣花针呢?”

老婆婆反问李白:“滴水可以穿石,愚公可以移山,铁杵为什么不能磨成绣花针呢?”

“可是,您的年纪这么大了?”

“只要我下的功夫比别人深,没有做不到的事情。”

老婆婆的一番话,令李白很惭愧,于是回去之后,再没有逃过学。每天的学习也特别用功,终于成了名垂千古的诗仙。

四、勤学的李白

被人们称为“诗仙”的李白到底读过多少书?李白年轻时代以读书和游历名山大川为主,那么,他又写过多少首诗呢?而成就了这名垂千史的“诗仙”呢?

据历史记载:

705 年,李白 5 岁。发蒙读书始于是年。

710 年,李白 10 岁。攻读《诗》、《书》及诸子百家。

715 年,李白 15 岁。已有诗赋多首,并得到一些社会名流的推崇,开始接受道家思想的影响,好剑术。

718 年,李白 18 岁。隐居戴天大匡山(今四川省境内)读书。

721 年,李白 21 岁。春归家昌明。此后三年均在匡山读书。

724 年,李白 24 岁。离开故乡而踏上远游的征途。再游成都、峨眉山,然后舟行东下至渝州(今重庆市)。

725 年(开元十三年)李白 25 岁。在江陵与当时著名的道士司马承祯相遇。

726年,李白26岁。春往扬州(今江苏省扬州市)。秋,病卧扬州。冬,离扬州北游汝州(今河南省临汝县),结识孟浩然。

在读书的同时,李白游历名山大川,为的是能结交社会名流,以谋个一官半职,为国家出力。他游遍了大半个中国,被很多名流所赏识。也得到当时的皇帝唐玄宗的赏识而做过官,但是终究因为他藐视权贵而在政治上郁郁不得志。游历、写诗,一生给世人留下了九百多首诗歌。豪迈奔放、飘逸若仙?

五、研读李白

研读其中的几首?

望庐山瀑布

日照香炉生紫烟,遥看瀑布挂前川。

飞流直下三千尺,疑是银河落九天。

读到这首诗,你想用什么词语来表达心中的赞叹?

精妙绝伦　　炉火纯青

诗人是用了什么手法描画了庐山瀑布的壮美呢?

夸张　　比喻

这样的夸张手法,这样的比喻写出了庐山瀑布从很高处倾泻而下,水光生辉,极其的壮美。

齐诵。

古朗月行

小时不识月,呼作白玉盘。

又疑瑶台镜,飞在青云端。

诗人以“(　　)”和“(　　)”作比,不仅描绘出月亮的(　　),更写出了月光的(　　)。

齐诵。

你想用什么词语来赞叹李白这奇丽的想象力呢?

活灵活现　　栩栩如生

再齐诵李白的诗句,边读诗句,边在脑海里描画月亮的形状,想象她的皎洁可爱。

月下独酌

花间一壶酒，独酌无相亲。
举杯邀明月，对影成三人。

诗人上场了，背景是花间，道具是一壶酒，登场角色只是他一个人，动作是独酌，“无相亲”，场面单调得很。于是诗人忽发奇想，这三人指的是谁呢？（天边的明月、月光下他的影子、他自己）化成了三个人，举杯共酌，冷清清的场面，就热闹起来了。

我们不得不佩服诗人瑰丽的想象力，真是梦笔生花、浑然天成。

说起酒，李白与酒有着不解之缘，至今还有“斗酒百篇鬼斧神工”的说法。

将进酒

君不见，黄河之水天上来，奔流到海不复回。
君不见，高堂明镜悲白发，朝如青丝暮成雪。
人生得意须尽欢，莫使金樽空对月。
天生我材必有用，千金散尽还复来。

有什么不明白的吗？

听老师朗读，你读到怎样的情感？

黄河之水从天上而来，东流到海不复回了——豪迈之气，但也有惆怅之感；

父母双亲早晨还是满头黑发，到了晚上，就是白发如雪——时间快速流逝，人生短暂；

人生得意须尽欢，莫使金樽空对月——该开心的时候要开心；

天生我材必有用，千金散尽还复来——要及时发挥自己的长处，每个人都有每个人的作用。

谁能读出李白的豪迈之情，读出李白的悲苦之意？读出诗一泻千里的节奏？

指名读，齐读。

小结：李白的诗作九百多首，都为人们所喜爱和传诵，那夸张、比喻、想象让李白的诗精妙绝伦、炉火纯青、活灵活现、栩栩如生。人们称赞他的诗：梦笔生花、浑然天成、斗酒百篇、鬼斧神工。

六、总结

李白的诗歌抒发自己对祖国的忠诚、对人民的热爱，激励自己与各种困难作斗争，取得了很大的成就。李白真的像一颗明亮的太白星一样，用他的光芒照耀着我们前进的道路。

附：

望庐山瀑布

日照香炉生紫烟，遥看瀑布挂前川。

飞流直下三千尺，疑是银河落九天。

古朗月行

小时不识月，呼作白玉盘。

又疑瑶台镜，飞在青云端。

月下独酌

花间一壶酒，独酌无相亲。

举杯邀明月，对影成三人。

将进酒

君不见，黄河之水天上来，奔流到海不复回。

君不见，高堂明镜悲白发，朝如青丝暮成雪。

人生得意须尽欢，莫使金樽空对月。

天生我材必有用，千金散尽还复来。

课例 8：

易安词园

教学目标：

以李清照为例，初步了解词给我们展现的优美意境，培养孩子对诵读词的兴趣；

以李清照的两首词为例，了解李清照的一生传奇。

一、导入新课

同学们，人们常常以“唐诗宋词”来并称并且赞颂着两种传统的文学瑰宝。你读过那些词？（江南好）

和诗比较起来，词的形式更加自由，长短句，表达的时候情感更加细腻，姿态百出。

今天我们要去认识一位女词人——李清照。（课件出示照片）有兴趣吗？

看到她的照片，你觉得她是一个怎样的人？

是中国古代罕见的才女，她擅长书、画，通晓金石，而尤精诗词。

老师要求大家搜集有关李清照的资料，你知道了哪些呢？

山东济南人，号易安居士。宋代女词人，婉约词派代表。早期生活优裕，多写其悠闲生活，与夫赵明诚情同意合、生活美满。金兵入据中原后，流落南方，赵明诚病死，李清照境遇孤苦。后期多悲叹身世，情调感伤，也流露出对中原的怀念。

板书：前期：悠闲

　　　后期：悲苦

二、读词两首

今天老师给大家带来了李清照的两首词，读一读？指名读。

你能区分哪首词是前期的？哪首词是后期的？为什么？

感情基调不相同。

如梦令

（宋）李清照

常记溪亭日暮，
沉醉不知归路。
兴尽晚回舟，
误入藕花深处。
争渡，争渡，
惊起一滩鸥鹭。

声声慢

（宋）李清照

寻寻觅觅，冷冷清清，凄凄惨惨戚戚。乍暖还寒时候，最难将息。
三杯两盏淡酒，怎敌他晚来风急？雁过也，正伤心，却是旧时相识。
满地黄花堆积。憔悴损，如今有谁堪摘？守著窗儿，独自怎生得黑？
梧桐更兼细雨，到黄昏点点滴滴。这次第，怎一个愁字了得？

你愿意先读哪首词?

如果这首词就像为我们展现的一个大舞台,那么你认为舞台的背景上有什么?

(1)溪亭:临水的亭台。

(2)争:使劲、抢着。

(3)兴尽:尽了兴致。

(4)争渡:“争”与“怎”相通,如何的意思。

译文:

依旧经常记得出游溪亭,一玩就玩到日暮时分,深深地沉醉,而忘记归路。一直玩到兴尽,回舟返途,却迷途进入藕花的深处。怎样才能划出去,船儿抢着渡,惊起了一滩的鸥鹭。(夕阳西照、临水的亭台、藕花、鸥鹭、小舟)

主人公出场了,用一个字来说说她此时的神态?

(醉)

醉态的李清照是什么样子?

面颊绯红、在小舟上想寻回家的路。

请你给它配音:扑棱棱鸥鹭惊起展翅的声响,有李清照的醉话:我这是在哪里?

后来她怎么回家的呢?

小结:盛放的荷花丛中正有一叶扁舟,摇荡舟上是游兴未尽的少年才女。游兴未尽、沉醉不归、留恋忘返。

教师范读。

学生齐诵读。

人们常常评说:声声慢字字血泪,声声呜咽,一派凄楚,动魄惊心

教师范读,你能在诗中找到一个字,能表达词所表达的心绪吗?(愁)

怎一个愁字了得?

(夫君病死,李清照再嫁,谁知别人是贪恋她的钱财,在发现她没有那么多钱之后,就对她拳脚相加。后来,李清照发现他的官是买来的,就把他告了。可是按照当时的法律,妻子也要一起坐牢。那维持一百多天的第二次婚姻也就宣告结束了。她孤苦一人,国破家不在。怎一个愁字了得啊!)

开篇三句十四个叠字,表达出三种境界。

“寻寻觅觅”:写人的动作、神态;

“冷冷清清”——写环境的悲凉;

“凄凄惨惨戚戚”——写内心世界的巨大伤痛。

借物抒情。“淡酒”、“晚风”、“过雁”，“黄花”、“梧桐”、“细雨”，表达出内心的愁情。

最后逼出“怎一个愁字了得”的强烈感情，满纸呜咽，动人心弦。

教师范读。

学生分三层诵读。齐诵读。

三、总结

同学们，今天我们读了词，知道了李清照这位旷世才女，读到她前期的生活悠闲幸福，词作欢快醉人；后期因为生活悲惨苦闷，词作也就凄惨伤感。

有兴趣的同学可以去认识更多的词人，读到更多的词作。

附：

如梦令

（宋）李清照

常记溪亭日暮，
沉醉不知归路。
兴尽晚回舟，
误入藕花深处。
争渡，争渡，
惊起一滩鸥鹭。

声声慢

（宋）李清照

寻寻觅觅，冷冷清清，凄凄惨惨戚戚。乍暖还寒时候，最难将息。
三杯两盏淡酒，怎敌他晚来风急？雁过也，正伤心，却是旧时相识。
满地黄花堆积。憔悴损，如今有谁堪摘？守著窗儿，独自怎生得黑？
梧桐更兼细雨，到黄昏点点滴滴。这次第，怎一个愁字了得？

教后反思：

锻造盛世里的心遇

——我的经典教学

宋词里有悲歌万阕、愁赋千篇。烛光摇影，是心事；笺书直叙，是无奈；东风依旧，是幽怨；常忆少年时光，是娇嗔……杨柳岸，盈盈舞，情感的美酒，精神的盛宴，总想与孩子们分享，哪怕只一隅；

唐诗里有绿柳随波，竹露滴响，箫风舞柳梢。想在纷扰的喧嚣里为孩子们觅得一年一岁、一山一水一逍遥，哪怕只半卷残月、一垄花痕；

流连经典，经典中有歇后语、成语、典故，中国式的言语智能超越了热闹的“高大上”“萌萌哒”网络时髦语。未了的母语情缘啊，如一叶扁舟，成就万水千山的追随，哪怕只一曲隔窗的箫音。

于是，我来了，我的经典教学来了。

一、教材精选

经典阅读是一场茉莉的花事，选对教材就好比看电影前买对了电影票，从而才有一场精神的盛宴。

中华诗歌中蕴涵的香醇图景、聪颖智慧和瑰丽想象，所表现出的款款深情、深度思考是对儿童精神的深度滋养。《学古诗　品文化》是师生共同创编的古诗阅读读本，古诗阅读随季节、随佳节、随情感、随自然。名著的阅读选取了青少版，并且与动画片结合起来看，孩子有比较大的兴趣。《弟子规》《论语》这些蒙学读本也是朗朗上口、经久弥香。

二、师生共读

师生共读是引导孩子阅读的最佳途径。在综合实践活动中阅读古诗，然后在古诗的氛围中写作，也在理解和运用中表现了经典的魅力。在边看动画片的过程中，师生共看四大名著，然后在主题交流活动中积累典故，认识人物，积累歇后语，成语等等，在弥香的经典中成长起来的孩子语言有底气，思维有深度。

三、经典弥香

学以致用，在古诗阅读生活中成长起来的孩子携一缕月光，带一点诗情，他们发表习作400多篇。当他们离开小学生活,偶尔闲暇念起的是北京城南的林英子,是伴随整个春天的柳诗,是《三国》画卷中的火烧连营。经典阅读是对儿童心灵的有力滋养,是对童年时代的精神丰盈。

和孩子们一起开发经典、阅读经典是一场茉莉的花事。这一场盛事很美。

第十章

自然性的情境皈依

情境作文:解读儿童的自然性

[内容提要]

情境作文自然发展儿童的心理生活,展现儿童内心的秘密,以促进儿童本质的和谐发展。一、自然性:儿童本质的再认识:“春天说”、“君子说”决定了儿童的存在方式:1. 儿童的自然交往:游戏。2. 儿童的自然思维:遐想。3. 儿童的自然表达:情感。二、情境作文:解读儿童自然性的有效途径:1. 文化情境;2. 游戏情境;3. 探索情境;4. 梦幻情境;5. 情感情境。三:情境作文:解读儿童自然性的生命取向:1. 创设阳光般的心境;2. 创设儿童式的浪漫;3. 创设儿童式的崇高。

[关键词]

儿童本质　情境作文　生命取向

是谁拿走了孩子的幸福?

手持作文教学的法杖,我们直面过往作文教学的缺失:尘封的幸福、枯槁的失乐园、儿童冷漠的眼神、老气横秋的字句。

——纠其根底,课堂与儿童与生俱来的自然性擦肩而过。

蒙台梭利说:“儿童在一个与他的年龄相适合的环境中,他的心理生活才会自然地发展,并展现他内心的秘密。”

裴斯泰洛齐在《隐士的黄昏》中说:“教育的一般目的是:使人的内在力量提升为纯洁的人类智慧。教育乃是人类本质的改造……因此,教育应重视个人本质的和谐发展……

——情境作文解读儿童的自然性。

情境作文就是在作文教学中创设适合儿童年龄的情境，让儿童将眼之所见，耳之所闻，心之所想，体之所感，用文字真诚地表达出来。情境作文自然发展儿童的心理生活，展现儿童内心的秘密，以促进儿童本质的和谐发展。

自然性：儿童本质的再认识

一、儿童的本质

什么是儿童？

"春天说"——

冰心说："游人不解春何在，只拣儿童多处行。"在她看来，儿童就是春天，"小小的身躯上喷发着太阳的香气息。"

1. 生长性：

在流淌的四季河流里，孩子是最为活泼和跳动的音符。他们是属于生长着的春天的，如花含苞、如草初萌。乘着阳光的香味，儿童在春天的摇篮里孕育和绽放自己小小的蓬勃的生命。

2. 多彩性：

儿童的世界像春天一般缤纷多彩，呵乐乐的笑声是从深谷里传出的春鸟的婉转鸣叫，活泼的身形是在春水边摇摆着身姿的黄嫩小鸭，无边的遐思是春天的晴空中飘忽不定的云丝。

"君子说"——

孔子曾经论水，说水有德行、有情义、有志向、善施教化，谓之真君子。儿童如水，儿童谓之真君子！

1. 儿童有水的形态：

如水的双眸、如水的肌肤、如水的穿着、如水的笑声、如水的顽皮、如水的酣梦。儿童，通身明澈，似水；儿童无邪的探寻目光，似水。

2. 儿童有水的情韵：

儿童眼中的世界：母爱就是狗爱、蝴蝶在恋爱、作家笔下的天鹅之美、狗狗在生气、等踢屋檐上滴落的雨滴，童心世界的纯美都具有水的情韵。儿童的心思是水的情怀，儿童如水。

3. 儿童有水的心灵：

儿童嫉恶如仇，吵吵小架，还没等你完全看清楚听明白，转眼间他们又不计前嫌、和好如初。评选“十大感动班级人物”，一句句真挚的颁奖词，都是他们对高尚的崇拜。

儿童似水，有心有形，又好像无心无形。抛开喧嚣的尘世，打开幸福的盒子，每天，去盛满水的形态、水的情韵、水的心灵。“蒹葭苍苍，白露为霜。所谓伊人，在水一方”。站在似水的儿童中间，宛在水中间，伊人伊心，此情此景，今生今世。从这个角度讲，教师毕生都浸润在儿童如水的高尚情怀中。

二、儿童本质的特性：自然性

无论是“春天说“还是”君子说”，都体现了儿童本质的特性——自然性。儿童与生俱来的自然性决定了他们的存在方式：

1. 儿童的自然交往：游戏

游戏是儿童自然生成的心灵归宿，是吸引儿童的天然磁场。“一旦知道同伴们有了有趣的游戏，冬晨睡在房里的会立刻从被窝里钻出，穿了寝衣来参加；正在穿衣服的会赤了膊去参加；正在浴室的也会离开澡盆，用湿淋的赤身去参加。”游戏之于儿童，具有如此的天然神韵，是因为游戏精神。儿童为自己游戏，为自己取乐。游戏中会很累、很紧张，但漫溢在全身的却是无与伦比的快乐。游戏中的畅快是在儿童心底里升起的阳光，自内而外地喷薄出童年的朝气，照耀着他们小小的身躯。

2. 儿童的自然思维：遐想

鲁迅说：“孩子是可敬服的，他常常想到星月上的境界，想到地面上的情形，想到花卉的用途，想到昆虫的语言，他想飞上太空，他想潜入蚁穴。”

儿童是遐想的天使，可以是基于现实生活基础上的天马行空，是溪水般的明澈，是白云般的清悠、是浪卷般的激越，是内心的狂澜迭起、表面的喜形于色……可以走进童话，可以跨越时空、可以上天入海、可以与现实中的一切生灵浅唱低吟。这就是人之初可敬的遐想——自然、透明、儿童。

3. 儿童的自然表达：情感

“人之初，性本善。”日月星辰、都市乡野，四季的河流、鸟虫的呢喃，宁海的潮声、草原的牧歌，真挚的亲情、深邃的哲理，在儿童精神世界中的影射色彩更浓。儿童的情感似乎一把风雅的琴弦正迎风在绿色的原野上，他们的倾听和感受鲜有成人世界的焦躁和功利，充满着善良和冲动。“儿童是情感的王子”（李吉林老师语），只要有风儿吹过的地方，都伴随儿童主观性的情感涌浪。

情境作文:解读儿童自然性的有效途径

情境作文给了孩子们适合的温度、适量的阳光、适宜的水分、适切的土壤,走进了儿童的世界,解读了儿童的自然性。

一、文化情境

儿童之所以难于表达,一是对生活感受不深,二是内存不足。中华古典诗歌中所蕴籍的香醇图景、聪颖智慧和瑰丽想象,所表现出的款款深情、深度思考是对儿童心灵的深层滋养,茉莉飘香般地增加儿童的内存,为儿童的生活营造了文化情境。

师生共同创编古诗阅读读本——

1. 走进传统佳节:组诗"炮竹声中迎春来"——春节、"灯月无边庆元宵"——元宵节、"断肠人在清明"——清明节、"端午思古黯神伤"——端午节、"千里明月寄相思"——中秋节……师生美美地在节日里忙碌,搜索节日的由来、与节日有关的美丽传说、与节日有关的诗歌、玩与节日有关的传统游戏。节日诗情穿越历史绵远的河流,洒落在亘古不变的明月清辉中,以荡人心魄的浓情厚意感动着儿童的心灵,她是开启童心芳菲的一盅美酒,是愉悦儿童心灵的一缕月光,是丰美童年生活的一曲歌谣。

2. 淌过四季河流:组诗单元:"让我们一起享受春天""清凉夏日""秋日私语""冬日暖情",用她的斑斓和温情滋润着童年的每一个日子。在四季的诗行里,春天的明媚、夏日的清凉、秋天的高远、冬日的雪趣伴随着孩子们成长的足迹,成为铺洒在花季雨路上的快乐的盛宴。

3. 投身自然怀抱:组诗"百花熏得游人醉":荷、梅、菊、桃……百花图景,交相吐艳、芳香四溢;"虫鸟王国交响曲":鸣蝉、山鸟、老牛、归雁……百般生趣、引人思考。孩子们在生活中有意识地寻访着它们的踪迹,乐淘淘地享受着盎然情趣。

4. 徜徉情感世界:组诗单元"一片冰心送友情"——送别诗、"掏心吐哺慈母心"——母爱篇、"边塞苍茫思乡切"——边塞诗、垂髫嬉戏图——儿童情趣诗。古典诗歌作为古人人生阅历和情感的载体,孩子们可以从中照见自身和周边人熟悉的影子。

立夏节,"蛋蛋化妆宴比美赛"的绚烂多彩和"华山论'蛋'"的刀光剑影、蛋林称霸为夏天开幕。在这组文章中,孩子们会用古诗开头,有的用"梅子留酸软齿牙,芭蕉分绿与窗纱",有的用"晴日暖风生麦气,绿阴幽草胜花时",有的用"水晶帘动微风起,满院蔷盛一院香",有的写"荷风送暖气,竹露滴清响",一下子将人带进令人向往的夏日情境中,温婉恬淡的夏日情怀就像夏日狂欢曲的前奏,小溪流水般的清幽缓缓而来,接踵而来的比美大赛和"舞林大会"气焰高涨。文章的节奏曲线般优美,童心的畅快呼之欲出,文化气息和活动的快乐交织在一起,心灵的感受回味悠远。

融于生活、付之游戏的古诗新读,让古典的诗意在现代喧嚣的尘世中苏醒,并以温情的姿态在孩子们的生活中翩然起舞,孩子们感怀古典情韵,心底的河流绵远流长。经典阅读,为孩子们的生活创设了文化情境,经典一路相随,优化了儿童内在的语言情境。

二、游戏情境

儿童喜欢情境作文课,是因为可以游戏。游戏激活了儿童周身的每一个细胞,让每一个孩子的眸子熠熠生辉,他们在游戏中带着体态语言伴随着心舞,感受着快乐。在课堂上,教师用阳光般的心境组织游戏,给孩子激情飞扬的时光,课堂因此走进理想的境界。

老师走进教室,给孩子们一块小黑板,上面布满了作业,正面没有写完,又看到反面。孩子们倒吸一口凉气,继而伴随着哀叹声,教室里已经倒了一大片。哈哈!老师郑重其事地宣布:"今天是愚人节!"话音刚毕,伴随着孩子们的捶胸顿足,一篇《愚人节的囧事》新鲜出炉,心理描写和神态描写传神生动,前后变化惟妙惟肖。

春暖花开的季节,孩子们吟诵春天的古诗,和春天一起生长。老师又带来一首诗《卧春》:"暗梅幽闻花,卧枝伤恨底。遥闻卧似水,忆透达春绿。岸似绿,岸似绿,岸似透黛绿。"孩子们推荐朗诵最好的同学诵读,并且在脑海中想象诗歌描绘的春景,感受春天的梅香,然后自己朗诵,春意春情溢于言表。这时,老师揭示谜底,给出另外一首诗《我蠢》:"俺没有文化,我智商很低。要问我是谁,一头大蠢驴。俺是驴,俺是驴,俺是头呆驴。"哈哈!孩子们用《我"蠢"?》、《春天里的囧事》、《卧春?》等题进行了习作练习。心理活动、神态、语言、动作的描写都很真实细腻,快乐在字里行间流淌。更有甚者,把游戏带回家中,忽悠爸爸妈妈,快乐在继续,写作在继续。

游戏,让儿童期待作文课,老师、儿童、父母在没大没小的游戏中感受情境作文带来的快乐。

三、探索情境

主体参与,从不可知到可知的过程就是探索。探索的激发源,充盈着问号和好奇。探索的过程,充满着神奇和神秘,视觉、听觉、触觉、嗅觉等多种感官一起参与。探索情境中显现的所有元素,都姓儿童,吸引着儿童热衷探究、跃跃欲试、已经迫不及待的心。

冬天,万籁俱寂,静谧的冬曲在清冷的空气中轻响。《寻找冬日的色彩》探寻系列引导孩子们找寻生活的多彩。冬天是杏黄色的——冬初,孩子们在文庙观赏古银杏,站在杏黄色的如云的杏叶下,整个人、整颗心都被染黄了,不由得吟诵:"又见金风绣锦衫,一生炫彩最开颜。"笔下的银杏为冬天开幕,思绪也跟随银杏叶飘飞;冬天是一片炫目的鸡爪红——学校庭院里的鸡爪槭是孩子们心中秀美的少女,长久停留在枝头上的鸡毛毽子正在和鸡爪叶交谈着冬天的话题;冬天是彩色的——操场上飞舞的彩绳、纷飞的彩毽是冬天的色彩;通感冬天的色彩——晨雾中操场上朦胧的身影,投篮时的呼喝声、夜色中广场舞悠扬的乐曲、清冷的濠河水中闪烁的灯光、从桥洞下缓缓飘过的红灯小船。探寻引导儿童对生活怀抱阳光心态,感受生活的美感。

探索情境的创设引导儿童关注生活。不知何时,大家在操场上做操时,发现白色的小飞虫钻进鼻孔、耳洞。是什么?从何而来?和我们的关系?在孩子们的作品中,思维曼妙起舞,智慧落地生花。

四、梦幻情境

对孩子来说:有梦就会有才华。自小,几乎每个女孩子的心中都有白雪公主的梦,每个小男孩都想跟着鲁滨逊去漂流。

"池塘边的榕树上,知了在声声地叫着夏天。没有人能够告诉我,山那边是否住着神仙?"——"山那边住着神仙"。一个善意的谎言圆孩子一个童话的梦境,一个梦幻情境的创设就是孩子金色的童年。低中年级的儿童更加信赖童话世界和童话精神,谁都不会拒绝在他们熟悉的童话中生活。

圣诞节,社会环境和生活情境都已经进入圣诞氛围。教师给每个同学发一张纸,写下你最想在圣诞夜获得的圣诞礼物、最想在圣诞节许下的心愿、给自己一个短期目标。然后老师将孩子们的心愿分别装进信封,悄悄地寄给了家长。孩子们在圣诞夜,在《铃儿响叮铛》的乐曲声中,美美地睡去。第二天,他们的枕边,出现了他们想要的圣诞礼物,欣喜之情溢于言表。

之后,儿童在自己的习作中写下圣诞老人怎样从窗户里爬进来给自己送礼物的。鹿拉雪橇、满满的礼物袋、大鼻子的圣诞老人,圣诞老人瞧见睡熟的小脸时老顽童的笑容依稀就在眼前。

在自己热爱的童话中生活,是多么让孩子们眉飞色舞的一件事情。笔下的生活是缘自儿童灵魂深处的歌唱,是儿童自由的心灵絮语。梦幻情境的创设,圆孩子作为天然诗者的美梦,梦想实现、精神狂欢,神奇、神秘与童年相拥前行。

五、情感情境

儿童的情感从头发丝开始一直顺畅到后脚跟,连他们的影子都在演奏情感的色彩。瑞士儿童心理学家皮亚杰关于儿童思维的一个重要发现是:儿童不能把精神的东西和物质世界相区别,在成年人看来无生命的惰性事物,在儿童眼里大部分是活的、有意识的。他把这一现象称为儿童的“万物有灵论”。因此,营造情感情境,儿童会擦亮心眼,更加全身心投入到需要他关注的对象上去。

小动物是儿童喜爱的玩伴,观察小动物、写小动物是儿童最常见的作文材料之一。情境作文引导儿童观察:狗狗开心的时候是什么样的?生气的时候是什么样的?它的眼神?脑袋?耳朵?尾巴?带着情感去看,所有的小动物都具有了情感的色彩。于是,《骑狗记》、《金鱼绅士》等充满童趣的习作就应运而生,读来令人咂舌而笑。

秋日的黄昏过后,老师站在教室的屋檐下看月,从楼层顶上冉冉升起的月没有中秋的明朗,却在柔和的万家灯火上,别有一番情致,是属于常人家的月。孩子们在自己的阳台上看月,教师用自己的心境引领着孩子们在月的神话里徜徉。后来,孩子们在《月光下的梦》中写道:“这时正好是六点,天还没全黑,浅蓝中带点灰色。月姑娘披着一层薄薄的羽衣出来了,你仔细瞧一瞧,还会发现一颗暗淡无光的星星守在月亮旁……夜深人静,月儿已升至中天。大街不再热闹了,人间灯火渐渐地熄灭了。月光显得寂寞、孤独。孤零零的月儿时而像银色的飞镖,飘在繁星中;时而像项链中最明亮的宝石,在天空中闪着银光,让人赞叹不已。

夜,很深了。我伴随着月光入眠。我梦见了月姑娘来到我面前,她把星星串成的首饰挂在我的脖子上,我感到无比激动;梦见我在月牙上荡秋千,荡呀荡,荡得我心都陶醉了。我还梦见月亮变成了月饼,飞到我面前,我迫不及待地咬了一口,呀!好怪的味道啊!我才猛然惊醒,原来咬到了被子!”

整个观察表达的过程中都蕴涵着情感,眼中月、心中月、梦里月都带着温情。一个情感之境,诱发着孩子们想象之翅的振飞。

情境作文:解读儿童自然性的生命取向

一、创设阳光般的心境

情境作文走进与儿童年龄相适合的环境中,儿童的心理生活自然地发展,并展现了他们内心的秘密。情境作文就像一束七彩的阳光,或幽默、或快乐、或多情,或神奇,温润地射进了儿童的心窗,催生了阳光般的花朵。教师用阳光般的心境组织教学,儿童用阳光般的心境参与活动,习作用阳光般的字眼儿表达心绪,生活更是阳光横溢。儿童在春天般的精神生活中蓬勃生长。儿童生活有情境作文相随,永远都和孤独说再见。

二、创设儿童式的浪漫

浪漫是一种纯美的生活色彩,情境作文用大自然的奇趣激发儿童想象的灵感,用温润的情感点亮儿童心灵的烛光。在如水的写作过程中,教师如水、儿童如水、文字如水,生活如水。跃过四季的河流、聆听鸟虫的呢喃、淌过斑驳的岁月、放飞纯美的情思。鸟的双翼在优美地舒展,车的轮子在动人的心曲中飞转。

三、创设儿童式的崇高

情境作文重视儿童本质的和谐发展,使儿童的内在力量提升为纯洁的情感和外在行为。作文过程中儿童新鲜出炉的真实话语就是高尚,他们参与活动时的童心绽放就是高尚。他们逐渐热爱去倾听和表达就是高尚。开发儿童的创造力是情境作文给予儿童的心灵革命,激发儿童的想象力是一场幸福的给予,付出的亲和力是指向儿童未来的心灵鸡汤。这一切,给予了童年生活最美丽的高尚,儿童身染其中,表现出了儿童式的高尚。

情境作文解读儿童的自然性。她立足儿童的视野,吹响童年的号角,书写童年的史诗,促进儿童本质的和谐发展,深情了望儿童未来的路途。

课例1：

参观濠河博物馆

教学目标：

1. 让学生了解南通的悠久历史、人文和现代风貌，培养孩子们热爱家乡的情感。

2. 指导学生按照参观顺序有条理、有重点地记叙自己的见闻，并注意穿插感受、过渡自然、详略得当、描写细致。

教学重点：

指导学生有条理、有重点地记叙参观见闻和感受。

教学准备：

1. 参观濠河博物馆。

2. 阅读有关南通历史、人文的资料。

教学过程：

一、谈话导入

1. 同学们，金秋十月，踏着落英缤纷的濠北路，我们兴致勃勃地来到了濠河边美丽的濠河博物馆。来到这里参观之后，你有什么感受？

（感受到濠河作为南通的母亲河，一年四季都风景如画；感受到南通悠久的历史，南通是片神奇的土地，它的形成和发展都很神奇；南通名人荟萃；南通正在飞速发展，是一个极富现代感的城市；作为南通人，我们感到由衷的自豪）

"文章本是有情物"，今天，我们要把这些感受都融进我们的参观记当中。（板书课题：参观濠河博物馆）

二、指导习作

（一）习作思路

1. 了解概况（板书）

（1）你知道濠河博物馆在我们家乡的什么位置吗？（板书：位置）（它位于风光秀丽的西濠河畔。）

2. 感受外观（板书）

（1）当你来到濠河博物馆前，首先注意到了什么？（蓝灰色的主馆，外墙贴着

大理石）

给你什么感觉？（新颖独特，错落有致，有一种现代、典雅之美）

鉴赏一：

来到了濠河博物馆的大门前，晴空万里，阳光如金沙洒在馆顶上。馆体就是一座淳朴的古建筑。白砖棕瓦间，弥漫着一股古南通的文化之韵。这所穿越了时空的建筑，好像飘逸着古琴的芳华之韵，环绕着香炉悠远清新的烟雾。站在馆外是这样的如梦如幻，博物馆里岂不是更古典迷人了？

鉴赏二：

来到濠河博物馆，只见一座古色古香的建筑物在花花草草的映衬下，显得格外端庄，又带有几分现代感。潺潺的濠河水碧波荡漾，房顶如一位母亲张开双臂的样子，灰白棕三色相融，与周围事物融为一体，多美，美得让人陶醉！

鉴赏三：

经过半小时的路程，我们终于来到了濠河博物馆。哇！多么气派啊！濠河博物馆位于市中心地段，雪白的墙，藏青色的砖瓦，房檐上还有花鸟虫鱼的雕刻，巨大的玻璃大门在阳光的照耀下熠熠生辉。它三面环林，郁郁葱葱的树木把博物馆衬托得无比幽静、深沉，连匆匆忙忙赶路的人们都要停下来，驻足观赏。

鉴赏四：

博物馆矗立在濠河边，四周一片绿意，白砖棕瓦隐现在葱茏的枝叶中。透明的大门缓缓打开，如一位沉着的老者，无声地欢迎来客。

3. 参观底楼（南通的变迁）（板书）

（1）走入底楼大厅，首先映入眼帘的是什么？（眼前墙壁上的视频反复播放的是南通的四季景色，再看看脚下，同学们又是一阵惊叹。）

（2）你能说说你看到的景象和当时的感受吗？

鉴赏一：

同学们一窝蜂地涌进馆内，个个像哥伦布发现了新大陆一样张望着四周，好奇的双眸一闪一闪的，老师叫我们坐在一个沙盘上的玻璃上，观看着不远处的视频。同学们坐在玻璃上，我们竟发现身下的沙盘是多么的巧夺天工！古南通的城市规划便让我们的两眼冒光，我大喊着：好精美啊！濠河环绕的长方形南通城灯火通明，庙宇闪烁着幽幽的烛光，小楼房的窗户里闪现温馨的灯光……小桥孤独地横跨濠河的支流，它幻想着牛郎和织女在它的身上相会；高大的城楼上，吊桥甜甜地俯视着人们的家园南通。小桥、流水、大街，古南通的模样原来是这样啊！再转回视频，呦！一幕幕熟悉的场景在投影仪墙上如约而至：春天，濠河河畔桃花争艳,生机勃勃,鸟儿们在枝头放声歌唱,闪烁着的河水哗哗流淌着,如一幅生动的“春天生机图”;夏天,绿叶衬着红花,迎风傲立在枝头,如一位意气风发的少女在众人面前展示她曼妙的身姿,而河水之上则不时荡起一阵阵涟漪,河旁的树上的蝉放声高歌起了生命之曲;秋天,河岸的枫叶林燃起了热情之火,它让秋天变得活泼了起来,老人们聚在一起,观赏着倒映在濠河中的红枫林;冬天,大雪盖住了草地,雪堆停定在枝头,那一艘艘画舫闪烁着灯火,回荡着孩子的惊叹声和大人们的赞美。欣赏了四季濠河美景,我这个南通人也被美得连连惊呼,宛如身临其境。

鉴赏二:

刚刚进入博物馆大门,之前一路的疲惫和饥渴顿时消失得无影无踪。正对大门的屏幕正为我们滔滔不绝地介绍着濠河一年四季的景观。在鸟语花香、春意盎然的春天,万物刚从沉睡中醒来,一切都是清新与自然的。桃李争妍,所有的花儿都在竞相开放,衬托着此时的濠河,是如此的妩媚动人。在热情似火的夏季,濠河照样引人注目。河畔直插云霄的槐树遮天蔽日,树上的知了仿佛在给碧波荡漾的濠河伴歌,别有一番情趣。此时在河畔漫步,丝丝凉风定会吹走你一身的疲惫。寒冷冬日的濠河,更是能让人驻足观赏。在滴水成冰的数九寒天,河面结了厚厚的冰,树枝被突如其来的纷飞大雪压弯了腰,整个通城一片银装素裹。那么秋天呢?在我眼里,春过于妖娆,夏过于炎热,冬过于寒冷,只有秋,特别是秋日的濠河,才拥有别样的美。黄叶飘飞,丹桂飘香,在微风的飘拂下,波光粼粼的河水就像一潭诱人的美酒,令人沁人心脾。略览濠河四季胜景,我们不觉如痴如醉,对濠河的向往和喜爱之情更加浓烈。

鉴赏三:

走进濠河博物馆的大门,一片光影墙首先映入眼帘,一块大假石上记载着濠河的悠久历史,脚下,是一大幅南通的模拟图,美丽的濠河形似葫芦,环抱着南通,身材苗条,优美动人。看着光影墙上的四季图景,真是美如仙境啊!春天,濠河边桃红柳绿、春风拂面、河水泛波,人们乘着小船泛舟湖上,别提多惬意;夏天,河边垂柳依依,鸟啼声悠悠不绝,汇成一首夏天的歌;秋天,丰收之秋,秋叶洒落河面,仿佛给濠河披上一件金灿灿的外套;冬天来临,祥雪飘飞,濠河结了薄薄一层冰,像穿了件雪白的皮革。一年四季,濠河灵秀的倩影让人赞不绝口。

(3)接着,在讲解员阿姨的带领下,我们来到一楼展厅,通过观看图片展和听讲解员阿姨的讲解,我们了解了南通的历史,谁还记得你看到些什么和听到些什么?

鉴赏一：

看了精妙绝伦的沙盘和令人如痴如醉的视频，我们在讲解员阿姨的带领下进馆了。四十九双眼睛一下子都被吸引了，南通木船的展示让我们感受到古南通的水韵。接着，我们从图片展中知道了南通的形成。原来，以前南通是一片海，后来大陆上升，海床露了出来，与胡马洲相连，才有了今天的南通，这是多么神奇啊！带着幻想，我们继续前进，看见了一些动物标本。这些动物标本有鸡，有黄鼠狼，还有柳莺，竟然还有刺猬……大家伙看见了，个个惊叹不已，拿起相机拍了起来。玻璃展柜里还有一把锈迹斑斑的大铁刀和四种不同的小兵器，据说还是从濠河里捞出来的哩！一些陶器和瓦砾，又把我带进了几百年前的世界。

鉴赏二：

继续向前走，我们看到了古代南通的城防图。古代的濠河贯穿全城，是真正的“护城河”。只见古城南通有两道城门，城门前便是碧波荡漾的濠河，河面上有几条正在打渔的小船。城门里，人们安居乐业、其乐融融。一排排挂着灯笼的民房错落有致，也预示着新年的到来。在濠河水的浇灌下，南通古城里树木繁茂，处处都是绿意盎然、生机勃勃。濠河的作用可真大，有了濠河，人们安心、愉快地生活着。

鉴赏三：

继续向前走，我们看到了古代南通的城防图。古代的濠河贯穿全城，是真正的“护城河”。只见古城南通有两道城门，城门前便是碧波荡漾的濠河，河面上有几条正在打渔的小船。城门里，人们安居乐业、其乐融融。一排排挂着灯笼的民房错落有致，也预示着新年的到来。在濠河水的浇灌下，南通古城里树木繁茂，处处都是绿意盎然、生机勃勃。濠河的作用可真大，有了濠河，人们安心、愉快地生活着。

4. 参观二楼：(板书)

走过南通的历史，又走过一座小桥，我们来到二楼展厅。曾经的濠河人家展现在我们面前。

鉴赏一：

登上一座小石桥，洞里面有一艘画舫。母子俩坐在里面，好像在张望着南通如画的美景。我们一路观景，兴高采烈地来到二楼。二楼不大，却样样是精品。一进二楼，怀旧之风扑面而来。一条生活街，几家店铺出现在我们眼前，理发店，小卖部，烧饼店……烧饼的烤炉上有几个仿真的烧饼，淘气鬼褚廷嘉袁便拿了一个装作要吃，要大饱口福似的，后来被王老师发现了，才笑嘻嘻地放了回去。还有一间房屋,门上站着门神,有精美的画幅,有一张帘床,还有两双小脚鞋,看来是一位女孩子的闺房。又过了一座小桥,只见爷孙俩在捕鱼,多么和谐的旧时光,真是其乐融融!

鉴赏二:

顺着一座古典的小桥,我们沿着南通历史人文的长河,来到了南通过去的老时光。瞧:有烙得一手好烧饼的大叔,有能说会道的杂货店阿姨,有老实本分的水果摊小伙……其中,最让我向往的是“河上人家”。他们是土生土长的“濠河人”,喝的是濠河的水,吃的是濠河的鱼虾。白天,他们撑着小篙,划着渔船,顺流而下,可谓是濠河上最独特的风景线。待到空闲时,放下鱼绳和诱饵,体验一下子捕到鱼时加速的心跳,体验别样风味的旧时风情,体验路人羡慕的眼光,多么宁静、安逸的生活呀!

鉴赏三:

走过濠河的历史,顺着一座小桥,我们来到了二楼,这里用雕塑展现了以前濠河人家的简朴生活。有正做着烧饼的伙计,有挑着担子正在挨家挨户理发的理发师,有在铁匠铺里打着铁的铁匠,有撑着竹篙,划着小艇,打渔的渔民,还有样样俱全的杂货店,简朴的厨房……让我感到十分有趣。最吸引我的是门前正在追跑的几个孩童,只见他们穿着朴素的衣服,女孩扎着冲天辫,男孩头戴着小毡帽,手上都拿着一些吃的、玩的。不知是因为有东西吃,还是玩得很开心,他们的脸上都洋溢着快乐的笑容,笑得眼眯了,牙也露出来了,真是一群活泼可爱而又天真无邪的孩童呀。看来,这就是以前濠河人家的生活,虽然朴素,但却不缺什么,过得幸福、快乐。

鉴赏三:

来到博物馆二楼,泥塑泥雕描绘了清代末年濠河人家的生活。一排排老街,简陋的小屋,泥塑的人物栩栩如生。走在其中,仿佛来到当年的的时光中。看:有老虎灶、有烧饼店、有会客厅,有船上人家,简简单单,平平淡淡却显出几分宁静。一直往前走,最感兴趣的是提工具箱的理发师,他穿着灰蓝色的工作服,不怕辛苦上门服务。我们班的吃货们来到烧饼店,桌台上一块块黄津津的甜烧饼正芳香四溢,大家差点“啊呜”一口咬了上去……濠河人家的生活真是简朴而又多彩啊!再往前走,经过南通十大名人榜,展现在我们面前的是南通昔日的全景,濠河绕城,六桥围绕、高楼鼎立。南通城呈现出繁荣现代的景象,濠河水更是焕发了新的光彩。这正是多少位南通骄子追逐强市之梦而描画出的锦绣新景啊!

5. 南通名人榜也是一道靓丽的风景：

你们都记得有哪些人，他们曾经为南通的发展作出过怎样的贡献呢？

鉴赏一：

不知不觉中，我们来到南通十大名人榜前驻足。南通名人荟萃，有张謇、范曾、赵丹、沈寿……其中，赵丹给我留下的印象最为深刻。他初出茅庐时是一个没有任何名气的普通演员，后来通过自己的努力，成为了家喻户晓的大明星。这其中承受了常人难以想象的艰辛，他的事迹时时刻刻勉励我们后人，要勤奋努力，成就一番大事业！

鉴赏二

走到二楼，放眼望去，全是南通的名人榜。有开创南通纺织实业的张謇；有著名表演艺术家赵丹；还有中国女子跳水运动员陈若琳……细细看来，发现我们南通真是人文荟萃，名贤辈出。看那张謇，乃是清末状元。他有承前启后的气魄，有高瞻远瞩的见识，承担起历史的重担，开创了南通的纺织实业，发展了文化、教育，让整个城市脱胎换骨，奠定了南通"家纺之城"、"教育之乡"的坚实基础。张謇，不愧是影响、造福我们南通的伟人！漫步馆内，细数名人，我又看到中外闻名的书画家——范增。范增的画清新典雅，潇洒飘逸，栩栩如生，呼之欲出。他的书画造诣极高，名动海内外。每每在市内看到他的题字或画卷，我就情不自禁地为他的作品喝彩，为他的成就自豪。同时，也为这座培养了无数杰出人才的城市感到自豪！名人榜上的一个个名字熠熠生辉，他们无一不在诉说着南通的光辉历史和现在的华彩篇章；而这未来的篇篇传奇，也将由我们续写下去！（板书）

6. 南通全貌

城在河中坐，当我们看到南通现在的全貌图，你又有了怎样的感概呢？同学们指着自己的家，看看它的过往和今天，说不出的欢乐。

（二）开头

1. 拟人句、比喻句，追溯历史开头

濠河，环绕通城的一条光洁绚丽的绸带，飘飘柔柔，安详宁静地陪伴着南通人民走过了几百年的春秋，滋养过名人大家，也毫不犹豫地送走了几个世纪风雨传递的尘世之风。今天，踏着秋叶的缤纷，我们来到了濠河博物馆，了解这水、这城。

2. 比喻句开头

在南通，最著名的水当然要数护城河——濠河了。它环绕在整个南通城周围，像一条轻柔的绿丝带那样飘逸。马上就是国庆节了，我们怀着激动的心情来到濠河博物馆，领略家乡的历史文化。

3. 拟人句开头

美丽的濠河是南通这位小姑娘脖子上的一串璀璨的珍珠项链，光彩照人。上个星期，王老师带领我们参观了濠河博物馆，我到现在还记忆犹新呢！

4. 诗意地引出

“在您那辽阔美丽的大草原上，羊群像珍珠撒满绿绒；在您那充满希望的田野里，麦浪滚滚把天地染得金黄。”没错，诗中的“您”就是我们祖国母亲。自改革开放以来，我们的母亲从骨瘦如柴的穷人，变成了富贵华丽的新人。其间，我的家乡南通也发生了许多变化。今天，就让我带您走进濠河博物馆，一睹南通翻天覆地的变化。

（三）结尾

1. 自然结尾

（1）下楼了，大家想到了濠河带给南通人的荣耀，心里无比的自豪。览濠河博物馆，让我们更加热爱南通这城，也更迷恋濠河这水。

（2）时间过得真快，不一会儿参观结束了，我们来到河边的凉亭小憩。远处一栋栋高楼拔地而起，现在的人们正为古老的濠河续写着新的篇章。这真是一次快乐的博物馆之行啊！

2. 表达心愿结尾

（1）出了博物馆，我的心久久无法平静，博物馆里每一件展品都让我了解了南通的历史，更为老一代南通人的奋斗业绩留下永恒的定格。作为新时代的我们，肩负着建设祖国未来的重任。我们一定要不畏艰难、刻苦学习，为家乡的建设贡献力量！

（2）看到这些南通岁月年华的记录，就像重走一遍家乡的沧沧史路，体会着先辈们奋斗的脚印，感受到他们为我们创造的美好现在。下一个在这历史页面上挥毫的，将是我们，我们要把南通——这座美丽的城市，建设得更加美好；要让城市中的明珠——濠河，更加熠熠生辉！

3. 赞美南通结尾

啊，我可爱的家乡南通，在您那曲曲折折的海岸边，一尾尾鲜鱼塞满了渔网；在您那郁郁葱葱的森林里，到处是祖国未来的栋梁。我们带着赞叹和愉悦的心情，离开了濠河博物馆……

（四）参考题目

《濠河畔的一颗明珠》《走进濠河画卷》《览濠河博物馆》《漫步博物馆》《濠河

之美映我心》

（写作要点）：

1. 按照参观顺序有条理、有重点地记叙自己的见闻。

2. 段与段之间的过渡要自然，注意参观地点的转换。

3. 注意穿插感受。

习作提纲：

参观濠河博物馆

一、开头；

二、感受外观：

三、大厅观影：

四季濠河

脚下的玻璃沙盘

夹叙夹议

四、参观一楼展厅：

轮船模型

南通的变迁史

五、参观二楼展厅：

濠河人家（悠久历史，深厚底蕴）

南通名人

南通全貌

六、结尾

所见所闻所感

叙述完整　过渡自然　详略得当　描述生动

览濠河博物馆

六（3）班　蔡宸旭

濠河，环绕通城的一条光洁绚丽的绸带，飘飘柔柔，安详宁静地陪伴着南通人民走过了几百年的春秋，滋养过名人大家，也毫不犹豫地送走了几个世纪风雨传递的尘世之风。今天，踏着秋叶的缤纷，我们来到了濠河博物馆，了解这水、这城。

来到了濠河博物馆的大门前，晴空万里，阳光如金沙洒在馆顶上。馆体就是一座淳朴的古建筑。白砖棕瓦间，弥漫着一股古南通的文化之韵。这所穿越了时空的建筑,好像飘逸着古琴的芳华之韵,环绕着香炉悠远清新的烟雾。站在馆外是这样的如梦如幻,博物馆里岂不是更古典迷人了?

同学们一窝蜂地涌进馆内,个个像哥伦布发现了新大陆一样张望着四周,好奇的双眸一闪一闪的,老师叫我们坐在一个沙盘上的玻璃上,观看着不远处的视频。同学们坐在玻璃上,我们竟发现身下的沙盘是多么的巧夺天工!古南通的城市规划便让我们的两眼冒光。我大喊着:好精美啊!濠河环绕的长方形南通城灯火通明,庙宇闪烁着幽幽的烛光,小楼房的窗户里闪现温馨的灯光……小桥孤独地横跨濠河的支流,它幻想着牛郎和织女在它的身上相会;高大的城楼上,吊桥甜甜地俯视着家园。小桥、流水、大街,古南通的模样原来是这样啊!再转回视频,呦!一幕幕熟悉的场景在投影墙上如约而至:春天,濠河河畔桃花争艳,生机勃勃,鸟儿们在枝头放声歌唱,闪烁着的河水哗哗流淌着,如一幅生动的“春天生机图”;夏天,绿叶衬着红花,迎风傲立在枝头,如一位意气风发的少女在众人面前展示她曼妙的身姿,而河水之上则不时荡起一阵阵涟漪,河旁的树上的蝉放声高歌起了生命之曲;秋天,河岸的枫叶林燃起了热情之火,它让秋天变得活泼了起来,老人们聚在一起,观赏着倒映在濠河中的红枫林;冬天,大雪盖住了草地,雪堆停定在枝头,那一艘艘画舫闪烁着灯火,回荡着孩子的惊叹声和大人们的赞美。欣赏了四季濠河美景,我这个南通人也被美得连连惊呼,宛如身临其境。

看了精妙绝伦的沙盘和令人如痴如醉的视频,我们在讲解员阿姨的带领下进馆了。四十九双眼睛一下子都被吸引了,南通木船的展示让我们感受到古南通的水韵。接着,我们从图片展中知道了南通的形成,原来,以前南通是一片海,后来大陆上升,海床露了出来,与胡马洲相连,才有了今天的南通,这是多么神奇啊!带着幻想,我们继续前进,看见了一些动物标本。这些动物标本有鸡,有黄鼠狼,还有柳莺,竟然还有刺猬……大家伙看见了,个个惊叹不已,拿起相机拍了起来。玻璃展柜里还有一把锈迹斑斑的大铁刀和四种不同的小兵器,据说还是从濠河里捞出来的哩!一些陶器和瓦砾,又把我带进了几百年前的世界。

登上一座小石桥,只见桥洞里面有一艘画舫。母子俩坐在里面,好像在张望着南通如画的美景。我们一路观景,兴高采烈地来到二楼。二楼不大,却样样是精品,一进二楼,怀旧之风扑面而来。一条生活街,几家店铺出现在我们眼前,理发店,小卖部,烧饼店……烧饼的烤炉上有几个仿真的烧饼,淘气鬼褚廷嘉袁便拿了一个装作要吃,要大饱口福似的,后来被王老师发现了,才笑嘻嘻地放了回去。还有一间房屋,门上站着门神,有精美的画幅,有一张帘床,还有两双小脚鞋,看来是一位女孩子的闺房。又过了一座小桥,只见爷孙俩在捕鱼,多么和谐的旧时光,真是其乐融融！最后，大家看到了南通的名人画和市区模型。同学们指着自己的家，看看它的过往和今天，说不出的欢乐。

下楼了，大家想到了濠河带给南通人的荣耀，心里无比的自豪。览濠河博物馆，让我们更加热爱南通这城，也更迷恋濠河这水。

参观濠河博物馆

六(3)班　周天颐

在南通，最著名的水当然要数护城河——濠河了。它环绕在整个南通城周围，像一条轻柔的绿丝带那样飘逸。马上就是国庆节了，我们怀着激动的心情来到濠河博物馆，领略家乡的历史文化。

刚刚进入博物馆大门，之前一路的疲惫和饥渴顿时消失得无影无踪。正对大门的屏幕正为我们滔滔不绝地介绍着濠河一年四季的景观。在鸟语花香、春意盎然的春天，万物刚从沉睡中醒来，一切都是清新与自然的。桃李争妍，所有的花儿都在竞相开放，衬托着此时的濠河，是如此的妩媚动人。在热情似火的夏季，濠河照样引人注目，河畔直插云霄的槐树遮天蔽日，树上的知了仿佛在给碧波荡漾的濠河伴歌，别有一番情趣。此时在河畔漫步，丝丝凉风定会吹走你一身的疲惫。寒冷冬日的濠河，更是能让人驻足观赏。在滴水成冰的数九寒天，河面结了厚厚的冰，树枝被突如其来的纷飞大雪压弯了腰，整个通城一片银装素裹。那么秋天呢？在我眼里，春过于妖娆，夏过于炎热，冬过于寒冷，只有秋，特别是秋日的濠河，才拥有别样的美。黄叶飘飞，丹桂飘香，在微风的飘拂下，波光粼粼的河水就像一潭诱人的美酒，令人沁人心脾。略览濠河四季胜景，我们不觉如痴如醉，对濠河的向往和喜爱之情更加浓烈。

顺着一座古典的小桥，我们沿着南通历史人文的长河，来到了南通过去的老时光。瞧：有烙得一手好烧饼的大叔，有能说会道的杂货店阿姨，有老实本分的水果摊小伙……其中，最让我向往的是“河上人家”。他们是土生土长的“濠河人”，喝的是濠河的水，吃的是濠河的鱼虾。白天，他们撑着小篙，划着渔船，顺流而下，可谓是濠河上最独特的风景线。待到空闲时，放下鱼绳和诱饵，体验一下子捕到鱼时加速的心跳，体验别样风味的旧时风情，体验路人羡慕的眼光，多么宁静、安逸的生活呀！

不知不觉中，我们来到南通十大名人榜前驻足。南通名人荟萃，有张謇、范曾、赵丹、沈寿……其中，赵丹给我留下的印象最为深刻。他初出茅庐时是一个没有任何名气的普通演员，后来通过自己的努力，成为了家喻户晓的大明星，这其中承受了常人难以想象的艰辛，他的事迹时时刻刻勉励我们后人，要勤奋努力，成就一番大事业！

出了博物馆，我的心久久无法平静，博物馆里每一件展品都让我了解了南通的历史，更为老一代南通人的奋斗业绩留下永恒的定格。作为新时代的我们，肩负着建设祖国未来的重任，我们一定要不畏艰难、刻苦学习，为家乡的建设贡献力量！

濠河之美映我心

吴宛遥

美丽的濠河，南通这位小姑娘脖子上的一串璀璨的珍珠项链，光彩照人。上个星期，王老师带领我们参观了濠河博物馆，我到现在还记忆犹新呢！

来到濠河博物馆，只见一座古色古香的建筑物在花花草草的映衬下，显得格外端庄，又带有几分现代感，潺潺的濠河水碧波荡漾。房顶，如一位母亲张开双臂的样子，灰白棕三色相融，与周围事物融为一体，多美，美得让人陶醉！

走进濠河博物馆的大门，一片光影墙首先映入眼帘。一块大假石上记载着濠河的悠久历史，脚下，是一大幅南通的模拟图，美丽的濠河形似葫芦，环抱着南通，身材苗条，优美动人。看着光影墙上的四季图景，真是美如仙境啊！春天，濠河边桃红柳绿、春风拂面、河水泛波。人们乘着小船泛舟湖上，别提多惬意；夏天，河边垂柳依依，鸟啼声悠悠不绝，汇成一首夏天的歌；秋天，丰收之秋，秋叶洒落河面，仿佛给濠河披上一件金灿灿的外套；冬天来临，祥雪飘飞，濠河结了薄薄一层冰，像穿了件雪白的皮革。一年四季，濠河灵秀的倩影让人赞不绝口。

同学们漫步濠河博物馆，听着导游阿姨的细细介绍，濠河今日秀美，非一朝一夕之功，爱护濠河，装点濠河，已成为南通人世世代代的责任。听了这样的介绍，我心想：人人要保护环境，这美丽的家园就会更完美。

来到博物馆二楼，泥塑泥雕描绘了清代末年濠河人家的生活。一排排老街，简陋的小屋，泥塑的人物生活栩栩如生，走在其中，仿佛来到当年的的时光中，看：有老虎灶、有烧饼店、有会客厅，有船上人家，简简单单，平平淡淡却显出几分宁静。一直往前走，最感兴趣的是提工具箱的理发师，他穿着灰蓝色的工作服，不怕辛苦上门服务。我们班的吃货们来到烧饼店，桌台上一块块黄津津的甜烧饼正芳香四溢，大家差点“啊呜”一口咬了上去……濠河人家的生活真是简朴而又多彩啊！再往前走，经过南通十大名人榜，展现在我们面前的是南通昔日的全景，濠河绕城，六桥围绕，高楼鼎立。南通城呈现出繁荣现代的景象，濠河水更是焕发了新的光彩。这正是多少位南通骄子追逐强市之梦而描画出的锦绣新景啊！

濠河之美，我看在眼里，记在心里。我爱我的家乡，我为濠河而骄傲。

参观濠河博物馆

许沈崇智

南通是一座历史悠久的文化古城，而它的护城河濠河，则像一串古老而又美丽的项链，守护着这里的每一寸净土。国庆节前夕，我们参观了濠河博物馆，领略了这条母亲河的特殊魅力。

走到濠河边，簇拥在一片绿色之中的濠河博物馆便映入我的眼帘。来到门口，“濠河博物馆”几个银光闪闪的大字在阳光的映照下显得无比耀眼。走进大厅，墙壁上的濠河风景视频就深深吸引了我。春天的濠河充满了活力，河水清波微漾，粉红的桃花，雪白的梨花竞相开放，人们来到濠河边踏青，欣赏濠河的美景。夏天的濠河生机勃勃，河岸边的树上绿叶繁茂，鸟儿也在叶间自由飞翔。这时人们来到濠河，坐在凉亭里，感受着无限的凉爽。夜晚的濠河更是美不胜收，华灯初上，五彩斑斓的灯光令人目眩，波光粼粼的河面上，一艘艘各式各样的游船来回穿梭……

继续向前走，我们看到了古代南通的城防图。古代的濠河贯穿全城，是真正的“护城河”。只见古城南通有两道城门，城门前便是碧波荡漾的濠河，河面上有几条正在打渔的小船。城门里，人们安居乐业、其乐融融。一排排挂着灯笼的民房错落有致，也预示着新年的到来。在濠河水的浇灌下，南通古城里树木繁茂，处处都是绿意盎然、生机勃勃。濠河的作用可真大，有了濠河，人们安心、愉快地生活着。

走过濠河的历史，顺着一座小桥，我们来到了二楼，这里用雕塑展现了以前濠河人家的简朴生活。有正做着烧饼的伙计，有挑着担子正在挨家挨户理发的理发师，有在铁匠铺里正打着铁的铁匠，有撑着竹篙，划着小艇打渔的渔民，还有样样俱全的杂货店，简朴的厨房……让我感到十分有趣。最吸引我的是门前正在追跑的几个孩童，只见他们穿着朴素的衣服，女孩扎着冲天辫，男孩头戴小毡帽，手上都拿着一些吃的、玩的。不知是因为有东西吃，还是玩得很开心，他们的脸上都洋溢着快乐的笑容，笑得眼睛眯了，牙也露出来了，真是一群活泼可爱而又天真无邪的孩童呀。看来，这就是以前濠河人家的生活，虽然朴素，但却不缺什么，过得幸福、快乐。

时间过得真快，不一会儿参观结束了，我们来到河边的凉亭小憩。远处一栋栋高楼拔地而起，现在的人们正为古老的濠河续写着新的篇章。这真是一次快乐的博物馆之行啊！

参观濠河博物馆，领略南通新面貌

六(3)班　季芯玥

濠河博物馆，记载了南通的历史，展示着南通的新颜旧貌。随着老师的脚步迈入那历史的轮回，家乡的面貌一一在我们的面前呈现……

博物馆矗立在濠河边，四周一片绿意，白砖棕瓦隐现在葱茏的枝叶中。透明的大门缓缓打开，如一位沉着的老者，无声地欢迎来客。走进大厅，映入眼中的是一个大屏幕，正在介绍濠河的四季美景：春季，河水解冻，柳叶发芽，绿意渐现，濠河水清亮柔美，好比西子的双眸，脉脉含情，笑意绵绵；夏季，微风轻拂，河水荡漾，荷叶田田，四周垂柳依依，水面在炽热的阳光下波光粼粼，散发出勃勃生机；秋季，明镜止水，树叶渐黄，夕阳西下，水光、倒影，相映成趣；冬季，河面结冰，晶莹剔透，濠河上的曲桥、游船，河边的树木、路灯，一切仿佛都成了一幅凝固、冰封的美景，引得许多文人墨客的赞颂。濠河，真不愧是我们这座城市的明珠。

走进一楼的展厅，历史的气息扑面而来。各种各样木雕的船儿、桨儿一一陈列在面前，讲述着濠河的故事。有用来打渔的渔船、摆渡的渡船、欢庆的龙舟，为我们展示了以前濠河上多姿多彩的生活。那石头的拱桥、生锈的刀具和古老的瓦罐，仿佛带领我们穿越时空隧道，来到古代通城，做一回老南通人。

走到二楼，放眼望去，全是南通的名人榜。有开创南通纺织实业的张謇；有著名表演艺术家赵丹；还有中国女子跳水运动员陈若琳……交相辉映，数不胜数。细细看来，发现我们南通真是人文荟萃，名贤辈出。看那张謇，乃是清末状元。他有承前启后的气魄，有高瞻远瞩的见识，承担起历史的重担，开创了南通的纺织实业，发展了文化、教育，让整个城市脱胎换骨，奠定了南通“家纺之城”、“教育之乡”的坚实基础。张謇，不愧是影响、造福我们南通的伟人！漫步馆内，细数名人，我又看到中外闻名的书画家——范增。范增的画清新典雅，潇洒飘逸，栩栩如生，呼之欲出。他的书画造诣极高，名动海内外。每每在市内看到他的题字或画卷，我就情不自禁地为他的作品喝彩，为他的成就自豪。同时，也为这座培养了无数杰出人才的城市感到自豪！名人榜上的一个个名字熠熠生辉，他们无一不在诉说着南通的光辉历史和现在的华彩篇章；而这未来的篇篇传奇，也将由我们续写下去！

看到这些南通岁月年华的记录，就像重走一遍家乡的沧沧史路，体会着先辈们奋斗的脚印，感受到他们为我们创造的美好现在。下一个在这历史页面上挥毫的，将是我们，我们要把南通——这座美丽的城市，建设得更加美好；要让城市中的明珠——濠河，更加熠熠生辉。

课例 2：

走进寺街

教学目标：

1. 引导学生以一颗宁静的心去走寺街，观察、感受，培养学生的观察力和想象力。

2. 准确抓住事物特点来写，写实和联想相结合，将所见所得和所思写下来，感受真切。

3. 通过走进老街，从家乡文化中汲取营养，激发学生对家乡的热爱之情，感受历史的变迁，萌生时代的梦想。

教学重难点：

写实和联想相结合，表达自己的真实感受。

教学准备：

带学生走寺街，观看《总而言之》《江风海韵》等电视节目中对寺街的介绍。

教学过程：

一、教学导入，激起回忆

同学们，厦门大学著名教授易中天说："一座城市之所以具有可读性，是因为她有个性、有魅力。"前几天，我们就一起走进了家乡南通的老街——寺街。走进寺街就像，打开了一本历史书，感受到老南通的风貌。穿过长长短短、深深浅浅的小径，谁来说说：你看到了些什么？听到了些什么？感受到了些什么呢？又会想到些什么呢？

二、交流见闻，确定素材

所见：

小巷、临街的房屋、商家、理发店、名人故居、天宁寺……

所闻：

犬吠、麻将、京剧、聊天、天宁寺的钟声。

所感：

古朴、宁静、悠闲、文化

所思：

穿越历史、萌生腾飞的新梦想。

小结：写景，写出景物特点，可以抓住形、色，打比方、作比较来写，所见所闻所思要浑然一体。

三、指导作文，多维构思

(1)指导中心：围绕自己感受最深的内容来写，写出小巷的特点，表达最深刻的内容，最强烈的感受，最真实的思想。

(2)文章思路：第一种：以游踪为序，所见所闻所感相结合；

第二种：先写见闻最后写感受；

第三种：以并列段按小巷特点以总分结构写。

(3)练写：在描写一处景物时写实和联想相结合。

[图片呈现]你看到怎样的院门？

写实：有些破败、油漆已掉落，有的已经歪斜，生锈的铁锁仍在尽职。从斑驳的墙角里探出头来的茂盛流翠的石榴树。

联想：曾经的样子

用黑白来诉说陈年老酒的厚重记忆：曾经的生活　隔街相望　鸡犬相闻

煤球炉　大蒲扇　小城故事

早点　院子里喝茶赏花

关上的是过去，打开的是现在：推开门，看到的情景、看到的生活。

(4)开头和结尾：

开头：——

由诗句导入："日出墙头草绿，雨后青苔暗香。"描写的就是南通寺街的情景。

由位置导入：在南通的西北隅，有一处老街。

对比导入：曾经游历过名山大川，也曾经浏览过许多风景名胜，可静静回味时，脑海中记忆深刻的还是家乡的老街。想起老街两侧的建筑，想起老街两侧熟悉的叫卖声，想起老街熟悉的人和事……

结尾——

抒情结尾:小巷触动了我的悠悠情思。

隽永式结尾:老街已经发生了翻天覆地的变化,但老街没有变,只是更苍老了些,仿佛一位与世无争的老人,更爱静静地坐在门口,晒着太阳,慢慢回忆……

(5)过渡和衔接:

看着小镇的景观,赏着街市的风情,只要你静下心来,慢慢地看,你便会有所发现,有所感慨。

当外面的世界千变万化的时候,这里的时光却是静止的。你可以感觉到街道空间到处弥漫的浓厚的历史气息。

在这里,你可以抛却心中的烦恼,慢慢地游,静静地听……

老街,虽已落尽昔日繁华,但留给我们后人的,却是一笔珍贵的文化遗产。

(6)参考题目:

小巷悠悠　老街随想　走进寺街　老街情怀　老街

探小巷幽情,寻时代新梦

蔡宸旭

南通,一个饱经风霜又焕发新生命活力的小城,经历了戊戌变法的风波,经历了张謇的城市改革,经历了侵华日军的残忍摧残,现在,终于以她清丽的面容吸引着八方来客。星期五下午,我们五年级全体师生一起去寻找家乡的名胜古迹,去寻找老一辈南通人在今天实现的南通之梦,也去思考属于自己的梦想。

我们先来到了钟楼前的市民广场。和气的夏光照在我们身上,暖洋洋的,五月的满园夏景立刻把我们那颗混沌的童心迷住了。绿叶满地都是,就像一个小氧吧,花坛里的鲜花在阳光下映出了粉红色的光。远处有着一座小石桥,旁边还有几幢仿民国时的小房子,很有一些情趣,那些白灰相间的砖石让我感受到了民国时的一种恬静,一种淡雅。远处的一座喷泉,让我们感受到了现代生活的美好,那轻快的“斗牛士”响起,广场的音乐喷泉便会一快一慢地喷射出去,就像是一支整齐的军队,一高一低。我们看得入了迷,在这里,有大型的地下南通历史浮雕,有仿明清的城墙,我们看到了南通的百年沧桑,看到了南通民族振兴,也同时看到了中国未来的幸福。渐渐的,渐渐的,我想起了习总书记提倡的中国梦:民族振兴,国家富强,人民安康!一阵水风吹过,把我淋回了现实。我只觉得浑身充满了无穷的力量。

走过城市的喧闹和音乐声,大部队来到了一个古老的巷子里,这就是一代老人的记忆之地——寺街。寺街里的地砖灰灰的,青青的,一看这条街就是见证了南通历史的,又长又窄的小巷子只能容下两个人,一时还有电瓶车挤了进来。墙角爬满了一株株爬山虎,有时一棵石榴树淘气地从长满青苔的砖墙上伸了出来,有些老屋的玻璃有点破烂不堪。虽破,但是我们能感受到家庭的和谐,人与人之间的情感。走出寺街,我们还能看到了一些有趣的巷名:"胡家园","育婴堂","东大营"等,让我们感受到了老南通人既久远的生活情趣。寺街里面就是远近闻名的天宁寺塔,走进寺街,就像是走进古代的南通,走进了古南通人的心里,走进了古南通人的乐土里。在里面生活的老人经常慢悠悠地打着长牌,或者是听着鸟儿的唱歌声。

走着走着,我们来到了范当世的故居,这位民主的诗人,用自己的小诗抒发了自己的愤怒,抒发了自己心中对政府的不满;旁边,还有着一生为革命献出生命的史白烈士的故居,他用血肉之躯,建造了南通的红色地基!随着时间的推移,我们发现了寺街的一个特点:曲。九曲之韵让我想到南通久远的历史、革命的坎坷,抗战的折磨,科技的缓慢。这些曲折的路啊,一代又一代的南通人一次次地走过,一次次地超越。

到了出口了,眼前是繁华的南大街,我们就像是走过了一个世纪一样,走进了一片风光,走进了一片昌盛。我们不禁时不时地看了看那暗淡的巷子,心里是一种对未来的无限憧憬。我们一定要接过上一代人民的接力棒,实现我们心中的中国梦。

顶着火热的太阳,我们绕过车水马龙,来到了南通久负盛名的南通博物苑参观。一进大门,我们便仿佛进了一所私人花园,三层的欧亚风格配上一棵棵逾近百年的参天大树,使人心神宁静。原来这就是张謇的故居——濠南别业。别业围墙是一座花墙,墙上有一棵棵吊兰,丝绒艳红、橙红、香蕉黄的月季爬满墙壁,充满了夏天的气息。张謇的塑像在别业前凝视着远方,似乎在为今朝的南通改善助威。

昭昭的喷泉、幽幽的小巷、厚重的历史,见证了南通人民的中国之梦,我的梦想不由得在脚下萌发……

美妙旅程　昭昭新梦

胡简妮

上周五,带着追寻新梦的欣喜,我们踏上追梦的旅途,寻访美丽南通。

我背上书包和大家一起来到市民广场。市民广场刚刚修建一新,大部队一到就直奔音乐喷泉,只听见“哗哗”的泉水声在我的耳边回荡。抬头望望喷泉,只看见无数的水珠在空中飞扬,富有节奏的喷泉激情四射。有一些人很喜欢水,静静地站在喷泉边上,任由泉水滋润着身体。

大家带着水的灵动又嬉笑着开路了。过了一阵,寺街就到了,一进去,就看见破旧的房屋,斑驳的外墙,古老的海报,破烂的大门,弯曲凹凸的小路,无不呈现老街的历史。再往里走走,这里静得出奇,我大气都不敢出。这寺街十分窄,窄得只能容两个人并排走,在我看来只能称之为小巷吧。坐在街上头发花白的老人一直盯着我们看,不知是不是惊诧于这久违的喧闹。当然,走在这小巷里也很刺激。“汪！汪！汪呜——”一听到这声音,大家都慌了,个个快速跑着。我再定眼一看,天啊,狗要咬到同学们了！“汪!”一个盛气凌人的声音从身后传来。我转头一看,原来是智勇双全的沙天乐吓唬了一下那狗。

穿过寺街,绕过城市的车水马龙,我们来到人民公园濠滨别业,这里围墙上各色鲜艳的月季花开得正艳。它们,充满夏天气息地爬满楼壁,楼顶的紫藤萝花,十分迷人;,中国近代爱国实业家、教育家——张謇先生的塑像直立在广场中间,各式各样的蝴蝶和蜂子美丽飞舞,仿佛在赞叹他的一生。张謇大力兴办实业,并致力于南通的师范教育。他是我们南通的骄傲,走在他的身边,我想到了自己的梦想,我的梦想是当一名老师,妈妈也很支持我,对我说只要一心去追寻梦想,努力拼博,就一定能成功。但愿我能为我们美丽的南通增添一份亮色。

美妙旅程,昭昭新梦,历史是永恒的,梦想是永恒的,爱也是永恒的。美妙的旅程,悠长的历史,美好的未来。美丽南通,精彩人生,让我们随着梦想向前奔跑!

教学后记:

写作能力与生命成长的双重关怀

一个爱好文学、喜爱写作的孩子必然情感丰盈、内心温润,举手投足间淡淡的文人气息必将温馨一室、温馨一生,这是写作教学给予生命成长的美妙境界。写作教学的真谛是让孩子喜欢写作。追本溯源,写作之乐,就在于精神世界的畅快表达。稚情与感伤、亲历与遭遇、想象与情思被真实地袒露与表达就是成功。一篇好的文章是在生活的真实中绽放的花朵。

生活作文,花样起步,才能创设一片美丽的天空,托起纯美的童心,在美好的生活情愫中发展写作能力,描画生命成长的轨迹。

一、在生活中寻找美的因子

生活是人类生存的摇篮，除了赐给物质资料外，还能给人以灵感的启迪和美的享受。追踪写作教学的真谛和本原是表情达意、交流思想。思想是生活的思想，情感是生活的情感，作文是生活的作文。生动感人的篇章必定从生活中来。

登山则情满于山，临水则情溢于水。没有一个人会拒绝到大自然中去看、去听、去感受，儿童更是如此。梦幻的童心需要山涧的溪流、黄莺的鸣啭，需要雨后的夏荷、燕子的呢喃。自然的图景在孩子的心海上映成一幅幅清新绚丽的图画，才有了美的积淀。

当然，并不是说我们一定要到很远的地方去寻找自然之美。生活处处有美的因子。孩子会对雨后屋檐下的水滴着迷，仰起头，抬起腿，满怀兴致地去踢这晶莹剔透的小水珠，等待冰冰凉的一下子又一下子的亲密接触，心中充满了快乐；会对路边偶见的一只小狗感怀，说小狗夹着尾巴，是在生气；忽然不见了踪影，是去追赶一只小麻雀；会在初春泛黄绿的柳条下站成一幅水墨画。生活给了孩子丰盈的情感体验，会为一次期盼已久的活动在早晨五点就拍着翅膀直叫唤，会因为一次和父母亲的短暂离别而心生念想，会因为假期中和同学的一次偶然邂逅而雀跃欢呼。童心与生活的融合就是美，是成人世界无法造作的自然之美，是极富童心、童趣、童味的清丽诗篇，是写作的泉源。

生活中美的因子给孩子们提供了写作素材。生活作文，花样起步，不如说是教师揣着一颗童心，带着一双美的眼睛，用孩子们喜欢的方式，引领着他们开始生活体验、享受生活的心灵之旅。

黄昏夏雨后，带孩子来到荷塘，接天莲叶、泛红的荷花、泛着小雨涟漪的湖面带给了他们美妙的遐想：

“我站在小雨中，雨滴滴在我的身上，真是心旷神怡。我好想变成一条自由的小鱼，在水中游泳；我好想变成一只蜻蜓在荷叶上嬉戏；我好想变成一只可爱的青蛙在荷叶上唱歌；我更想变成一只天鹅在水面上跳舞……”

孩子写梧桐树上的小果子：

“梧桐树上吊着毛茸茸的小果子，穿着黑色的外衣，圆溜溜的，就像梳着小辫子的小脑袋，风一吹，晃来晃去的，真好玩儿。”

孩子写鸟鸣：

“树叶儿很茂盛，看不见小鸟儿躲在哪里。只听见偶尔叫几声，好像在说：梧桐树是我们最好的舞台，我们要在这里唱歌跳舞，玩个痛快！”

孩子写娇凤鸟：

“它们有的时候面对面地亲嘴，有的时候在拍翅膀，“扑棱扑棱”的，吓我一跳……我最喜欢小鸟睡觉的样子，它们把头转过去，嘴巴伸进翅膀里，眼睛静悄悄地闭着，好安详啊！”

“每天出门，我都忍不住要多瞧小鸟几眼。”

生活作文，花样起步，孩子远离了童年的孤寂，舒畅表达，实现着写作能力和生命成长的双重关怀。

二、在阅读中完善美的心灵

写作能力在很大程度上依赖于孩子们的语言积累。阅读，足以让孩子们美妙的嗓子亮起来，美好的旋律飘起来，大脑的储存丰富起来，生命的成长绚丽起来。

阅读经典，是写作教学中永远不可或缺的组成部分。古代诗词的意境美，会成为孩子文学素养中最为丰厚的积淀。运用千古流传的诗句能很好地增加文章中美的意蕴。如孩子用“接天莲叶无穷碧”形容南公园荷塘中的荷叶之韵是非常贴切的。

打开一本适合孩子的诗集，清新的诗行、散发着泥土的芳香，充溢着童趣，也是孩子们喜闻乐读的。教师充分利用晨读时光，让孩子们想象自己就在舞台上，美美地读、美美地体会。

低年级的孩子起步阅读，不能一下子给他们沉重的包袱，造成心理压力和阅读恐慌。不妨把幼儿时代妈妈给他们读过的睡前故事、看图说话拿来让他们自己读读看，孩子能有上学以后的成就感，这样开始阅读之旅，孩子会充满自豪，会带着兴趣阅读。之后，再认识郑渊洁、曹文轩……从《儿歌300首》到《唐诗300首》，从《皮皮鲁传》到《鲁滨逊漂流记》，从中国四大古典名著到《儒林外史》，从鲁迅走向高尔基……远离了电视、网络的虚拟世界，投入经典阅读的浩瀚海洋，孩子们感受到文学的无穷魅力，就能喜爱文学。长久的阅读生活，赋予孩子们心灵的美感，精神的满足、思想的成长。阅读积累的素材成为孩子们写作的另一方源头活水，是阅读，让孩子才华横溢、妙笔生花。

三、在表达中抒发美的情怀

不难发现，孩子的口头语言生动活泼、天真率直，记写下来，会是生动的诗行。然而，我们却时常难以看到作品中会有口头语的生活气息。或者生活中很多感人的细节、情感被孩子们体验过，却往往被他们所忽视。的确，从口头语言到书面语言的过渡需要一个心理整理的过程。有的孩子在这个过程中显得拘束、忽略感情体验,“放电影”的时候,缺少追忆和思维参与。模糊,写下来也就枯涩、呆板、简单。教师应予充分的指导,从声、色、形、态几个方面去回忆,从时间、地点、人物、事件这几个方面去体会,增加美感,把真实的情感袒露出来,是什么样就写成什么样,怎么想就怎么说,怎么说就怎么写,甚至在观察指导的过程中,要求学生带上笔记本把见闻和一瞬间的感受做一些简单的记录,然后再稍加整理,会减少表达的难度,心理的感受不会淡忘。写作指导崇尚细致,却也要留给孩子自由表达的空间。孩子们常有些非凡的见解,孩子登狼山,有的写尽山庄美景,有的表达比赛登山时的快乐,抒发愉悦心情,是一种境界。也有孩子另辟蹊径,由游客敬佛登塔、菩萨神佛金光全身,引发对人生的看法,对未来的思考,小哲学家的思想、无神论的人生感悟使得文章充满着智慧与真情。写作本是表情达意,能有这样的理性表达,是真实情怀的畅快抒发,老师用100分的高分给予了高度评价。学生在写作的过程中感受到心灵的快乐,体会了写作的价值。

给予孩子写作能力和生命成长的双重关怀,语文教师才能享受写作教学,书写教育生命的绿色诗篇。

第十一章

火热的“微时代”

微作文:风驰电掣的写作快车道

[**内容提要**]

微作文是由于生活、思想、情感上偶然的美丽相遇或者激情触动,由此而迸发出的创作灵感和写作热情,更能触即作文教学的本质属性的作文形式。她是徜徉在有序和无序之间的笔歌墨舞,与情感、生活随行,快速、快意,让写作教学驶上了风驰电掣的快车道。一、“微作文”——探秘“微”世界:(一)捕捉微妙情感;(二)倾心微观活动;(三)探究微秘世界;(四)凌波微诗境界;(五)链接名著微创作。二、“微作文”——追寻生命价值:(一)于细微处见精深;(二)于无邪处见情趣;(三)于烂漫处见温情。

[**关键词**]

作文本质　微世界　生命价值

放眼当下,微博、微信、微电影主导的“微时代”火热到来。2014 年,乘着这股生活的旋风,驶上微作文教学快速、快意的时代车道,我感受到作文教学蓬勃的生命力和教学节奏的风驰电掣。

一、“微作文”——审视作文本质

作文的本质是什么?是生命的表达与沟通。它是生命个体情感的抒发,思想透彻或朦胧的表达,个性风采毫不拘束的真实展示。写作应成为孩子们愉快的情绪生活,不可或缺的生存需要、生活需要、精神需要和交往需要。

微作文是由于生活、思想、情感上偶然的美丽相遇或者激情触动，由此而迸发出的创作灵感和写作热情。她更加接近儿童的精神成长需要，通过写作这一表达途径创造属于童年的生活，让写作回归温情浪漫的本质境界。从这一角度看，微作文更能触即作文教学的本质属性。

微作文是一门既有计划又没有计划的学科。有计划，是针对于教科书上的单元要求，逐一制定教学步骤和备好教案，按部就班。而作文学科的本质属性告诉我们，作文本应是一门情感开放、随心随性的学科。微作文就是温情浪漫的窗口。她是徜徉在有序和无序之间的笔歌墨舞，真实可感、与情感、生活随行，快速、快意，诠释了写作的真谛，让写作教学驶上了风驰电掣的快车道。

二、“微作文”——探秘“微”世界

（一）捕捉微妙情感

著名作家巴金说：“我会写作，不是我有才华，而是我心里有爱。”爱是人精神世界的强大支撑，也是文字的魂魄。捕捉情感、捕捉爱，文字才会可读。微作文的生命力就在于善于在生活中“捕捉”，教师善于“捕捉”，渐渐地，孩子们也就成了“捕捉”能手。情感本是很微妙的，产生于一瞬间，只有用文字记录下来，才能久久品味。写下微情感，是微作文的一泉源头活水。

进入孩子们微情感的世界，那是一部部青春洋溢的活剧。愁：少年也有愁滋味。

宸同学写《烦恼绯闻处处开》：

号称“江东之霸”的沙天乐转行了，如今跟死党黄屹凡投身于“娱乐业”：哪里有一丝的爆料，他俩就编出恶心又无聊的绯闻。“我”可是他们的“忠实说法人”，可真把我烦死喽！他俩编出“我”和四班女生的“绯闻”。经过“我”的百般阻挠，后来沙天乐也不说了，只剩下黄屹凡没有停下来，他继续圆溜。黄屹凡不知什么时候竟然跑到四班去了。还搞“越界”绯闻！这下子，我的名誉在“海外”彻底地倒台了……我再也忍不住了，光速般地找到黄屹凡对质起来：“……”黄屹凡一开始傲慢的嘴脸，在我左一言右一句的强大攻势下终于崩溃了。一直到现在，这个“绯闻”如涂了 502 胶一样一直地粘在“我”的身上。

珏同学选取了三个场景，活灵活现地表达了自己个儿矮的烦恼。张祎同学写了本子里夹着爆油虾随处乱扔，然后又翘着二郎腿装没事儿人的小屁孩儿同学给自己带来的烦恼。怎一个“愁”字了得啊！

乐——《一只鸟的传奇》：

就像很多生动的童话剧一样,某日的清晨,我们教室里飞来了一只鸟,窗户开着也不走了。它不吵不闹,安静地飞来飞去,在晃动的电风扇上跳芭蕾,在荡悠的电线上荡秋千,和我们一起看电影、一起听课。孩子们忙着给它安家,省着饭菜喂他。他也好像懂人性,不声不响地和大家和睦相处着。"天外飞鸟""紧急救治""依依惜别"——同学们创作的这一段《鸟的传奇》被绘成漫画,发表在作文杂志上。

有喜有忧、有笑有泪、有花有果、孩子们的微情感被文字记录下来,我们读到了他们内心深处的喜怒哀乐,这是童心世界的珍藏。

(二)倾心微观活动

微活动是孩子们喜闻乐见的小活动,能以强烈的新鲜感牵引孩子们跃跃欲试,产生强烈的情感体验,然后将真实的感受赋之笔端。教师的引导易于操作,孩子们爱玩、好写。

《幸有柳诗入梦来》:

春天,柳枝含苞,远看,依水飘飞,一片嫩黄。老师给了孩子们三首柳诗:早春——《杨柳枝词》:一树春风千万枝,嫩如金色软如丝。永丰西角荒原里,尽日无人属阿谁?阳春——《折杨柳》:含烟惹雾每依依,万绪千条拂落晖。为报行人休尽折,半留相送半留归;暮春——《晚春》:草木知春不久归,百般红紫斗芳菲。杨花榆荚无才思,惟解漫天作雪飞。同学们站在北濠桥下的柳枝下吟诵、理解诗意,然后随笔成文《幸有柳诗入梦来》。孩子们把这一项活动当成了一次春游,津津乐道。但这又不是纯粹的春游,是迎着早春气息的一次文化之旅。这次活动也吸引了家长的参与,孩子们在柳树下的留影比饱含生命的柳条更加地蓬勃。

《脚写体》:

当一上课,老师要求同学们脱去鞋袜,并且把一张白纸,一支笔放在地上时,孩子们都琢磨着老师葫芦里卖的什么药。当一幅幅脚写"姓名体"龙飞凤舞忸怩出炉时,同学们都认为这是值得珍藏的文艺作品。完成脚写体之前、之时、之后的点点滴滴都成了灵动的文字,载入了孩子们的童年史册,成了童年的史诗。

《左手当家记》:

右手罢工、左手当家让大家乐翻了天。这个微选材独辟蹊径,构思新颖,与生活紧密相连。小标题《"蚯蚓体"》《"囫囵餐"》《"扫地难"》将三个左手当家的场景串在一起。

周天颐同学以一系列笨拙的动作,以及种种不如意的结果,突出左手的力不从心:

“……一幅幅蚯蚓字成了同学们争先传阅的对象和最热的话题。大家你看看我,我看看你,不由得捧腹大笑。”

“……我用左手紧紧握住筷子,用一支筷子插进一块肉里,一支筷子顺势夹住,这次一块肉终于到嘴了。可此时此刻的我,已经是满头大汗、狼狈不堪了。”

“……我小心翼翼地将垃圾扫进簸箕里,纸屑灰尘在簸箕旁边打转转,就是不愿老老实实地守规矩。拖地那就别提了,左手没有力气,地上的黑斑怎么也拖不掉。渐渐地,我像泄了气的皮球……”

《幽幽小巷》:

抛开城市的喧嚣,走进幽静的寺街小巷,听一听犬吠,闻一闻老庭院里的梅香,赏一赏老石榴树上的果子,看一看狭窄的小街,摸一摸斑驳的青瓦石墙,读一读古朴幽雅的巷名,找一找名人的故居,品一品香烛的气息,用心聆听远远的天宁寺的钟声,收获的不仅是心灵的宁静,感受的不仅是历史的沉淀,孩子们展开了多么丰富的想象的翅膀,把今天的生活和遥远的民风民俗联系在一起,更加品味了古老家乡的味道,也更好地聆听了时代发展的节奏。

这些微活动磁石般地吸引了孩子们的目光,牵动了他们的脚步。大家玩着、走着、写着。老师更是美美地欣赏着他们用文字描写下的诗画长廊,心里充满着美感和自豪。

(三)探究微秘世界

探究世界永远吸引孩子们的目光,黑鱼仔到底有什么秘密呢?蚯蚓是怎么呼吸的?这些微秘的话题让孩子们躺在床上也会睁开好奇的双眼猜测着,眼睛一睁开就会一骨碌起床去探个究竟,当恍然大悟时又是无与伦比的心花怒放。

沙莎同学写:

“我发现蚯蚓没有鼻子,那蚯蚓怎么呼吸呀?”

“我……把蚯蚓本身的水分吸干,把蚯蚓放在两堆泥土的中间……结果蚯蚓往湿泥土那里游动。”

“我又做了实验,把泥土全扔了,蚯蚓一动不动了,我又往蚯蚓身上洒了些水……哦,原来,蚯蚓是通过皮肤接触水分呼吸的哦……”

沈天睿同学写:

“金鱼缸里的小金鱼一天比一天少,难道是“鱼间”蒸发了吗?……”

“……黑鱼仔两眼放光,盯住一条拖着花尾巴的小金鱼。突然间,黑鱼仔朝着小金鱼猛冲过去,那金鱼拼命扭动身体逃开了。我想:小金鱼也未免太胆小了,黑鱼仔不过是开个玩笑而已。”

“小金鱼拖着漂亮的大尾巴,追逐着漂在水面上的鱼食。黑鱼仔却孤独地躲在一边。”

接着,小作者生动地描写了黑鱼仔吞食小金鱼的场景。

惊诧！顿悟！给黑鱼仔搬家！

诸如趴在玻璃上的苍蝇为什么老搓着腿？天牛头顶上一节又一节的是什么？小虫子用一根线倒挂在树上是在干什么？

在探究过程中,孩子们明白了实践出真知,实践也能检验真知。在探究微秘世界的过程中,小作者满足了好奇心,对大千世界更是充满了更多的好奇,促发了更强烈的探究欲望,也写下了一篇篇有关探秘的微作文,解开了心中的疑团。

(四)凌波微诗境界

翻开语文课本,似乎一把风雅的琴弦正迎风在绿色的原野上。文章的美感、意蕴常常可以通过微诗来表现。

如:教学四年级《一路书香》这篇课文,孩子们创作了微诗:

一路书香

走在幽静的乡间小路上
蝴蝶翩翩起舞
蜜蜂辛勤地采蜜
桂花　菊花
它们手拉着手
唱起了欢快的歌儿

走在幽静的乡间小路上
我闻到的
是一股股扑鼻而来的清香
这种清香
醉进了我的梦中

走在幽静的乡间小路上
这时
我多么想
变成一朵美丽的鲜花
早晨起来
这一切都在我的梦中飘扬

迎接美丽的太阳
与蜜蜂　蝴蝶嬉戏

学完了六年级《理想的风筝》，孩子们当堂课创作了小诗：

永远的追忆

春又到了，
忆海中的刘老师，
他，
是染上嫩绿的
柳枝，
是举起金黄喇叭的
连翘花，
都在向长天
吹奏着生命之歌。
白云
蓝天，
刘老师如风筝，
翱翔至天空。
刘老师呵！
多么有活力！

刘老师的圆木棍呵，
支撑的是身体，
但仅仅如此吗？
那功德无量的圆木棍呵，
支撑的是他乐观开朗的意志，
支撑着他的童心，
也支撑着他的精神全貌。
刘老师
因圆木棍，
而有生机；
而有力量。

不见有三十年
回忆刘老师,
便记想起
风筝。
春来,
春到,
多么思念刘老师,
思念
圆木棍,
思念
他爽朗的笑声。

微诗的创作随课堂、随课文、随思绪、随意想。一首微诗的诞生,真正宣告了孩子们内心的情感震撼,也真正地抒发了他们心灵深处的印记。

(五)链接名著微创作:

名著的阅读随课文、随读书节的主题阅读。在读了课文《三打白骨精》之后,我们一起品读了《西游记》,然后孩子们啼笑皆非地写下了《我们班的"西游人物"》。在文章中,他们写下了班上踏实肯干型人物沙僧"佘栋梁"、"技术型骨干"孙悟空张翮、"润滑剂型人物"八戒邓浩然、还有"稳健型领导"唐僧姜唯凡。每个孩子的心中都有自己对号入座的西游人物。他们把生活与名著链接,巧妙地构思,真实地描画。我们班的《西游记》微文诞生了。

读书节,主题阅读《三国小论坛》掀起了三国热潮。同学们创作的《我们班的"三国演义"》也是文质皆美:"学术国"——十才子组成三国之首;"恶搞国"——捣蛋鬼领军;"运动国"——运动健将们在运动赛场上所向披靡、势不可挡。文臣、武将、恶搞军师俱全,我们班的"三国演义"每天都在隆重开演。

名著的阅读诞生了微作文,由此名著导入了孩子们的生活,焕发了活力。孩子们用童心唱响了自己心中的名著主题曲。

三、"微作文"——追寻生命价值

(一)于细微处见精深

1. 朝美的方向去

微作文从优美出发,保持文学纯洁的源泉,从而实现人性的高尚。在朝美的方向去的微作文习作过程中,有松弛的解放,也有专注的紧张,感性、愉悦、和谐、自由。特定的优美在紧张的人身上恢复和谐,在松弛的人身上恢复振奋,孩子们的心灵在自由中无拘无束地翱翔。

《春天的歌声》:

春天的歌声在哪里?在被窝里聆听:鸟雀的叽啾,撩去春晨隐隐的面纱,这是春天里的第一首歌;在屋檐下聆听:春雨淅沥,这是春天里的第二首歌;在操场上聆听:春天,是孩子们放歌的季节,这是春天里的第三首歌。琅琅的书声是歌,操场上,激情澎湃的呐喊声是歌。春天的歌声在哪里?在柳枝的鹅黄上,在桃化苞的羞红里,在怒放着白蔷薇的绿瀑布上……

教师在早春里一次简易而醉心的引导,孩子们的心、他们的视觉、听觉、嗅觉、触觉就在春天里一并歌唱了。接着一篇篇灵动唯美的微作文应运而生:

王语迪同学写:

"春天来了,她唱着歌向我们飞来。……让我们去仔细聆听春天的歌声吧。"

"春天的歌声充满旋律。……"

"春天的歌声充满色彩。……"

"春天的歌声充满活力。……"

你听见了吗?这就是春天的歌声。

曹哲同学写:

"春天的歌声是一首交响曲,在天空中回荡。"

"春天的歌是'叽叽啾啾的'。……"

"春天的歌声是'轰隆轰隆的'。……"

"春天的歌声是'嘻嘻哈哈'的……。"

"春天的歌声是五光十色的,是多姿多彩的。"

沈天睿同学写:

"轰——"一声春雷,推开了春的大门。春天是歌唱的季节。"

"嫩芽重生、长大、破土是春天的歌声……"

"鸟儿的叫声是春天的歌声。……"

"春天的歌声,这首歌的主唱应该是我们这些小朋友们……"

"'轰——'又一声春雷,这意味着春天进入了高潮。"

一篇微作文的有效引导,让孩子们整个春天心里都充满着诗意,他们用自己的方式在春天里歌唱,成了春天里最美的歌。

《校园夏韵:》夏季的珠媚园里红枫绿瀑、长枝摇曳,紫藤萝下是孩子们活跃的身影。

张翮同学写:“纷纷红紫已成尘,布谷声中夏令新。”接着小作者写了广玉兰、金丝桃、枝叶特别茂盛结着小果子的蜡梅树。让人感受到夏日的清凉和多彩。

《月光下的梦》:

秋日孤独的月光、稀稀疏疏的星星、月光下的万家灯火都充满了童话色彩,构成了月光下的梦、七彩的梦、童年的梦。“月亮在白莲花般的云朵里穿行……”一首歌、一轮月,将孩子们的思绪拉升、飘远,他们在月光下静坐、遐思……爱做梦的小女孩儿,在迷蒙的月光下,邀请月亮姐姐做客,给月亮姐姐讲故事,充满了奇妙的想象和美好的情思。

范璐同学这样写:

“……近处的花草树木,借助月光可以隐隐约约展现出自己的轮廓。有了万家灯火的映照,月光仿佛柔和了许多,周围的白云和星星似乎也变得更加活跃了。……稀稀疏疏的星星忽闪忽闪的,就像珍珠一样耀眼。随着云层的慢慢移动,星星时隐时现……”

“更晚了,周围静悄悄的,万家灯火已经熄灭,好像一切都睡着了。此时的月高高地挂在天上,望着孤独的月亮,我的思绪飞到了遥远的天边……”

“……站在窗前看着月亮,总能想起很多。我不由自主地唱起了歌:‘月亮在白莲花般的云朵里穿行,晚风吹来一阵阵快乐的歌声……’”

《爱在深秋》:小小的桂花依恋妈妈,秋天的树叶孕育春天的美好,青青的草地装扮美好的世界。秋天不仅是美丽的,更是洋溢爱意的。

范瑶写:“我想用两片梧桐树叶做成一张邮卡,写一封信,寄给小燕子,告诉它:‘在去南方的路上,希望能一帆风顺,来年的春天再相会。’”小作者的联想充满着美好,增加了童趣。“自古逢秋悲寂寥,我言秋日胜春朝”,秋天在小作者的心中比春日更加灿烂。

《寻找冬天的色彩》:

银杏叶、青松、鸡爪槭、芭蕉树、跑步真好、彩绳飞舞……冬天的火热瞬间绽放。

微作文朝美的方向去,美丽的行走、美丽的绽放。细微之间是美丽的生活。

2. 朝趣的方向去

诉诸游戏的微作文妙趣横生,是孩子们渴望归去的精神家园。有声有色、有滋有味的意趣很简单、很美丽、很儿童,给了孩子们一道道期待的风景。老师和孩子们一起睁大好奇的眼睛玩着、乐着、写着。孩子们抒写了属于自己童年的“史诗长卷”。

《水精灵》:

校门口小店里卖着五彩缤纷的小珠子,这是孩子们快乐的小秘密——水精灵。泡在透明的瓶子里,水精灵立刻成了在水中漂浮的花朵,透着太阳的光彩,飘上飘下,煞是好看。课间的走廊变得五光十色。孩子们乐滋滋地告诉我:水精灵还会生孩子,从大水精灵的肚子里能跳出小的水精灵来。多么迷人的童话故事啊!

瑶同学写道:

"水精灵小的时候,只有菜种子那么细小。渐渐长大了,宛如一颗颗大珍珠。瞧:水中的它们晶莹透亮,又大又圆,在阳光的照耀下,闪着七彩之光:有的是红艳艳的,有的是蓝湛湛的,有的是黄灿灿的,有的是紫莹莹的。我想,它们一定是向星星哥哥要来了闪亮的金光,向月亮姐姐要来了迷人的银光,向彩虹姑娘要来了七彩的衣服……我的生活中因为有了水精灵,处处都充满了光彩,时时都充满了喜悦。"

"它们生宝宝之前是圆圆胖胖的,……生下来的宝宝和母亲是一个颜色,小小的,嫩嫩的,像刚出生的小宝宝的脸很幼稚。……"

这些游戏引导着微作文朝着趣的方向去,这个过程伴随着憧憬、快乐和成功感。写作成为了孩子们愉快的情绪生活。

3. 朝理的方向去

有情有义的理趣体现了教师在微作文教学上的理性指引,给孩子们留下了回忆的芬芳和精神的力量。明理催生了情感,情感坚定了信念。微作文的这一特点使生命个体从自然之人逐渐成长为理性之人。

街头上烤烧饼的阿姨、缝补羊绒衫的奶奶、修自行车的伯伯、来教室换锁的叔叔、爆玉米花的老夫妻、城市的美容师——清洁工奶奶,这些普通劳动者,他们相貌朴实、工作勤恳,看似普通,但其实不少人堪称身怀绝技,是他们给我们的生活增添了香甜,带来了方便。孩子们写烤烧饼的伯伯娴熟的技艺,快速的动作,被烘箱烧烤得通红的右手,大街上弥漫着的烧饼香,感人至深。在用文字拍下这些微镜头的同时,孩子们对普通劳动者的工作更多了几许敬重。走进普通劳动者的身边,我们也感受到了普通人生活的喜怒哀乐,学习了他们乐观的生活态度。

(二)于无邪处见情趣:

"荷风送香气,竹露滴清响。"——微作文是适合孩子精神归属的生态绿洲。在充满情趣和智慧,弥漫浪漫和神奇色彩的氛围中,作文活动与儿童的情感、心理因共鸣而契合。微作文是风声、泉语、鸟鸣……是童心向往、栖居、归属的情趣世界。

一组微选题《懒人节》《老儿戏》《小花种子的梦》都使孩子们敞开了无邪的心扉，描画了心中的五彩世界、情趣盎然的世界。当我们一起读起这些习作，孩子们是会心的笑意，萌发的是对微作文这一门艺术课堂的喜爱，这里有的是畅快的抒情。

《老儿戏》是孩子们和爸爸妈妈、爷爷奶奶聊一聊他们小时侯的游戏，并且和他们一起玩一玩老游戏。跳房子、跳皮筋、吃茅草芯、丢沙包、踢毛毽，打硬币、滚铁环，这些老时光里的旧游戏又重新走进了孩子们的生活，焕发了时代的光彩。通过一起玩，加深了亲情，爸爸妈妈们似乎又回到了快乐的童年时光，孩子们继承了他们的快乐，使他们更加快乐。那通红的柿子树下遥远的笑声又诉诸笔端，在几代人的耳畔回响，文学的魅力不就如此吗？

（三）于烂漫处见温情

儿童具有天生的烂漫情结，烂漫出自他们的灵魂深处，表现为童话、幻想，是神奇的、神秘的。儿童式的烂漫在现实和幻想的国度间编织瑰丽的世界，璀璨的童话世界进入生活，生活也就如梦如幻。

《快乐圣诞夜》：

圣诞节是多么的充满童年浪漫色彩的节日。教师提前两天给家长发一家校通：偷偷地看一下孩子们放在床头的给圣诞老爷爷的信，偷偷地给孩子们准备一份圣诞礼物，在圣诞夜孩子们睡着了以后放在床头，给晚上睡觉前打开窗户，渴望圣诞老爷爷乘着雪橇、背着大礼物口袋、跳过窗户送来礼物的孩子们一个惊喜。

孩子们呢，在老师的引导下听着《铃儿响叮当》的圣诞歌，看着圣诞老爷爷的图片，给圣诞老爷爷写信，心中早就装满了奇妙的幻想和期待。当他们清晨醒来，看到心仪的圣诞礼物时，老师帮孩子们圆了一个现实生活中的童话梦想。走进儿童的烂漫，温情也就如花朵般绽放。

无计划、无序列，只是笔歌心舞。微作文就是这样在有序和无序之间展现着磅礴的生命活力，喷薄着多彩的心绪，绽放着文学的光彩，深入文学的本质，使写作教学飞上风驰电掣的快车道。

小学微诗教学的三个有效途径

[**内容提要**]

微诗指的是在自然生成的情景中,由于某一物件和情景触动儿童的感官和情思而创作出的短小的儿童诗。模仿创作、情景生成、课文衍生是微诗创作的有效途径。

[**关键词**]

微诗 模仿创作 情景生成 课文衍生

著名儿童教育家李吉林老师说:“儿童是天才的诗人。”的确,诗歌是属于儿童的,儿童是属于诗歌的。微诗指的是在自然生成的情景中,由于某一物件和情景触动儿童的感官和情思而创作出的短小的儿童诗。我们引导儿童在微诗世界里迈开舞步,能够发展思维,收获到美丽的诗句和极富童真的情感。

一、模仿创作

模仿是儿童微诗创作的首要途径。模仿具有重要的智力价值,有利于再造思维和创造性思维的发展。儿童语言的创造性是对已有范例的概括和新的组合。模仿是基本的写作手段。宋代学者朱熹说过:“古人作文作诗,多是模仿前人而作之。盖学文既久,自然纯熟。”小学生的作文训练是一个由模仿到创造的过程。

如果模仿创作微诗呢?一、说两句:我们小朋友是天生的小诗人,一起来读读诗、写写诗吧;二、读两句:《摇篮》——蓝天是摇篮/摇着星宝宝/白云轻轻飘/星宝宝睡着了。儿童爱读微诗,是因为她朗朗上口,节奏明快,形象萌哒。孩子们往往读得眉飞色舞、如痴如醉、意犹未尽;三、聊两句:还有谁是谁的摇篮呢?儿童的想象力都被火花般地激发出来。他们说,老师记。洋洋洒洒一黑板,丰富的想象力催生了微诗;四、写两句:你能仿照上面诗歌的格式来创作吗?原本只想孩子们写两句,他们却问我:老师,我还能再写一首吗?有滋有味地创作和朗诵成了他们最好的精神享受:《摇篮》——大地是摇篮/摇着树宝宝/阳光微微洒/树宝宝呵呵笑//树叶儿是摇篮/摇着露珠宝宝/风儿轻轻吹/露珠宝宝睡觉了//白云是摇篮/摇着雨宝宝/白云轻轻摇/雨宝宝沙沙沙//冰箱是摇篮/摇着菜宝宝/冷气轻轻吹/菜宝宝保鲜了……五、再说两句:小朋友们,微诗是你眼中的世界,也是你心中的世界。让我们一起读微诗、写微诗、欣赏微诗吧。

在模仿创作微诗的过程中，儿童从依葫芦画瓢开始，融入自己的思考和想象，在转换中体会到文字表达的快乐，增强了微诗创作的自信。同时，达到课标中对低年级学生所要求“结合语文学习，观察大自然，用口头或图文等方式表达自己观察所得”的目标。

二、情景生成

“儿童是情感的王子。”（李吉林老师语）儿童的世界像春天一般缤纷多彩，呵乐乐的笑声是从深谷里传出的春鸟的婉转鸣叫，活泼的身形是在春水边摇摆着身姿的黄嫩小鸭，无边的遐思是春天的晴空中飘忽不定的云丝。童心世界的纯美都具有水的情韵。这一特征与诗歌精神不期而遇。

蒙台梭利说：“儿童在一个与他的年龄相适合的环境中，他的心理生活才会自然地发展，并展现他内心的秘密。”自然情景就是与儿童年龄相适应的环境，也是微诗孕生的摇篮。

鲁迅说：“孩子是可敬服的，他常常想到星月上的境界，想到地面上的情形，想到花卉的用途，想到昆虫的语言，他想飞上太空，他想潜入蚁穴。”的确，儿童是遐想的天使，可以是基于现实生活基础上的天马行空，可以走进童话、跨越时空、上天入海、与现实中的一切生灵浅唱低吟。这就是人之初可敬的遐想——自然、透明、儿童。只要有风儿吹过的地方，都伴随儿童主观性的情感涌浪。引领儿童在自然情景中创作微诗，契合了儿童的心理特征，也是微诗创作的有效途径。

如：孩子们会丢下手中的饭碗，疯跑到银杏树下，融入炫目的落叶雨，满身、满心的金黄，然后写《飘落叶雨咯》——秋风呼呼吹/啊/下落叶雨啦/一朵朵流星雨/飘到手心里/洒着金色的光芒/一枚枚小金穗/飘到草地上/吹响冬风的号角/啊/落叶雨你追我赶/我猛地抓起一把/抛向天空/和落叶一起飞舞/像一把把金色的花伞/啊/落叶雨的金黄/洒了小朋友满头/满身/满心。

还有小朋友写《阳光下的落叶雨》——飘落叶雨咯/从高高的银杏的枝头/飘下/像无数的金币/像群舞的金蝶/还像彩色的雪花纷纷飞/追逐着/嬉闹着/飞舞着/打着旋儿//落叶雨/真自由/石桥边/池塘里/草地上/到处是飘下的叶/她还会落到森林里/绕着大树唱歌谣/她还会飞到野外去/陪着稻草玩游戏/她还会飘到屋顶上/躺在上面晒太阳//我把叶子洒天空/天空变得黄灿灿/又是一场落叶雨

自然情景中的微诗创作，立足儿童的视野，吹响童年的号角，书写童年的史诗，促进儿童本质的和谐发展，深情了望儿童美好的情感世界。

三、课文衍生

翻开语文课本,似乎一把风雅的琴弦正迎风在绿色的原野上。文章的美感、意蕴常常可以通过微诗来表现。如:教学四年级《一路书香》这篇课文,孩子们创作了微诗《一路书香》:走在幽静的乡间小路上/蝴蝶翩翩起舞/蜜蜂辛勤地采蜜/桂花、菊花……它们手拉着手/唱起了欢快的歌儿/走在幽静的乡间小路上/我闻到的/是一股股扑鼻而来的清香/这种清香/醉进了我的梦中//走在幽静的乡间小路上/这时/我多么想/变成一朵美丽的鲜花/早晨起来/这一切都在我的梦中飘扬/迎接美丽的太阳/与蜜蜂、蝴蝶嬉戏。

学完了六年级《理想的风筝》,孩子们当堂课创作了小诗:《永远的追忆》——春又到了/忆海中的刘老师/他/是染上嫩绿的/柳枝/是举起金黄喇叭的/连翘花/都在向长天/吹奏着生命之歌/白云/蓝天/刘老师如风筝/翱翔至天空/刘老师呵/多么有活力……

微诗的创作随课堂、随课文。一首微诗的诞生,宣告了儿童内心的情感震撼,抒发了心灵深处的印记。

微诗创作活跃了儿童的再造思维和创造性思维,提高了儿童的言语智能,丰润了儿童的情感。

课例 1:

四季的牧歌——大自然的天籁之音

四季在歌唱。老师带领孩子们在四季的天籁里静听,在四季的新生色彩里沉醉,在四季里心灵放歌。我们披着四季的霞光,享受着生活的甜蜜和浪漫。

春天的歌声

——五年级同题异构微作文教学

同学们,春天是歌唱的季节。让我们在大自然里聆听——那天籁般的歌声。

耳朵听歌:

春天的歌声在哪里呢?

我们在被窝里聆听,听到什么?

在被窝里聆听:鸟雀的叽啾,撩去春晨隐隐的面纱,这是春天里的第一首歌。

孩子们听出鸟国春天里的喜乐故事。

在屋檐下聆听,你听到什么?

在屋檐下聆听:春雨淅沥,这是春天里的第二首歌。老师要求你们觅一个春雨飘洒的时候,在清晨、在午后、在黄昏,打一把小伞,或在屋檐下、或在回廊里、或在泛着鹅黄的柳树下、含着花苞的桃枝下看雨、听雨、想象春雨的情怀。

在操场上聆听,你听到什么?

在操场上聆听:春天,是孩子们放歌的季节,这是在春天里的第三首歌。书声琅琅是歌;操场上,激情澎湃的呐喊声是歌。

……

眼睛看歌:

这些都是我们耳朵听到的歌声,其实,你的眼睛还能看到歌声。这些歌声的音符是多么跳跃、多么生动、多么迷人啊!

春天的歌声在哪里?——新生命的色彩之歌

你的眼睛又看到哪些歌声呢?

春天的歌声在柳枝的鹅黄上;

春天的歌声在桃花苞的羞红里;

春天的歌声在垂下的白蔷薇的绿瀑布上;

……

心里吟歌:

同学们,你们耳中所听是歌、眼中所见是歌,心中所想有歌吗?

在这充满希望的季节里,你的心中吟诵着什么?

同题异构:

我们在完成这篇习作的时候,可以写耳中的歌声,可以写眼中的歌声,可以写心中的歌声,也可以把这些都写进习作中。这就是同题异构。

总之,你的歌声你做主。让我们记住这个春天,记住她的美好。

春天的歌声

五(3)班　王语迪

春天来啦,她唱着歌儿向我们飞来。春天的歌声充满旋律,春天的歌声充满色彩,春天的歌声还充满活力。让我们去仔细聆听春天的歌声吧!

春天的歌声充满旋律。听:小鸟在树枝上欢快地唱“叽叽啾,叽叽啾啾”;小蜜蜂在花丛中一手挎着小花篮,一边“嗡嗡嗡”地唱着小曲儿;春雨“淅淅沥沥”;春雷“轰隆轰隆”;春天的歌声热闹极了,歌声里充满了春的旋律。

春天的歌声充满色彩。瞧:路边的大树又长出了嫩绿的树叶,小草也从枯黄变成了嫩绿色,一朵朵五颜六色的野花在嫩绿色的草坪上,好像是在绿色的银河中洒落着色彩缤纷的星星。天空蔚蓝蔚蓝,上面飘着几丝白云,火红的太阳向四处洒下温暖的阳光。经过了一个冬天的变化,所有的植物,包括一切又恢复了生机,充满色彩。

春天的歌声充满活力。看:在学校的大操场上,同学们个个生龙活虎,有的正在赛跑,都不甘落后,奋起直追;有的在打篮球,斗智斗勇,啦啦队摇旗呐喊;有的在练沙坑跳远,闪电般的助跑,蚂蚱似的起跳,漂亮的落地;还有的在跳长绳,比一比谁跳得多。同学们个个充满了活力,充满了春天的活力。

你听见了吗?这就是春天的歌声,她充满旋律,充满色彩,也充满活力。让我们在春天里,寻找春天的歌声,好吗?

点评:春天用旋律、用色彩、用活力歌唱。这是一支用眼睛、耳朵、心灵感受的季节之歌。谁能不为之沉醉呢?

春天的歌声

五(3)班 杨仲慧

春天的歌,是“叽叽啾”的,是“嘻嘻哈哈”的,还是“轰隆隆”的……这些声音汇成了一支春天的生机交响曲,在天空中回荡。

春天的歌是“叽叽啾”的。小鸟从南方回来度假了,在每天去上学的时候,我都仰望倾听路边的大树。在茂密的枝叶里,聚集着“小鸟合唱团”,二重唱、三重唱、五重唱、大合唱……样样齐全,优美的音符飘扬在空中。我听得入了迷,想把这美妙的歌声录下来,作为永久的珍藏品。那天籁之音让人难以忘怀。

春天的歌是“轰隆隆”的。一声铿锵有力的春雷唤醒了沉睡已久的大地妈妈,她伸了伸懒腰,才发现春天已经来了,春雷“轰隆隆”地唱着,春雨“淅沥淅沥地飘”着,一个演唱,一个伴奏,组成了热闹非凡的“春天演唱会”。演唱会走遍了数不胜数的花花草草,感染了大家的情绪。正当演唱会进行到了最高潮的时候,所有的万物似乎都有了灵性,从散发着芳香的泥土里钻出头来,为春雷和春雨伴舞。一下子,大地妈妈脱下了黄棉袄,换上了华丽的绿裙子。过了好一会儿,演唱会终于落幕了,太阳公公又站上了岗位,阳光透出来了,照得湖水透红,草地上的小草、蝴蝶花、喇叭花，都戴着墨镜，喝着雨水，享受着日光浴。

春天的歌是“嘻嘻哈哈”的。正如冰心奶奶所说：“游人不解春何在，只拣儿童多处行。”儿童就是春天。在学校的操场上，同学们正在上体育课呢！瞧！他们有的正在跳绳、有的在跑步、还有的在练投篮……操场上一片生机勃勃的景象。同学们边跑边笑，整个笑声组成了“欢乐春天进行曲”，在校园的上空播放着。

春天的歌是五光十色的，是多姿多彩的。春天的歌声一直在天空中回荡、回荡……

春天的歌声

五(3)班　胡简妮

四季的情调总是很美，诗人爱赞美柔嫩的仲春，火红的盛夏，暖人的金秋，也爱赞美冰肌玉骨般的隆冬，可我却偏爱这生机勃勃的初春。春姑娘穿一身绿色的衣裙，踏一辆绿色的小马车，摇一路绿色的铃来了。听：春天的歌声多么美妙，多么神往。

春天用曲调歌唱。“淅淅沥沥，淅淅沥沥”，那声音细软得像谷种爆芽似青草长叶，如笋尖顶土，像无数只小手，打在林叶的琴键上……那显然是春雨，它不正象征着春天温柔的性格吗？它，没有舒伯特小夜曲的恬畅，没有贝多芬交响乐的欢跃。它只有细细地、洋洋洒洒地从空中飘落。凉意中渗着无私，润湿中含着热情，温馨中透着细腻。这，就是春雨的歌声。

“叽叽喳喳，叽叽喳喳”，听到春姑娘的呼唤，小鸟儿们都飞回来了，小燕子为天空剪了一件蓝衬衫，为田野缝了一条绿衣裙。辛勤的布谷鸟正催促着农民伯伯们播种耕地呢。它们热情的歌唱，唤醒了大地万物。

春天用色彩歌唱。姑娘摇一路绿色的铃，蹬一辆绿色的车，驮一车绿色的梦来了。她绿了田野，绿了杨柳，绿了山岩……沉睡了一冬天的小草，好奇地探出了它嫩绿色的小脑袋，一朵朵小蓝花、小白花，小黄花像一个个害羞的小姑娘，在刚钻出的绿叶后东躲西闪。桃花告诉我，春天在这里，她是希望，热情的粉红色。油菜花告诉我，春天在这里，她是兴奋，活泼的金色。小草告诉我，它是蓬勃，新生的绿色……听，这多姿多彩的歌声真让您沉醉。

春天用活力歌唱。我们在冰心奶奶的笔下，就是春天。我们朝气蓬勃，充满活力。下课铃一响，操场上出现的便是我们生龙活虎的身影，踢毽子、打羽毛球、跳绳……同学们的欢呼声，呐喊声汇成了一首春天的活力之歌，在操场上久久回荡。

春，你是一位温柔的作曲家，你美妙的声音，像一股清泉，流入我的心田。春，你是一位成功的画者，三笔两笔就勾画出一片生机勃勃的景象。春，你是活力四射的少年，带给我们无限的希望。

听，春天的歌声多么令人陶醉。

春天的歌声

五(3)班　沈天睿

“轰——”一声响雷，推开了春的大门。春天是歌唱的季节。

嫩芽重生，长大、破土的声音是春的歌声。树枝上，睡了一冬天的绿叶在春风的轻抚下起床了，我仿佛听见了一片片树叶打哈欠的声音。而风更像位母亲，在对孩子小叶子说：“醒醒，春天来了。”这真是“春风又绿江南岸。”瞧，花苞在成长，一朵朵红艳艳的花等了一个冬天，蕴藏着力量，现在开始喷发。阳光下、春风下，这花海涌动起一阵阵花浪，这成长的小精灵似乎在说：“我要长大，长大了做春天的代表。”大地，她也寂寞了一个冬天，如今，小草来了，这些小朋友们使出了吃奶的力气，拼命冲破土地，小朋友们看到了母亲——大地，看到了将要在这里生活一年的世界。小草冲破土地时发出了“沙沙沙……唆唆唆……”的声音，似乎在跟我说：“朋友，万物复苏的春天已经来了，你准备好和春光、春风、春雨、春雷一起玩耍了吗？”

鸟儿的叫声是春的歌声。“唧唧唧……”空荡了一个冬天的天空，又恢复了往日的热闹。鸟伙计们追逐着、歌唱着、嬉戏着。它们用自己的色彩打扮着这绚丽的春天。

春的歌声，这支歌的主唱应该是我们。星期天，我们来到公园，同学们在一起跳绳、追逐，一会儿溜上小山，一会儿蹲在池塘边，一会儿又跑进了草丛。这时的我们就像是一群小鸟又回到了森林，无比的欢畅，无比的快乐。

“轰——”又一声响雷，这意味着春天进入了高潮。

再说几句：

春天是歌唱的季节。老师带领孩子们在春天的天籁里静听，在春天的新生色彩里沉醉，在春天里用心灵放歌。

夏之韵

同学们，夏天的歌声满溢在天地之间，这是夏天独有的韵致。

清晨，烈日一声令下，蝉儿们放声高歌。一浪又一浪雄浑的蝉国交响乐刚刚停歇,会隐隐地听见知了略显舒缓的配唱,由远而近,倏尔近在耳前,又倏尔远去,只留余音袅绕。主唱手蝉听闻午间寂静,又开始放歌。听者眠,眠意憨。没有了这蝉国联唱,夏天该会怎样的寂寞？我们又怎能在阳光起舞的午后畅意地睡去?

夏天的歌声在夜色里。乡村里的夏夜是迷醉人心的,蛙鸣、繁星、秧田,纳凉的蒲扇、田间的草烟,我们能有几回这样的幸福去聆听这无与伦比的天籁呢?

城市里的夏夜多音乐,音乐喷泉被满水面七彩钻石般的荷花灯染成华丽的璀璨身段,和着水之圆舞曲以力拔千钧之势直上九霄夜空。水声、音乐声、惊叹声、沉醉声演绎了夏日最豪华、最绚丽的歌曲。夏天的歌声还在人们的心中:冰淇淋、西瓜的清凉是歌;泳池中的欢笑是歌;建筑工地上工人们流淌的汗水是歌;琴行里未成曲调的琴声是歌;校园里的韵味儿是歌……

孩子们,你们聆听的夏天的歌声在哪里呢?

校园夏韵

五(3)班　范瑶

“纷纷红紫已成尘,布谷声中夏令新”,品着夏诗,观着夏景,一阵微风吹过,迎面而来的是那浓浓的校园夏韵。今天下午,我们五(3)班全体同学,走出教室,去感受夏天的韵味。

夏天:生机蓬勃

夏天,学校里一片生机,校园的角落里到处都是夏天的足迹。

首先,我们来到了健身长廊,面前的广玉兰已亭亭玉立,叶子绿色一片,花骨朵儿绽放着自己的美色,在树叶丛中,有着待放的花苞,花苞宛如穿膛的子弹可爱极了,花瓣是白色的,花蕊是淡黄色的,躲在花瓣里,这好似一只放了黄油的白色的碗, 阵风吹过,阵阵清香向我袭来,让我驻足。

接着,我们来到了静心楼楼下的教室旁,那儿有着大片的金丝桃。一阵微风拂过,一阵淡雅的芳香随风飘来,这花香不仅吸引了我们,也吸引了一些可爱的蝴蝶、蜜蜂。走近一瞧,金丝桃的花瓣是金黄色的,娇小的花瓣立在那儿,花蕊尤为瑰丽,十分细长,如同织女手中的丝线,也如同小女孩的发丝,正是因为这个独特的花蕊,我猜才有了“金丝桃”这个名字,真是别有一番夏天的气息。

最后,我们来到了庭院后的蜡梅旁。蜡梅树的叶子可不像冬天那样,呈现出的是草绿色。密密麻麻的叶子遮住了阳光,带给我们的是一片清凉和舒适。在枝叶与枝叶、树枝与树枝之间,躲藏着许多可爱的小果子,它们如同躺在“妈妈”的怀抱里,害羞见人。正是这些可爱的小果子,吸引了同学们的眼球。在校园里,还有那默默的银杏树、奇特的结香树……它们都是我们校园里亮丽的风景线。

夏天的韵味,充满着校园,淡雅而又芬芳,清新而又多彩。而我们,浸润在这浓浓的夏韵里,一切都是那么的充满生机。

夏天:心绪飞扬

夏天,我们的心随着欢乐飞扬;夏天,我们的心随着风儿飞舞。在5月30日,我们班举行了庆"六一"的主题联欢会。

早早地,教室里已焕然一新。形状各异的心愿卡贴满了窗户,点缀着教室。黑板上写着:"欢乐迎'六一'"这几个醒目的大字。同学们的课桌都纷纷向后挪动,留出了一个供展示的舞台空间。同学们个个热情洋溢,嘴角上挂着甜蜜的微笑。大家议论纷纷,到处充满着欢乐的气氛。

同学们的表演真是精彩纷呈:有令人捧腹大笑的相声,有优美的舞蹈,有如天籁之音的歌曲,可算是应有尽有,让人回味和留恋。

张晓茉的舞蹈优雅轻快,别有蝴蝶仙子的韵姿,她先微微蹲下,头稍上扬,左手伸出,在动听的音乐声中,就如同一个仰望蓝天的天鹅,接着,她又旋转起来,待停下后,右脚抬起,形成了一个直角。她从这头转到那头,又从那头转到这头,如同一位翩翩起舞的仙女,同学们的目光都被她所吸引了。

很快,就是我们表演了,我们的歌曲是《唱得响亮》。听:"我的梦想,闪耀着彩色的光,张开翅膀,飞到想去的地方,我的梦想,伴随着笑容而坚强……"我边唱边做动作,歌声传遍了教室的四面八方。同学们仿佛也被我们感染了一样,个个都跟着音乐动了起来,我的心情犹如荡漾在五月的微风里,感到丝丝甜蜜。

随着一个接一个精彩的表演,不知不觉,"六一"联欢会快要结束了。可我的心仍然在飞扬,它在空中飞舞,久久不得忘怀……

夏天:梦想启航

梦想是贵重的,也是平凡的。带着梦想,上周五,我们全班同学将设计的梦想卡悬挂于晴雨操场的绳子上,表达自己的心愿。

心愿卡真是奇特,造型设计层出不穷,五彩缤纷:有火箭形的,有花朵形的,还有松树形的……卡片的颜色也各具特色,有火般的红色,有如天空般的蓝色,有翡翠般的绿色……内容更是精彩纷呈,有五年后的,有十年后的,还有二十年后的。整个操场上都挂满了密密麻麻的心愿卡,我们的梦也随之启航。

林燕冰的医生梦宏伟坚定。我走近一瞧,她的卡片是一个不规则图形,类似长方形,有一个角带有花边,卡片是橘红色的,上面写着"我想成为一名医生,把病人从死亡手里拉出来……"看着这些,我仿佛看到了一个心脏病人正躺在病床上,林医生以她高明的医术挽救了他的生命,病人及家属万分感谢的场景。

我的心愿卡也十分精致。我用粉红色的卡纸剪成了松树形,我希望在未来的十年里,我可以顺利地完成学业,考上一所好大学,将来去国外深造。我一直把梦想埋在心里,希望它早日长成一棵参天大树。朦胧中,我看见了我远走的身影,我仿佛置身于英国,正悠闲地和学友们一起喝着下午茶呢。想到这些,我其乐融融……

梦想是我们心灵的花朵,梦想也是我们生存的琼浆,让我们带着梦想一起启航吧!

"夹路桑麻行不尽,始知身是太平人。"夏的韵味就像一瓶沉年老酒,需要经过时间的洗礼,才会变得更加浓郁。闻一闻,这不就是清新的校园,夏的韵味儿了吗?

秋之声

小朋友们,睡觉之前,躺在床上,听一听楼下草地上小虫子的叫声。你知道有哪些小虫子在唱歌吗?它们是怎么唱的呢?它们在唱些什么?月光下的草地是最好的游乐场,想想小虫子们可能在玩着哪些游戏呢?

秋雨在歌唱:秋雨是怎么歌唱的呢?在秋雨的歌声中,大自然发生了哪些变化?

水果娃娃在歌唱:柿子笑红了脸、石榴笑咧了嘴、香蕉乐弯了腰……

桂花在歌唱:香醉了你、香醉了我、香醉了整个秋天。

农夫在歌唱:晶莹的汗珠唱稻子的金黄、唱棉花的雪白,唱出心中收获的喜悦。

秋天的歌声

二(3)班　王煜冉

听,秋雨在歌唱:

"淅沥淅沥淅沥沥……"听到她的歌声,树叶变得五彩缤纷;树上的柿子变得通红通红;田野里的稻谷变得金黄金黄;棉花变得雪白雪白;高粱变得红红的;玉米变得黄黄的……啊,秋雨的歌声是丰收的歌声。

听,秋虫在歌唱:

“吱吱吱……”“蛐蛐蛐……”它们有的在月光下的草丛中说悄悄话;有的在玩捉迷藏;有的在玩“石头、剪刀、布”的游戏;还有的在树叶上赏月、跳圆舞曲……它们快乐地唱着:“啊! 秋天的月亮真美啊! 我真想飞到月亮上去玩玩呢!”啊! 秋虫的歌是动听的歌。

听,水果娃娃在歌唱:

“啦啦啦,啦啦啦,啦啦啦啦啦啦啦……”苹果姐姐唱得乐红了脸;香蕉弟弟唱得乐弯了腰;柿子哥哥唱得露出了酒窝;火龙果唱得生旺了火;橘子小姐唱得染黄了上衣……啊! 水果娃娃的歌是欢快的歌。

桂 花

二(3)班　蔡周彤

(一)寻香

星期一的早晨,我和尹悠然一起走进校园。忽然,我闻到一股幽香,这是一股淡淡的清香。啊! 是香气扑鼻的桂花盛开了,我深深地吸了几口气,感觉整个人都变甜了,变香了。我想:这桂花树到底在哪儿呢? 于是,我决定去寻找桂花树。

(二)赏桂

走啊走,找啊找,终于,我在学校的操场边找到了桂花树。啊! 我的心里充满惊奇。我被一阵桂花的幽香包围了。远望桂花:只见桂花树有两米多高,桂花一串串、一簇簇,金黄金黄的,像无数勤劳的小蜜蜂停在绿叶丛中,又像金色的小铃铛,还像太阳上洒下来的碎金……有四、五棵桂花树簇拥在一起,我真是深深地被香味儿迷住了!

(三)美丽的桂花生活

星期天,我和奶奶来到一棵桂花树下,奶奶用手摇了摇桂花树。桂花弄得奶奶满头满脸,就像要把奶奶变年轻了。我又用手摇了摇,桂花落到我的头上,就像要给我戴上花环王冠;桂花飘到我的肩膀上,就像黄乎乎的芝麻;桂花钻到我的衣服里,就像和我玩躲猫猫……啊! 我成了桂花公主!

我采集了许多桂花,捧在手心里,把它们放在浴缸里。啊! 水面上都是花仙子。我“扑通”一声跳进水中,感觉非常开心,桂花一朵朵亲着我的脸蛋呢! 桂花可以泡茶喝、可以做桂花汤圆、还可以做桂花糕……

啊！桂花给我们带来了美丽的生活！

冬之色——寻找冬天的色彩

小朋友们,冬天是个多彩的季节。当第一片小雪花调皮地钻进你的脖颈里,飞进你的发丝里,当漫天飞雪包裹住你的时候,你感觉到冬天的色彩了吗?

在一个风清的午后,你抬头仰望冬日的晴空,你感觉到冬天的色彩了吗?

当你在校门口的校徽旁感受阳光被子的温暖时,你感受到冬天的色彩了吗?

当你在操场上从飞舞的彩毽里得到温暖和快乐时,你感觉到冬天的色彩了吗?

让我们一起感受冬天、享受冬天吧!

寻找冬天的色彩

二(3)班　蔡周彤

冬天的色彩在哪里？我们一起去寻找。

(一)白晶晶

星期三下午,我和奶奶走在回家的路上。忽然,一片小雪花落在奶奶的头上,我感觉下雪了。抬头一看,咦！真的下雪了！我惊奇万分。雪花儿像盐花儿稀稀疏疏地飘洒着,像盛开在空中的小花瓣,还像飘飞的柳絮。

同学们不约而同地欢呼着,有的张着嘴吃雪花,有的抱着雪花捧在手里看它融化,还有的等着雪花飘到手背上。我张大嘴巴等着雪花,终于有两片雪花落在我嘴里,含着含着就融化了。它凉凉的,没有味道。哦！"这是原味冰激凌。"我开玩笑地说。一会儿,我又用手捧着小雪花,仔细一看,有六片花瓣,可是没等我看完,调皮的小雪花就在我手心里融化了。

回到家里,我往窗外一看:哇！我惊奇地发现,雪大起来了！只见天地之间就像雪花的大舞台。我奔跑到了楼下,好大的雪啊！像数不胜数的白羽毛,像美丽的蒲公英,还像玉屑儿漫天飞舞。雪花飘到了大树爷爷的手臂上,立刻出现了银灿灿的梨花;飘到了行人的脸上,正亲吻着他们的脸蛋;飘到了汽车上,想把汽车染个色……

啊！冬天是白晶晶的！

(二)蓝湛湛

星期一下午第一节课,天气晴好。王老师带我们来到操场旁边,一起看蓝天,大家心花怒放。

啊!我们仰着脑袋抬头看,只见头顶上的天空蓝湛湛的,一望无边。天空蓝得透明,没有一丝云彩,像平静的大海,像巨大的蓝宝石,还像辽阔的摇篮。老师把手指向天边,那里的天空是淡蓝色的,还有许多白云在飘动着,像一只只可爱的小白羊,像甜蜜蜜的棉花糖,还像白色的轮船在大海上行驶。

啊!蓝天那么迷人、那么神奇。站在蓝天下,我想变成美丽的风筝,给蓝天姐姐带去美丽的童话;我想变成鲜红的国旗,亲吻蓝天;我想变成温柔的小仙子,去天空中吃棉花糖;我想变成给人们带来方便的帆船,带云朵们旅游;我想变成长着五彩羽毛的小鸟,飞到蓝色的舞台上,放声歌唱。

啊!冬天是蓝湛湛的!

(三)金灿灿

星期五下午,天气晴好。阳光像一只温暖的大手,它牵引着我们走向南大门的校徽前享受温暖。大家都兴致勃勃。

头顶上的太阳圆溜溜的,射放出金灿灿的光芒,像一条阳光被,世界变得光明而温暖。假如阳光有味道,它肯定是甜丝丝的、是香喷喷的,是温暖的、也是幸福和快乐的。这条阳光被比鸭绒被更透明、更温暖,比棉花被更轻柔、更舒适。

啊!体育馆、科艺宫、操场、校徽都披上了温暖的阳光被子,变得金灿灿的。我们是冬天里快乐的小朋友,感受着金灿灿的阳光。我们都变成了阳光女孩、阳光男孩。小脸儿晒得红扑扑,身上也有了无限的“温暖”,变得香喷喷了。

啊!我想变成阳光的侣伴,和阳光一起遨游世界,把每一个角落填满光亮;我想变成小仙女儿,把阳光变得更透明,让人们更加温暖;我想变成太阳的孩子,在它的怀抱中,整天享受光明;我想变成自由自在的小鸟,飞上蓝天,亲吻阳光;我还想变成萤火虫,提着小花篮去收集阳光,夜晚给人们带来希望。

啊!冬天是金灿灿的!

(四)彩毽飞舞

冬天是彩毽飞舞的季节。星期五上午第一节课,陈老师带我们来到操场上踢毽子。大家都跃跃欲试。

阳光下,我们的毽子上下飞舞,闪耀着七彩的光芒:有红橙橙的,有粉嘟嘟的,有黄灿灿的,有绿油油的,有蓝晶晶的,有紫莹莹的,还有五颜六色的……

我有一只蓝晶晶的羽毛毽子,上面还系着长长的绳子。我轻轻地抓起绳子,用力一提,毽子一下子垂下来。我的眼睛紧紧地盯着毽子一眨也不眨。我一抬脚,一踢,踢中了,毽子飞了起来,我一看踢得很远了。我再使劲一拉,毽子就像被施了魔法一样,又回到了我的脚边。就这样,我踢了一下又一下,我的心快乐起来,跟毽子一起飞跃。我的腿有点儿酸起来了,浑身都暖烘烘的,小脸儿变得通红通红的。

啊！七彩毽子带来了快乐,带来了温暖,带来了健康！冬天是彩色的！

课例 2：

我们班的“西游人物”

——六年级写人微作文教学

话说唐僧师徒西天取经回来被玉帝一一封神封佛,这天庭的神仙日子虽说逍遥自在,但是呆久了也倍感寂寞无趣。光说这斗战胜佛悟空吧,闲得连身上的虱子都不长了。这一天,他们四个商量好了,驾着一朵祥云来到通师二附六 3 班。干吗来了？他们是来收徒弟来了。

这唐僧说了:“我要稳健型领导。”悟空说:“我要技术型骨干。”

八戒说:“我收润滑剂型人物。”老实巴交的沙僧说:“我考虑踏实肯干型人物。”

教室里立刻热闹了,有人自荐,有人推荐,谁谁谁合适给谁谁谁当徒弟。今天啊,老师要求同学们给自己认为最富有特点的同学选一个师傅。先要说清楚你推荐他给谁当徒弟,然后用三言两语勾画他的外形,最后用一个先进事迹具体推荐他。

推荐的时候首先要根据特点选对人,千万不要选错对象。你如果把润滑剂型人物推荐给悟空了,可能悟空不会收。

勾画外形的时候,要像他,让师傅一眼认出他,同时还要对师傅胃口。踏实肯干的一般不会贼眉鼠眼,低眉顺眼的沙僧乐意一些。当然了,八戒收徒一定也有他的眼光。

最后你所选择的先进事迹要能打动师傅的心,你要通过对事迹中人物的语言、动作、神态、心理活动等方面作细节描写,从而让师傅大喜:“我一定要收这孩子成为我的关门弟子。”

下面,我们欣赏几个同学给我们带来的推介词:

唐僧门

稳健型领导非陈钰莫属。这位“女唐僧”可是巾帼不让须眉呀！记得那次晨读课后的默写,因为王老师走了,许多“齐天大圣”不失时机地造起反来了。大家有的在肆无忌惮地放声聊天,有的眉飞色舞地转过身去与自己的好朋友“交流”默写的词语,还有的不顾及陈钰这位值日班长的威严,一边站起来大肆地念念有词,一边摆着好玩的Pose……在这种情况下“魔高一尺,道高一丈”,为了惩罚一下这些“孙悟空”。陈钰念起了“紧箍咒”,还一边记着名字呢！“俞阳,你这周恐怕要入常规后五名了!”“陈明皓,你干嘛呢?”“还有你……”就这样,陈钰以绝对的手段让咱们班暂时平和了。你说,陈钰不就是我们班稳健型领导——“女唐僧”吗?

八戒门

在班里,更少不了邓浩然这样润滑剂型的“猪八戒”了。邓浩然白白胖胖的,耳朵也有些大,不仅相貌上接近猪八戒,而且性格也是一样。在课上,总能见邓二师兄似乎很困的样子,还总能听见王老师晴天霹雳般的声音:“邓浩然,你又趴桌上了,扣一分!”因此,邓浩然总是“无辜”地进入常规后五名。奇怪的是,下课了他上课的疲惫样子一扫而空。我们大家都在认真仔细做数学作业时,总能见到乐观开朗的邓浩然与俞阳谈笑风生,也总能在放学前见到他愁眉不展地加速奋笔疾书。在中午,邓浩然会慢慢地取完午饭到位置上,一大堆饭菜在他眼中都只是浮云。在我们刚啃上几口那白生生、冒着热气的米饭时,不经意间,邓浩然已吃完了所有饭菜,用纸巾漫不经心地擦嘴了。哈哈,二师兄果然够“润滑”,他的滑稽样儿常常给我们增添了不少快乐。

沙僧门

在我们班还有一位朴实、默默无闻,却踏实能干的“女沙僧”,她就是我们班的张晓茉了。记得那是一个烈日当空的下午,一股恶臭传入我们的鼻子里。啊,季胖子吐了！随着季胖子眼泪鼻涕一起下来了的还有一大坨恶心的物体。大家一见,就大呼小叫地一股脑冲出了教室,在外面向教室里张望,甚至有些人的脸上还有幸灾乐祸的样子。“让我来——”就在这时,随着一声清脆的声音,一个瘦小的身影出现了,她就是张晓茉。她不顾臭气,捋着袖管,甩着马尾辫,眼睛里充满了忧虑,提着扫把和簸箕来到季芯玥的身旁,一声不吭地把那坨吐出来的东西扫倒了簸箕里。然后,倒到教室外的垃圾桶了。接着,取来拖把,卖力地把那块地面拖得闪闪发光。最后,为季芯玥倒了一杯热水。在她的感召下,周围的同学陆续靠近了,有的帮着开窗户,有的扶着季胖子拍着她的背后,教室里一下子变得暖意融融,难闻的味道也不知道什么时候消散得无影无踪。张晓茉不正是我们班的“沙僧”吗?

猜猜看:谁满意地收下了徒弟,理由又是什么呢?

原来,在我们班上,西游人物比比皆是。唐僧师徒四人一定能满意而归。大家可要继承师傅身上的光荣传统哦。即使,他们没有真正地来到我们班,我们也可以自学成才。

我们班的“西游人物”

六(3)班 陈达楷

相信大家几乎都看过吴承恩爷爷写的那部名垂青史的《西游记》,它生动刻画出的主人公让我们津津乐道,而我们班也有着形形色色的“西游人物”呢!

稳健性领导非陈钰莫属了。这位“女唐僧”可是巾帼不让须眉呀!记得那次晨读课后的默写,因为王老师走了,许多“齐天大圣”不失时机地造起反来了。大家有的在肆无忌惮地放声聊天,有的眉飞色舞地转过身去与自己的好朋友“交流”默写的词语,还有的不顾及陈钰这位值日班长的威严,一边站起来大肆地念念有词,一边摆着好玩的 Pose……在这种情况下“魔高一尺,道高一丈”,为了惩罚一下这些“孙悟空”。陈钰念起了“紧箍咒”,还一边记着名字呢!“俞阳,你这周恐怕要入常规后五名了!”“陈明皓,你干嘛呢?”“还有你……”就这样,陈钰以绝对的手段让咱们班暂时平和了。你说,陈钰不就是我们班稳健型领导——女唐僧吗?

在班里,更少不了邓浩然这样润滑剂型的“猪八戒”了。邓浩然白白胖胖的,耳朵也有些大,不仅相貌上接近猪八戒,而且性格也是一样。在课上,总能见邓二师兄似乎很困的样子,还总能听见王老师晴天霹雳般的声音:“邓浩然,你又趴桌上了,扣一分!”因此,邓浩然总是“无辜”地进入常规后五名。奇怪的是,下课了他上课的疲惫样子一扫而空。我们大家都在认真仔细地做数学作业时,总能见到乐观开朗的邓浩然与俞阳谈笑风生,也总能在放学前见到他愁眉不展地加速奋笔疾书。在中午,邓浩然会慢慢地取完午饭到位置上,一大堆饭菜在他眼中都只是浮云。在我们刚啃上几口白生生、冒着热气的米饭时,不经意间,邓浩然已吃完了所有饭菜,用纸巾漫不经心地擦嘴了。哈哈,二师兄果然够“润滑”,他的滑稽样儿常常给我们增添了不少快乐。

在我们班《西游记》里,还有一位朴实、默默无闻,却踏实能干的“女沙僧”,她就是我们班的张晓茉了。记得那是一个烈日当空的下午,一股恶臭传入我们的鼻子里。啊,季胖子吐了!随着季胖子眼泪鼻涕一起下来的还有一大坨恶心的物体。大家一见，就大呼小叫地一股脑冲出了教室，在外面向教室里张望，甚至有些人的脸上还有幸灾乐祸的样子。“让我来——”就在这时，随着一声清脆的声音，一个瘦小的身影出现了，她就是张晓茉。她不顾臭气，掳着袖管，甩着马尾辫，眼睛里充满了忧虑，提着扫把和簸箕来到季芯玥的身旁，一声不吭地把那坨吐出来的东西扫到了簸箕里。然后，倒到教室外的垃圾桶了。接着，她取来拖把，卖力地把那块地面拖得闪闪发光。最后，她为季芯玥倒了一杯热水。在她的感召下，周围的同学陆续靠近了，有的帮着开窗户，有的扶着季胖子拍着她的后背，教室里一下子变得暖意融融，难闻的味道也不知道什么时候消散得无影无踪。张晓茉不正是我们班的“沙僧”吗？

学途犹如西天取经一般，只有一路上有这些伙伴的陪伴，才能精彩有趣！

课例 3：

超级粘土秀

小朋友们，最近课堂上老见着有小朋友在偷偷摸摸地捏着什么，接着老师就闻到甜丝丝的香味儿，老师知道这是你们美术课上玩的橡皮泥，或者是粘土，或者是彩泥。哇，这真是好玩又好闻的玩意儿，难怪你们上课也在偷偷地玩着、捏着，给老师也玩玩，好不好？

谁来说说，你都捏出了些什么？你是怎么想到要捏这种造型的呢？你是怎么捏的呢？用“先、接着、然后、再、最后”来说说你捏粘土的过程。接着，说说你捏出的作品是什么样子的呢？你可以边捏着边想着边说着。哇，你捏出的作品带给你怎样美妙的幻想呢？你可以编一个童话故事，让你的粘土焕发神奇的魅力。

那，我们就边玩边说吧！

超级粘土秀

二(3)班　姜睿倩

只要一打开 KK 魔法粘土盒，一股甜丝丝的果香就扑面而来。我喜欢闻粘土的味道，更喜欢玩粘土。

这不，我就忙活开了。做什么呢？我灵机一动：还是做美餐吧！于是，我拿出绿色和黄色的粘土，把它们和在一起，用手搓了几下，搓成了奇形怪状。然后，我把奇形怪状的粘土放进压面条的挤压筒里，用力挤呀挤。啊！彩色的果味面条诞生了！我想：“光有面条还不够丰盛，再来点巧克力和小蛋糕吧！”我拿出黑色、黄色、花粉色三种颜色的粘土，用模具挤出了黑色的五角星巧克力、黄色的花朵巧克力、花粉色的小花饼干。它们个个栩栩如生，让人口水直流三千丈。

我把巧克力放进金色的爱心小盒子里，把面条和饼干放进透明的小罐子里，它们变成了最好的礼物。我幻想有一天森林里的小熊过生日，我一只手挎一个小竹篮，另一只手捧着一个小罐子去给小熊送生日礼物。在摇曳的烛光中，小熊津津有味地吃着我做的巧克力，大嚼特嚼地吃着我做的面条。吃完了，他舔了舔嘴唇说：“太好吃了！这是最好的生日礼物。我很快乐，和小熊一起跳舞。”

啊！我的超级粘土给了我欢乐和梦想。

超级粘土秀

二(3)班　郑丁

当我打开晶晶粘土盒，一股像橙子味的果香扑鼻而来，跳到我眼前的是五彩缤纷的粘土，看得我心里直痒痒。这不，我就忙活开了，做什么呢？我轻拍脑门，突然，我灵机一动，就做一群群翩翩起舞的小蜜蜂在百花丛中采蜜吧！

于是，我先取出玫瑰色、金色黄色、咖啡色、绿色……用金黄色搓成一个小圆珠，做成了小蜜蜂的头，黑点点做成了小蜜蜂闪亮的眼睛，咖啡色和金黄色做成小蜜蜂条纹相间的身子，再取出一些粘土，把它们和在一起，用手搓了搓，反复地搓了几下，搓成了形状各异的粘土，把它们放进翅膀的模型筒里，轻轻地按了按，啊！一个透明又小巧的蜜蜂翅膀就做好了。然后，把翅膀装在小蜜蜂的身体上，啊！一只只栩栩如生、翩翩起舞的小蜜蜂就诞生了。

我想：光有蜜蜂还不够，它们到哪里去采蜜呢！嗯，对了，小蜜蜂就是在百花丛中采蜜。我拿出绿色粘土做花儿的茎，做成条形状，又做了许多绿色的叶子再拿出粉红色、玫红色两种颜色的粘土，用玫红色做中间的花蕊，用粉红搓成小圆，压成一片一片的，把它装在花蕊的四周。啊！只见片片花瓣像美丽的花仙子坐在绿油油的小舟上。

我幻想有一天，我也变成一只小蜜蜂，和蜜蜂们一起采许多许多甜津津的蜂蜜，送给我的小乖兔做生日礼物。在耀眼的烛光中，小兔“口水直流三千丈”抱着罐子津津有味地吃着。吃完了，她舔了舔甜丝丝的嘴唇说：“谢谢，太好吃了！”我很高兴，和小兔一起跳了一首小苹果舞。

啊，我的超级粘土给了我欢乐和梦想。

超级粘土秀

二(3)班　姜睿倩

自从我用橡皮泥捏出了一顿面条和巧克力大餐,我就彻底成了一个"捏捏迷"了。这不,我又兴致勃勃地捏开了。

捏什么呢? 我的脑子灵光一闪:南极是一个白晶晶的冰雪的世界,那里有可爱的企鹅宝宝,要不,做企鹅吧! 我先拿出黑、白、橙三种颜色的粘土,接着把黑色的粘土压成扁扁的,当身体。然后,我又小心翼翼地用白色粘土做圆滚滚的肚皮,压扁以后,我把肚皮粘在身体上,再用白、黑、橙,三色做出了炯炯有神的大眼睛。一会儿小巧的鼻子、可爱的嘴巴也被我做好了! 最后我给它捏上橙色的小脚丫和挥舞着的小手儿。看搞怪企鹅"优优"正冲着我叫呢! 它瞪着炯炯有神的大眼睛,挺着白白的肚皮,挥舞着橙色的小手,一副萌态,引得我开心大笑。

天渐渐黑了,月光照在我的身上。我幻想有一天优优带我去南极的冰雪世界。优优把我介绍给了它的朋友们,我和它们一起去冰水里捕鱼,我吃着烤鱼开心地笑了。吃饱了,我和他们一起去划冰。啊! 风驰电掣的感觉太爽了! 最后我和它们在洞里睡了一个香香觉,真舒服!

啊! 粘土世界是奇妙的世界,我爱粘土!

超级粘土秀——美味的蛋糕

二(3)班　顾其然

我最喜欢粘土了,它有五彩斑斓的颜色,可以做小刺猬、八音盒、房子、仓鼠……

爸爸马上要过生日了,我想了又想,终于想到了给他做一个生日蛋糕吧。我先把大长方体放在小桌子上,再用白色的粘土把它包裹起来。然后用米色把它搓成一段一段的,再把它们卷起来,好象我常常吃的小饼干。再用黄色搓成长条,围在蛋糕的四周。我很爱吃蓝莓,所以我用蓝色粘土做了许多小爱心,放在它的周围。后来,我用红色做了一个个小草莓,装饰在蛋糕上面。我再用绿色做一粒一粒小点点,也贴在蛋糕的上面。最后,我又用白色做一个盘子,还有花纹呢。

我把蛋糕交给了爸爸,爸爸说:"为什么呢?"我说:"今天是您的生日啊!"爸爸开心极了,他假装着开心地舔了一口奶油说:"真好吃啊!"他拿了一粒蓝莓说:"好鲜美啊!"然后又拿了一颗草莓说:"真新鲜啊! 谢谢你,我的宝贝"我心里美滋滋的。

啊！粘土不但给我带来了快乐，还给我的家人带来了幸福和温暖。

课例 4：

又见金风绣锦衫

小庭院里的银杏树是神奇的树，它把周边的一切都染黄了。我们在树下踩木桩、踢毽子，你真的注意过它吗？把自己想象成银杏叶儿。我们都是什么样儿的呢？我们在秋风中有哪些神奇的经历呢？

我是银杏树

二(3)班　王嘉铭

我是一棵银杏树，我的家在通师二附二(3)班北边的小庭院里。我有六层楼高呢！我的年纪不小，起码有几十岁，我枝繁叶茂。深秋时节，是我最美丽的时候，看：树叶儿有的黄黄的，有的绿绿的，还有的是绿黄色的，在阳光下，放射出耀眼的光芒。小朋友们都喜欢我，它们有的说我像巨人，顶天立地；有的说我像战士，守卫着二附；有的说我像绿色的大伞，为人们遮风挡雨；有的说我像串满金银珠宝的圣诞树……

早晨，我听见二(3)班的小朋友们朗朗的读书声。我的树叶儿“沙沙沙”地响，我微笑着对他们说：“小朋友们，你们的读书声真好听，让我感觉到了你们的陪伴。”

上课时，我看到老师在讲台上绘声绘色地讲课，小朋友们在踊跃举手发言，还看到小朋友们认真听课、作业。我很开心，我的树叶儿“沙沙沙”地响，我微笑着对他们说：“小朋友们，好样的，我为你们骄傲。”

下课时，我看见小朋友们有的在踩木桩，有的在捡树叶，还有的抱着我玩。我很开心，我的树叶儿“沙沙沙”地响，我微笑着对他们说：“小朋友们，有你们陪我玩，真的很快乐！”

放学时，我看到小朋友们在礼貌地和老师说再见。我很开心，我的树叶儿“沙沙沙”地响，我微笑着对他们说：“小朋友们，再见，期待明天的见面。”

我是一片银杏叶

二(3)班　王嘉铭

我是一片开开心心的叶子,是银杏树妈妈的孩子。我的家在通师二附二(3)班后面的小庭院里。瞧,我现在正站在树梢上看日出呢! 我的模样很奇特,像一把把小伞,像一只只蝴蝶,还像一个个小铃铛,把我倒过来像美丽的舞裙。秋天到了,树妈妈为我穿上了厚厚的棉袄。啊! 我的全身变黄了。

日子一天天过去了,我身体里的水分渐渐变少了,我变轻了。秋风姐姐一吹,我就像自由自在的小鸟一样在空中飞翔。我乘着秋之恋的小船飞呀,飞呀,在天空中一飘一荡地飞翔,一会儿引吭高歌,一会儿滑翔,一会儿打旋儿……

我飞呀飞呀,飞到了技术领先的美国。我看到了高高耸立的大楼、高速行驶的汽车、许许多多的玩具;我听到了嘀嘀嘀、呜呜呜的鸣笛声、杂乱的脚步声、很多的欢笑声,我很开心。

我飞呀飞呀,飞到了一望无际的大草原。我看到了奔驰的马儿、亮闪闪的星星、黄黄的月亮;我听到了鸟儿鸣叫的声音、风儿刮过树林的声音、小羊的咩咩叫声,我很开心。

我飞呀飞呀,飞到丰收的农田,我看到了金灿灿的稻子、红彤彤的高粱、白花花的棉花;听到了农夫的歌声、鸟儿的喳喳叫声;我还听到了丰收的喜悦,我很开心。

啊! 我是秋天的一片银杏叶。

阳光下的落叶雨

二(3)班　王嘉铭

有阳光怎么会下雨呢? 原来是下落叶雨了。

啊! 落叶雨,飘起来了,多美啊! 它们你追我赶,像闪闪发光的金币从天而降;像金色的蝴蝶翩翩起舞;像一个个小伞兵在完成任务;还像无数的流星雨飘过来……

落叶雨飘到一望无际的大草原,它躺在小草的身上,看到了骏马在奔驰,听到了小羊在咩咩叫,感受到了人们的欢快,它很开心;落叶雨飘到了辽阔的大海边,它看到了许许多多的贝壳,听到了浪花冲击大海的声音,感受到了金色沙子的柔软,它很开心;落叶雨飘到了小朋友的手心里,看着小朋友们拿着它当风车玩,听着孩子们在落叶中奔跑的嬉闹声,感受到了打落叶雨仗给孩子的带来快乐,它很开心。

啊! 落叶雨,金色的雨,快乐的雨,浪漫的雨。

课例 5：

凌波微诗境界

微诗是个美妙的世界，我们在这个世界里迈开舞步，能够收获到美丽的诗句和快乐的心情，当然，最值得我们享受的是美丽的情感。

选题一：学校是个大花园

小朋友们，彩色铅笔一大把的你们，如果用彩色铅笔来画学校，你们来画什么呢？

交流：什么色画什么？她是什么样儿的呢？

学校是个大花园

二(3)班　李宗骏

水彩笔，真好看，
红、白、黄、绿、黑、蓝……
红笔画国旗，
国旗轻轻飘。
蓝笔画天空，
天空蓝湛湛。
绿笔画大树，
大树挺且直。
黄笔画滑梯，
滑梯欢乐多。
彩笔画小朋友，
个个乐呵呵。
彩色蜡笔一齐画，
画个学校大花园。

选题二：摇篮

什么是什么的摇篮，摇着什么宝宝？这个小宝宝在摇篮里又是什么样儿的呢？

摇 篮

二3班 杨天轶

大地是摇篮，
摇着树宝宝。
阳光微微洒，
树宝宝呵呵笑。

树叶儿是摇篮，
摇着露珠宝宝。
风儿轻轻吹，
露珠宝宝睡觉了。

白云是摇篮，
摇着雨宝宝。
白云轻轻摇，
雨宝宝沙沙沙。

摇 篮

二(3)班 顾其然

小河是摇篮，
摇着鱼宝宝。
风儿轻轻吹，
鱼儿笑呵呵。

小花是摇篮，
摇着蜜宝宝。
蜜蜂来采蜜，
蜜宝宝笑嘻嘻。

叶子是摇篮，
摇着露珠宝宝。
风儿轻轻吹，

露珠宝宝睡着了。

铅笔盒是摇篮，
摇着笔宝宝，
轻轻摇一摇，
笔宝宝乐呵呵。

风儿是摇篮，
摇着叶宝宝。
树枝轻轻晃，
叶宝宝睡了。

树是摇篮，
摇着鸟宝宝。
风儿轻轻吹，
鸟宝宝笑眯眯。

纸是摇篮，
摇着画宝宝，
彩纸飘啊飘，
画宝宝笑呵呵。

摇篮

二(3)班　季开来

树枝儿是摇篮，
摇着鸟宝宝。
树叶沙沙响，
鸟宝宝睡着了。

冰箱是摇篮，
摇着菜宝宝。
冷气轻轻吹，
菜宝宝保鲜了。

大海是摇篮，
摇着船宝宝。
风儿轻轻吹，
船宝宝开动了。

选题三:说

小朋友们,在感恩节里,你似乎听到谁在对谁说什么呢?在温暖和关怀中,你又得到了些什么呢?

先说谁对阳光说,接着说动物世界里,再接着说生活中,最后,你想对谁说什么呢?你还有什么主意?谁对谁说什么呢?

说

二(3)班　姜睿倩

花儿对阳光这样说，
我从你那里得到了热，
我的生命有了力气。
我的小叶片青过，
我的小花朵儿红过，
我发出好闻的清香。

我对花毽这样说，
我从你那里得到了快乐，
我的生命有了光明。
我的小脸儿笑过，
我的小脚丫暖和过，
我天天都在欢笑。

小朋友们对老师这样说，
我从你那里得到了教导，
我的生命有了知识。
我的小脑袋机灵过，
我的小思维活跃过，
我的歌声嘹亮过。

我对父母这样说，
我从你们那里得到了爱，
我的生命有了幸福。
我的房间干净过，
我的衣服美丽过，
我的餐桌丰盛过！

选题四:城里孩子

挎一个小篮、挖一篮野菜、吹一曲草叶歌儿,啊！乡下孩子的生活多么自由。城里孩子在忙些什么呢？又有哪些不一样的快乐呢？让我们模仿《乡下孩子》,写诗一首吧！

城里的孩子

二(3)班 蔡周彤

曾是妈妈心里
温暖的太阳
曾是爸爸眼中
闪烁的星星

弹一首小夜曲
迷住了整个夜晚
跳一支美妙的舞蹈
保持了妙曼的身材

唱一曲美妙的歌谣
逗笑了抱在手中的小宝宝
游一场蛙泳
体味水中的自由

哦
城里的孩子
生在校园里
长在月光下

选题五:水乡歌

美丽的水乡牵引着我们向往的心,去过水乡的孩子们,你们还难忘水乡的什么呢?你们还在图画上看到水乡的什么呢?

水乡歌(二)

二3班　杨天轶

水乡什么多?
鱼多。
千条鱼,万只虾,
活蹦乱跳装满箩。

水乡什么多?
菱角多。
千口菱,万条藕,
香脆可口饱口福。

水乡什么多?
桥多。
千座桥,万座桥,
弯弯小桥像彩虹。

选题六:南通美

水乡歌向我们展现了水乡的歌、水、人,哇,太美了!

你们觉得我们南通美吗?角度一:水、桥、山、街等等,太美了;角度二:清晨、白天、傍晚、夜晚;晨曦中的濠河、夕阳西照下的狼山、音乐喷泉涌动下的广场、随歌起舞的人们。

南通美

二(3)班　郑丁

南通什么美?
山美。
狼山、军山、黄泥山
松涛鸟语空气新,

登山健身快乐多。

南通什么美？
桥美。
长桥、北濠桥、苏通大桥，
弯弯桥儿像彩虹。

南通什么美？
水美。
濠河边上荷花开，
处处绿水荡清波。

南通什么美？
人美。
白天上班晚上健身，
活力四射精神足。

课例6：娃娃的自述：

小朋友们，如果你是一个蔬菜娃娃或者水果娃娃，你想向大家介绍自己的什么呢？

（姓名、长相）

是的，你还有哪些让自己引以为豪的特长值得向大家推荐呢？

（营养价值、各种各样的美食推荐），那就赶快闪亮登场吧！

小朋友们，如果你是一个文具盒、是一个书包、是一支笛子、是一部手机，你怎样向大家介绍你自己呢？（大小、外形、用途）

胡萝卜的自述

二(3)班　周庄严

嗨，大家好！我是红彤彤的胡萝卜先生，我叫“果果”。

我的个儿高高的，穿着橙色的西装，头上长着两根绿色的头发；我的头大大的、圆圆的，脖子粗粗的，脚后跟却是尖尖的；摸一摸，我凹凸不平，凉凉的、硬硬的，闻一闻，我有一点点菜香。

我的营养价值排在蔬菜王国的前十位，被称为“赛人参”。我的胡萝卜素能在肠道里转化成维生素A,用来保护眼睛;我的营养能让大家的头发变得黑黑的;皮肤变得嫩嫩的;我能治癌;我能预防心脏病;我对糖尿病人有好处;我还能增强人们的免疫力……所以,我成为大家最好的朋友。

我是美食大王。我可以做胡萝卜饼吃,滑腻可口;我可以做咖喱饭吃,是美味辣香;我可以生吃,微甜爽口;我可以炒着吃,香脆宜人;我还可以油炸着吃,美味佳肴。

一阵凉爽的秋风吹来,我准备去看看电视,喝杯咖啡。啊！有电视,有沙发,还有节目在等着我。朋友们,再见了!

香蕉的自述

二3班　杨天轶

嗨！大家好！我是帅气的香蕉王子“陈陈”。

我和兄弟姐妹们簇拥在一起,像猪八戒的九齿钉耙,还像一只巨手。我身体弯弯的,像小宝宝的摇篮,像一艘小船,还像小月牙儿。我闻起来有一股淡淡的清香,摸一摸我软软的。

天气很热,我轻轻地脱下外衣。啊！一股香甜的香蕉味儿扑鼻而来。我的外衣散落下来,像美丽的小公主,还像盛开的菊花。我的肉白里透黄。一个小姑娘忍不住咬我一口,啊！这味道甜甜的,嫩嫩的,软软的,黏黏的,抿了几下,就化了,就像在嘴巴里包了许多棉花糖,让她回味无穷。

我是人们的好朋友。我能治便秘、能治贫血,还能治夜盲症,我还有美容功效呢！我是美食大王。我可以做成香蕉牛奶吃,可以做成沙拉吃,还可以炒着吃。

一阵微风吹来,我准备去参加跑步比赛,有跑道在等着我,有掌声在等着我,还有奖杯在等着我。朋友们,出发吧!

书包的自述

二(3)班　姜睿倩

我是一个玫红色的的书包,长25厘米,宽35厘米,厚20厘米,还有拉链大姐把着门,书本从来不乱跑。

我穿着一条玫红色和粉红相间的花裙子,身上是一间温馨的粉红小屋的图案,光怪陆离的花瓣在天空中飘扬。小老鼠米妮正在想怎么给下个星期过生日的唐老鸭做生日礼物呢！只见米妮头上戴着玫红色的大蝴蝶结,长长的眼睫毛,闪闪发光的眼睛,圆滚滚的鼻子,小嘴巴笑成了月牙形,露出了粉嘟嘟的小舌头。他仿佛在乐呵呵地说:"我想到办法了!"

我的肚子分里中外三层。最外面一层空间最小,里面住着香喷喷的餐布阿姨,尽心尽职的勺子小弟;第二层最大,住着各类的教科书姐妹,文具盒大叔和课外书兄弟;第二层里面有一个小层,住着小主人最珍爱的彩泥妹妹;我的两侧各有一间小屋,里面是水杯大伯和沙包大姐。他们是一个团结和睦的大家庭。

每当小主人口渴的时候,水杯大伯就快速地把白开水倒进小主人嘴里,让他喝个够;每当小主人上体育课的时候,沙包小姐活蹦乱跳地飞奔出来,给小主人送去大汗淋漓的游戏;每当小主人要上语文课的时候,语文书大姐蹦蹦跳跳飞跑出来给小主人送去一个个有趣的故事、一首首动人的小诗、一个个四字成语……

这就是我,一个美观实用的书包。我是小主人的好朋友!

文具盒的自述

二(3)班　周婉璐

我是一个红黑相间的帆布文具盒,长 21 厘米,宽 9 厘米。我的拉链兄弟把我的门关得紧紧的,我的文具从来不乱跑。

我穿着漂亮的裙子,上面有美丽的图案:在粉色的芭比世界里,有粉色的文字。芭比世界里住着一位美丽的芭比,她穿着粉色发着光的裙子,耳朵上戴着宝石耳环,她的头发金光闪闪,带着微笑,摆着姿势,好像在问:"我美丽吗?"

我的肚子分上下两层,上层住着高高的直尺哥哥,瘦瘦的铅笔妈妈,下层住着胖胖的橡皮弟弟、矮矮的铅笔妹妹……它们齐心协力,分工合作,真是一个团结的大家庭。

每当小主人要写字的时候,勤劳的铅笔妈妈就挺身而出,把字写得工工整整;每当小主人写错字、画错画的时候,热心的橡皮弟弟就快活地蹦出来,把错字擦得无影无踪;每当小主人要画线段量东西的时候,热心的直尺哥哥就迅速地飞跑出来,把线段画得直直的。

这就是我——一个美观实用的文具盒,我是小主人最热心的好朋友。

课例 7:情境看图写话

走进苏教版语文第三册,美丽的词串教学将我们带进了江南水乡、带进了快乐的冬季、带进了有趣的荷花池、带进了国庆日的天安门的城楼上。孩子们,快让我们张开想象的翅膀,走进词串中的情境,去过一把旅游瘾、过一把想象瘾、过一把文字瘾吧!

秋 天

二(3)班　郑丁

金秋十月,我们乘着小舟来到水乡游玩。看:烟波浩渺的湖面上,我们的小舟划进粉色怡人的荷塘。只见粉粉的荷花像小女孩的笑脸,碧绿的荷叶像一把把伞,小巧玲珑的小莲蓬像一个个金话筒。柔软纤弱的芦苇碧绿碧绿的。啊!如诗如画的荷塘里收获着雪白剔透的莲藕。

夕阳西下,归舟被染红了,水乡被染红了,湖面被染红了。湖边的枫叶红得像二月的鲜花。渔民们唱着动听悦耳的渔歌满载而归。

夜幕降临的时候,湖面上的点点灯火像一只只萤火虫,在皎洁的月光下,水乡显得更迷人,一切都进入了甜甜的梦乡。

快乐的冬天

二(3)班　姜睿倩

冬天到了,冬爷爷带来了一股寒流。北风"呼呼"地刮着,好像在说:"小朋友们,你们要多穿衣服啊!"鹅毛大雪飘起来了,像盛开在天空中的小白花,像飘飘悠悠的棉花团,像开在天上的蒲公英,还像一大片白茫茫的梨花。啊!冬天真美!

在冰天雪地里,"岁寒三友"精神抖擞。蜡梅花张开了嫩黄的笑脸,散发着淡淡的幽香。翠竹站得笔直。苍松的身上落满了雪,像一位坚强的战士。

在冰天雪地里,小动物们一个个都睡了。小刺猬翘着二郎腿睡得正香。小蚂蚁们吃着过冬的粮食,一会儿又睡着了。小蟒蛇蜷曲着身体要睡到明年春天呢!

在冰天雪地里,小朋友们欢天喜地。他们有的眉开眼笑地划雪,有的笑逐颜开地溜冰,还有的大汗淋漓地跳绳。雪地上回荡着他们的欢笑声!

啊!白雪皑皑的冬天像一个童话的世界。我爱冬天!

荷花池的故事(看图说话)

二(3)班　李马锐

傍晚,我和爸爸妈妈去散步。突然,我听见了一阵阵窃窃私语声。循着声音走啊走,我们来到了一个美丽的荷花池边。

池塘里的水清澈见底,在凉爽的晚风中,小池水笑出了一个个甜甜的小酒窝。荷叶鲜嫩欲滴,荷花含苞待放,可爱的小金鱼们游来游去。

一只调皮的小金鱼一会儿挠挠荷花姑娘的痒痒,乐得荷花姑娘羞红了脸;一会儿在荷叶旁捉迷藏，一会儿又吐着五颜六色的泡泡……最后，小金鱼来到了一朵漂亮得出奇的荷花仙子旁，问道：“荷花姑娘，你打扮得这么漂亮，是要去哪里呀？”“我正准备去参加一年一度的选美大赛呢。”荷花姑娘羞答答地说。“能带我一起去吗？”小金鱼满怀憧憬地说，“我还没有参加过这样的晚会呢，也让我开开眼界。”“那我们就一起出发吧！”说完，他们就开开心心地参加晚会去了，那里有曼妙的舞台，有美丽的歌声，还有闪耀的灯光等着他们。

这样美好的夜晚，我真想变成荷花池里的一朵荷花，和小伙伴们一起玩耍嬉戏！

荷花池的小故事

二(3)班　姜睿倩

微风徐来，清澈见底的荷花池波光粼粼，笑出了“哗哗哗”的小酒窝。又大又圆的荷叶像撑开的大伞，上面滚动着晶莹透亮的小水珠。荷花苞姐姐露出了粉嘟嘟的脸蛋儿，在微风中翩翩起舞。

这时从远处游来两条可爱的小金鱼——小黄和小橙，它们在池水中快乐地做游戏。它们一会儿转圈圈，像在水中跳芭蕾舞；一会儿吐泡泡，像在比赛谁吐的泡泡多、大；一会儿东躲西藏，像在玩“捉迷藏”的游戏；一会儿往上跳，像两朵忽然从水里长出来的小花。荷花苞姐姐乐呵呵地说：“小金鱼，我可以和你们一起玩吗？”

夏天的荷花池到处是它们的欢声笑语；到处是绿油油的荷叶；到处是绿水荡清波。我想变成小金鱼，和它们一起玩；我想变成荷花苞，听小金鱼的欢笑声；我想变成小青蛙，在荷叶上玩耍……

国庆大典

二(3)班　胡博轩

国庆节，我站在天安门城楼上，只见红灯高挂，金水桥边的彩旗迎风飘扬。广场上正在举行国庆大典，海陆空三军正在接受首长的检阅。飞机在天空中盘旋着；坦克在陆地上缓慢地行驶着；三军仪仗队排着整齐的队伍，踏着整齐的步伐在广场周边行进。夜幕降临，灯火通明，礼炮争鸣，焰火腾空，五彩缤纷，热闹非凡，人们度过了一个难忘的狂欢夜。

这个不眠之夜，中国龙在神州大地上腾飞！

永远住在童话里

二(3)班　顾其然

“我常常走近你,和白雪公主小矮人在一起……”我们欢快地唱着歌,迎来了一年一度的童话节。小朋友们的心都插上了快乐的翅膀飞向童话的王国。

(一)萌萌哒的“奔奔”和“跑跑”

“奔奔”和“跑跑”是我们这一次童话节的吉祥物,他们从遥远的童话王国飞来,来到通师二附南大门的童话城堡前欢迎我们。

“奔奔”和“跑跑”是两只萌萌哒的小羊。他们是双胞胎,有胖胖的大脑袋、彩色的羊角、彩色的羊刘海,水汪汪的大眼睛里闪烁着智慧的光芒和热情。他们的嘴角笑成了月牙儿,穿着紫色和蓝色的运动马夹,色彩鲜艳的运动裤和运动鞋,显得特别神气、特别可爱。他们快乐地挥舞着双手,向我们奔跑过来,好像在对我们说:“二(3)班的小朋友,你们好！欢迎来到这里,让我们在童话王国里快乐每一天吧！我将带你们在童话世界里和童话人物在一起,我还将带领你们去参加运动会呢！来,跟着我们快乐出发吧!”

啊！萌萌哒的“奔奔”和“跑跑”,我要跟着你们一起奔跑!

(二)乐淘淘的早晨

哪里乐乐淘淘?校园的早晨乐淘淘。

走进校园大门,一座童话城堡展现在我的面前,一群可爱的童话人物站在校门口,向我们微笑招手。看:有聪明机智的喜羊羊、有美丽可爱的白雪公主、有一摇一摆的唐老鸭、还有毛手毛脚的熊猫……其中,我最喜欢美丽的白雪公主,只见她穿着彩色的连衣裙、金色的高跟鞋,一双水汪汪的大眼睛、红彤彤的蝴蝶结,还有乌黑的头发。她好像在对我说:“欢迎你来到童话世界,小朋友!”

这些童话人物有的和我热情地握手、有的给我一个甜甜的吻、还有的和我拍照,我们小朋友乐淘淘地凑上去,有的捏了捏童话人物的鼻子,把它的鼻子捏疼了;有的给它们理了理头发;还有的摸摸它们的脸,把它的脸弄得痒痒的。

我希望这些童话人物能带我去海底遨游,能带我去天空飞翔,能带我去山洞寻找宝石。

童话节的早晨乐淘淘。

（三）喜洋洋的草原运动会

“加油！加油！……”是哪里传来的呼喊声？哦！原来是我们二年级的小朋友们正在操场上举办童话节的草原运动会呢！

我们都是草原上的小动物：有活蹦乱跳的小兔子，有勤劳的小蜜蜂，有快快乐乐的小马儿，还有摇摇摆摆的小企鹅……瞧！操场上已经热火朝天、欢呼雀跃了：小蚂蚁们去搬冬粮了，小兔子们去采磨菇了，小马们去过河了，小羊们钻山洞了……

我最喜欢的项目是钻山洞，我先把手和腿趴在地上，眼睛盯在前方。我前面一个人钻完了，我就上场了。接着我爬呀爬，太阳照着我，很温暖、很舒服。然后，我飞快地往前爬，最后我向后面一看。呀！我爬了这么远，到了终点的时候，同学向我欢呼，王老师也向我点头。

“加油！加油！……”虽然呐喊声结束了，但是运动会的快乐依然留在我们的心里！

第十二章

班集体是未成年人的“准社会”

初入学班级的政府化建构：班主任文化的情景性解读

一、问题的提出

新入学班级是一个新生事物，嫩生生的娃儿、水灵灵的眸儿、脆嫩嫩的声儿。在热情如火的九月，比火还要炽烫的憧憬在娃儿们周身燃烧——在成长的初始，狂热的甜蜜溢满了每个孩子的心头。这一切都催生班主任老师运用班主任文化为孩子们打造一个心灵栖息而又能激发他们昂扬斗志的班集体。

班主任文化指在班级管理中运用、实施并取得实效的技巧性操作模式，是班集体建设的精神内核和指引航标，是班主任专业化成长中所探讨和形成的智慧。

新时期呼唤科学世界向生活世界的回归，强调情境创设的生活性。班集体的政府化建构是班主任文化的情境性解读，遵从科学、遵从人性、遵从自然，为儿童的学习生活提供交际活动的社会情景。政府化建构，是运用情境性原理，将班级管理社会化的一个有效途径。

（一）教育与国家

“十年树木，百年树人”。树人需百年，既体现了树人的艰难，也体现了树人对国家建设的重要性。树人——之于自己、之于家庭，但从更广阔的层面上讲，最终是之于国家，教育才由此关系到国家民族的命脉，因此，以“国”的概念来构建班集体，具有科学性、现代性和指向性。

（二）班级与社会

“班级小社会，社会大班级”，儿童与班级的关系，无异成人与社会的关系。儿童对和谐社会概念的确立是从和谐班级的概念确立开始的。政府化班集体建构确立班级的社会化结构，营造社会生活情景的神圣感，给生命带来激情，给生活带来温馨。和谐之美具有巨大的凝聚力，人际交往和合作的关系网，在儿童心中沉淀下对未来美好社会生活的憧憬，是儿童人格的熏陶地、是个性的培养地、是心灵的归宿地。

（三）儿童与社会人

儿童在集体中首先要解决"我是谁?"的角色定位。这一定位直接关系到他们的自信心和归属感。儿童自己、其他同学、老师与集体几个方面力量的综合作用，最终确立儿童心中"我是谁?"的角色性。这是儿童与社会关系直接链接的必经途径。人人有岗位、人人有职责，才能让孩子找到"我是谁?""pk"——一人一对手，让孩子激越；"try"——向更高目标努力，让孩子有方向、有勇气，并激发智慧与潜能，提升儿童的综合素质。政府化的班集体建构有利于儿童在将来确立自己社会角色的能力，敢于竞争、敢于尝试并能有所突破。儿童在集体中逐渐形成可持续性发展的坚韧的心理品质，为教育与国家、班级与社会、儿童与社会人关系的直接建设搭设了桥梁。

二、政府化班集体的建构模式

政府化班集体就是用"国"的概念来建设班级。

（一）中央集权

由班主任统领的班级最高权利机关——由班长、副班长（各部部长）、每日值日班长组成的班委会负责每天班级方方面面班级事务的安排和考核。中央权利机关集民主、政治、文化于一体，是班集体的精神航灯，是代表最先进、最符合班情发展方向的阶层。

（二）政府化分工

将全班同学规划成学习部、生活部、宣传部、文娱部、安全部等几个权利与义务并重的工作机构。

学习部：设立学习部长一名，学习委员若干名。

具体分工：

语文课代表：4 名；

数学课代表：4 名；

音乐课代表：1 名，助理两名；

美术课代表：2 名；

体育课代表:3 名;

思品课代表:2 名;

小白灵:两名(晨读)

职责:协助各科老师收发各科作业、器械,定期帮助某科学困生,协助任课老师检查口头作业。

入选标准:学习认真、踏实、乐于助人,工作负责到位,在同学中有一定的感召力。

宣传部:设立宣传部长 1 名,宣传委员 7 名。

职责:节假日,负责宣传节日文化,同时负责班级环境布置。

入选标准:干练、活跃、有创意。

生活部:设立生活部长 1 名,生活委员 11 名。

具体分工:

讲台:1 名;

黑板:1 名;

粉笔:1 名;

看倒菜:1 名;

书包摆放:1 名;

排长:一大排 1 名;

小巧手:1 名;

小拖把:1 名

职责:各委员人手一份班级名单,按照学号安排同学轮流值日并考核。保持班级中午就餐的有序和卫生事务,协助老师分发饼干类包装食品。

入选标准:自理能力不是很强的同学。

文体部:设立文体部长 1 名,文体委员 3 名。

职责:负责每周五下午第三课的文体活动课的组织、安排和主持。间周上文娱活动和体育活动。文娱活动安排艺术特长表演,自主报名,文娱部统一安排,由此加强同学间的交流,激发热爱艺术的情感和坚定坚持练习、不断进取的决心。搜集体育游戏,并安排踩影子、吹泡泡等有益身心的体育活动,释放身心。

入选标准:有文体特长、有表现力的同学。

安全部:设立安全部长 1 名,安全委员 8 名。

班级安全部像国家安全部一样重要。儿童活泼好动,喜欢搞笑,存在的安全隐患如箭在弦上,一触即发,引发的哭鼻子闹剧并不鲜见。因此,建立安全部。

职责：负责课间走廊、前后门、楼梯口的导护工作。

入选标准：安全部长个子高挑、温文尔雅。安全委员：性格外向，活动量大、自控能力不强的同学。

(三)考核机制

由具体负责人每天考核到岗、考核到人。每周一总结，评选家务明星、读书好榜样、艺术之星、写字能手等。对于各方面都很出色的同学提名参加下周值日班长的竞选。

三、政府化班集体建构的价值取向

(一)“try 哲学”的建立

“不是缺少机会，而是缺少发现机会的眼睛并敢于去尝试”，机会到机遇，是实现了了从可能到必然的质的飞跃，而“try”是催生剂。“try”——让种子萌芽、花蕾绽放；“no try”——让希望干瘪、勇气流失。班集体的政府化建构，一人一岗，让每个孩子都有尝试和表达的机会。在不断尝试和提升自我的过程中，孩子逐渐在集体中建立了“我是谁”的角色定位。

开学第一天，上完体育课，穿着一身名牌的沙就在操场上像鸟一样地到处飞，不再进教室，并以超人的技术攀爬学校的东大门，门外面汽车疾驰而过，骇得我手足无措。书记、主任在后面追，气喘吁吁也追不上。好不容易几面围堵，拿下了他，却被他可爱有力的小腿蹬破了皮，直渗血。顽童——十字路口的顽童，开学第一天，出名了。是什么让他转变了自己，打造了自己如今真正的名牌形象？——“try”。无数次的尝试机会，让他成为了小小书法家、成为了小诗人、成为了运动健将、成为了各科科目学习的佼佼者。Try 出顽童与生俱来的创造力、try 成班级同学信赖的好朋友，try 出他不同凡响的风采。如今的沙 try 出了班长，号召力一流、能力一流、学习一流。

Try——不断给孩子展示靓丽风采的舞台和机会，在不断的尝试过程中，优化了孩子在集体中的心理环境，为自己打造亮丽的个性名片、凸显了个性魅力。

(二)“玫瑰效应”的绽放

“授人玫瑰，手指余香”。无论是奶声奶气的“小西装”还是趾高气昂的“羊角辫”，都是在几代人众星拱月般的蜜糖罐里煨大的。离开温室的最初，刁蛮、邋遢、睡醒了嗲兮兮地喊妈妈，比比皆是。书包扔在地上的、整天没啥事也能乐得合不拢嘴的，有的一下课干脆挨着老师坐在地上，就好像在家里坐在奶奶身边的地板上。乳臭未干的小东西们，怎么才能在他们头脑中建立班集体的意识呢？只有让他们担当责任。

政府化的班集体建构,集体赋予的责任感培养了儿童的责任心,改变了儿童的角色。喜欢扔书包的成了书包管家,从此没有时间再坐冰冷的水泥地,拿着座次表有模有样地检查大家的书包摆放,她的小书包早就不用人提醒了。整天打打杀杀,不知道该如何表达自己快乐心情的调皮鬼成了安全委员,郑重其事地戴着导护套。责任岗让孩子有了责任感,继而有了责任心,变被动地我要别人管成为主动地我管别人。孩子芬芳的内心世界飘溢着玫瑰的香浓。花瓣片片,馨香怡人。

(三)“人、家、国”概念的滋长

班集体的政府化建构,帮助孩子在集体中确立“我是谁”的自我概念。安全感、荣誉感、归属感应运而生。爱上自己、爱上座位、爱上同学、爱上老师、爱上班级。积极因子被调动起来。

儿童——集体当中的一员——社会人,班级——社会,教育对于国家都被无形地建立起有机的联系。行云流水间的链接像雨后的虹,以清新流畅的姿态,让班主任工作放眼未来,并如漫步云端般轻盈。

政府化班集体建构,是班主任文化的情境性解读,儿童真正成为班主任文化的缔造者、实践者、创新者,为班级管理带来生机、使学校生活充满情趣、让班主任文化焕发精彩!

中年级儿童亚文化群体研究与班集体建设

在新入学班集体中,孩子们学习、交往、工作,找到了自己之后,他们就跟着自己的特点和对别人的理解自发组合成了一个又一个群体,这种群体是一种亚文化的组合。这是一种从自然人到社会人的转变。孩子们以群体的形式三个一群、五个一伙地在课间十分钟、大课间活动、野外活动中存在着。他们的群体没有明文约束,没有首领、是一种自然组合,相对集中,又可以自然分散,这样的儿童群体称之为亚文化儿童群体。

亚文化又称集体文化或副文化,指与主文化相对应的非主流的、局部的文化现象,是在主文化或综合文化的背景下属于某一区域或某个集体所特有的观念和生活方式。

一、儿童亚文化群体类型

稍许观察,自然组合成儿童亚文化群体的孩子实质上有不少共性。

1. “杜甫型”

这一群体头脑冷静、性格沉稳。他们在一起和睦相处、温文尔雅,课间活动时的场地一般为教室的一隅或者走廊上某一处角落,活动场地相对固定,喜欢玩着“数楼梯”、“老狼老狼几点钟”的游戏,或者做着手工,鲜有吵闹声。上课铃响,随即安静。

2. “李白型”

这是几个儿童诗者组合的群体,充满遐想,儿童的天真烂漫在他们的言行中表现得更加突出。课间的时候,喜欢在草丛中抓抓西瓜虫,在银杏树下捡捡树叶,也是他们首先发现鸡爪槭树顶上久呆的鸡毛彩毽,说那是鸡毛毽子在和鸡爪槭叶谈论初冬的话题,一招一式都尽显浪漫,他们沉浸在自己的世界里,很少注意别人的目光。写起作文来也是极富创意。

3. “刘禹锡型”

最惹眼的就是“刘禹锡型”儿童群体。他们是整个班级中最活跃的群体,精力充沛,活力四射。听:嬉笑声不绝于耳;看:只要有时间,就在走廊上追跑,基本上没有固定的活动场地。他们一会儿跑到这里,一会儿溜到那里。小脸儿通红,双眸生辉。这个群体基本上都由男生组成,很有点“江湖侠客”的味道。

4. “王维型”

“王维型”儿童群体厚道、乖巧。班级事务只要交给他们,不需要监督,就能比较好地完成好,从不以逃跑来回避责任。在执行班级规定时,能够即时到岗到位,交给他们的工作,有时候老师都已经忘记了,但他们还记得很牢,时间、地点都很准确。他们对同学们也比较宽容,是大家比较信赖的群体,与世无争,在参加各项竞选时,往往能获得较高的票数。

二、儿童不同亚文化群体之于班集体建设的作用

处于无意识和有意识之间的亚文化儿童群体组成了一个班级,就像一首歌曲,抑扬顿挫,起伏跌宕,也像一个调色盘,冷色暖色相互调和,相得益彰,似乎每个班级都有这样的五彩组合。他们在班主任的引导下,就会在班集体中发挥作用,显现他们的天然功效。

1. 夯实牢固的墙基——温暖的底气

“杜甫型”的孩子有比较清醒的头脑，对现实情况有比较清醒冷静的认识，是班级坚实的墙基，是班主任信任并且在心理上十分依靠的一群。收缴作业、带领同学们排队参加升旗仪式、举班牌领队出校门、组织晨读、领操、检查同学们的学具佩戴以及其他各项班级常规检查。看到他们忙碌的身影，班主任就会心安，左臂右膀齐全，就会觉得有力。孩子们也会瞪大眼睛看着他们，无形之中，“杜甫型”孩子的言行吸引着老师的视线，也影响着其他孩子的举动。他们渐渐地成为能代表班级形象的一群，有了这一群孩子，一个班级才会有底气，不输于市。

2. 镶上金色的花边——温馨的朝气

“李白型”的孩子充满浪漫色彩，他们常常给班级构思活动开展，筹划环境布置，极富朝气的创意给班级带来温馨的朝气，为班级镶上金色的花边。野外课草地上的小组活动，有他们提供的适合大家的游戏，笑语连连；季节更换中，有他们在教室精心布置的四季诗歌田园，生气盎然；传统佳节，有他们在教室里张罗挂彩灯、写灯谜、唱歌曲，温情脉脉；课间活动，他们会召唤着同伴研究玻璃角落里趴着的不知名的贝类，开展科学小研究；他们也会将自己烂漫的心绪写成文字，在报刊杂志上发表，就像唱一首歌来抒发情怀。

3. 搭建情感的长城——温柔的狼性

“刘禹锡型”的孩子性格率直、纯真、豪放。充满豪情的这一群是班级的“主要劳力”。新学期整理新书、每一天搬放水桶，中午为同学们盛饭——喊着劳动号子的班级事务里都有他们晶莹的汗珠在闪耀。新学期第一天，孩子们从自己的抽屉里取出摆放整齐、飘散着油墨清香的书本，在晨曦明媚的早晨就开始第一天的晨读，谁也不会忙乱、谁也不会少一样什么。因为早在前一天，“刘禹锡型”的孩子就已经粗中有细地准备好了一切，为班级的新学期献上了第一份温情。体育课、活动课归来，也是他们喊着口号换好已经空空如也的水桶，然后他们有秩序地排队喝水，谁都只倒半杯，因为大家都知道后面排队的同学同样口干舌燥，迫不及待的感觉不愿意让同学多去承受，谁也不会争抢喝水，因为就是这群充满豪情的同学忍着干渴，为同学换好水桶，在思想层面和行动层面上都已经被置于高尚的境界，就像在一个特别洁净的环境中，很难叫一个人丢下点什么杂物。心理暗示召唤着孩子们心中潜伏的温情。逢有同学身体不太舒服，总是能享受到有这个群体亲自率先为他端上的热饭热菜的特权。逢有与其他班级的外交任务，也是他们首当其冲，怎样用最温情的方式实现外交任务常常是班主任留给他们的一个议题。这群外表粗犷的群体，天生的狼性逐渐温润成一股在很多同学心里流淌的热流，他们在小小的角落绽放着属于他们的光彩。

4. 澄澈班级的灵魂——温情的灵气

向善、向美、向真的班集体是多么温情和让人依恋。“王维型”的孩子用他们温情的灵气澄澈了班级的灵魂。义卖活动中，他们带头舍己所爱，将义卖的钱款毫无保留地捐献；在观看“九一八博物馆”专题片时，他们热泪盈眶，义愤填膺，将小小的志向的种子播撒；他们是班级的啄木鸟，带同学进医务室、喊叫同学们订正作业，两个星期一次喊同学们调换位置；文娱活动课，他们精选大家喜欢的歌曲——《童年》、《妈妈教我一支歌》……招呼大家品歌词、表演唱。准备工作齐心协力，写歌词、美化黑板、调试 mp3。课堂上，老师唱、同学唱，呼朋唤友地表演唱。大家的心一下子拉得很近，融洽了师生、生生之间的情感。活动中，处处可见他们心思的细腻、情感的善美。

三、逆向牵引：亚文化儿童群体的反行为尝试

教师分析各个亚文化儿童群体的特征，继而就“try”——尝试着让他们在适合自己的角色里寻找到自己的价值，同时也构建温情的班级。各个亚文化群体在适合自己的角色中尝试集体生活的美好，一段时日后，再用逆向牵引更能实现儿童性格的多重塑造。

“杜甫型”的孩子性格沉稳，但缺乏激情和创意；“李白型”的孩子浪漫满心，但遇事缺少定力，带有飘飘然的倾向。因此，让“杜甫型”的孩子和“李白型”的孩子互换班级角色，“李白型”的孩子开始也会手忙脚乱、丢三落四，但就在一次次的重任担当中，逐渐建立责任感。站在领操台上的逐渐站直了身体，摆平了双手。漏交作业的因为要收作业，从没有过的迅速拿出了自己的本子，然后不太习惯但最终终于进入角色地指挥着别人。而参加合唱团、布置节日的教室、探索自然的奇趣、撰写活动串词这些挑战激情的事务就交给了“杜甫型”的孩子，通过“李白型”孩子的手把手的参与，“杜甫型”孩子逐渐能够在创意活动中敢于独挡一面了，性格也随之活泼开朗起来，课堂上也更多地踊跃发表自己的见解，更多地给自己尝试的机会。

“刘禹锡型”孩子豪放不羁，直来直去，但心思不够细腻，常常会因为粗枝大叶，疏忽情感，甚至会闹出笑话；“王维型”孩子文静有余，感情真挚，但冲劲不足，常常有此类型的男孩有忸怩之态。因此，让这两种类型的孩子互换角色。搬水桶的“大力士”为大家选择“每周一歌”，领大家诵读歌词、带动作演唱歌曲的憨态也很是可爱，“铁汉也能有柔情”——何不给他们一个尝试表达的舞台？“王维型”

的“小样儿”们是否也能汗流浃背地撑起班级主要的体力活？于是，午餐搬送整理餐盘、饭菜锅子、拖地也落到他们的头上。他们会“哗啦哗啦”地弄翻锅子，然后再去食堂重新要菜；会把餐盘搞翻在地，然后拿到水池边再洗；会拖了半天的地，因为用力不够，仍然留有油渍，甚至给班级扣了分。一趟趟的麻烦过后，“淅沥哗啦”的事情渐渐少了，他们也能安定了午餐的样样事儿，不再哭鼻子，尖叫声也渐渐听不见了，世界安静了，因为手脚顺当了。

儿童亚文化群体的研究从观察与分析入手，确立各个群体在班级中的角色感，富有共性的活动牵系了群体成员之间的情感，为班级构建了积极的组成群，而对不同亚文化群体的逆向牵引，又让孩子健全了心理发展，健全了人格塑造，实现了亚文化建设之于班集体建设的功效。

高年级儿童“准社会”型挑战与“准社会人”雏形锻炼

低中年级儿童的社会主要在班级，儿童进入高年级，俨然是个小大人了。他们的目光在有意和无意间都从关注自己逐渐转向关注周围的世界，以及关注周围世界和自己的联系。孩子们从媒体上不断吸取和自己有关或者无关的信息，不断地丰富着自己的生活世界。

随着年龄的增长和心智的逐渐成长，高年级孩子的世界也逐渐变得沉静起来，观察、思考、分析这些思维能力逐渐走进他们的头脑领域。沉静是“头脑风暴”的前提，对高年级儿童提供“准社会型”挑战和“准社会人”雏形锻炼，是一道合适成长的精神食粮。

一、“准社会人”雏形锻炼的心理准备

自信力、辨析力、发展力为儿童进入“准社会型”挑战中提供心理准备。

1. 自信力：哪壶开了提哪壶

苏霍姆林斯基说：“欢乐是一种巨大的情绪的力量。它可以促使儿童好好学习的愿望。请你注意无论如何不要让这种内在的力量消失。”每个孩子都携带了四十亿的生命基因和七百万年的人类基因，都具备了开窍的内部矛盾。只不过时间未到，条件未到开窍，还不能立即变为现实。

高年级儿童潜意识里自我意识增强，他们在意自己的形象，在意自己在别人心目中的印象。而自我形象更是直接影响了他们在集体当中处理事情时的积极

态度。不自信的孩子面临问题支吾不语、萎靡不前，聪明才智无法展示出来，而别人的评价，特别是老师同学的评价直接影响到他们的自我评价。

哪壶开了提哪壶是班主任老师的“杀手锏”。通过这一阳光举措，孩子们会觉得自己在老师的心目中是优秀的，也就觉得自己是优秀的。他们会以阳光的心态，用自己积极的方面去带动自己消极的方面，成为一个自信的人，使自己的潜力和智慧在各种场合比较好地发挥出来，为自己进入“准社会型”挑战提供心理准备。

2. 辨析力：我的快乐我做主

游戏是儿童的天性。高年级儿童随着年级的增长，从跟随成人玩耍逐渐转变为自主玩耍。爱玩的天性和不同的因素相结合起来，后果不一样。一个孩子的爱玩的欲望指向下棋，游戏欲望得到了满足的同时，好胜心、进取心在强化，和别人的交往意识和能力在发展。

另一个孩子，平时没有玩伴，他把爱玩的欲望指向网络游戏。游戏使他不断获得虚幻的成功感，如果他意志力薄弱，游戏中设计的攻关就会将他诱惑，使他放弃学业，甚至最终选择一个危险的沉溺网络游戏的生活方式而不能自拔。

所以，在“我的快乐我做主”的游戏过程中，教师引导孩子提高辨析能力，让有益的游戏首先占领游戏地域，感受其中的快乐，快乐循环、循环快乐。在落入各种有害身心的网络游戏的痴梦之前，首先用阳光代替了阴霾，孩子就比较有时间和精力，用理智的头脑投入到“准社会型”挑战中去。

3. 发展力：我要飞得更高

高年级儿童开始喜欢挑战，有些孩子的思维走不远，显得淡泊，是因为他们的生活中缺少挑战。如果我们引导孩子追求的只是那种表面的、显而易见的刺激，以引起学生对学习和上课的兴趣，那你永远不能培养起学生对脑力劳动的真正热爱。你应当努力使学生发现兴趣的源头，让他们在这个发现过程中体验到自己的劳动和成就。因此，激发儿童的探究欲望、刺激他们从事脑力劳动，再加之目标引领，就能使儿童增强内在的发展力，在“准社会型”挑战中飞得更高。

二、“准社会”型挑战类型

1. 生存型挑战

强健的体魄：我很强

和低中年级相比，高年级儿童的学习内容逐渐丰富起来，事务性工作也逐渐多起来。强健的体魄是孩子快乐生存的前提。运动能增强食欲、强健体魄，运动的孩子多氧、精力充沛。

情景教学大背景下的学校,冬令时每天 4 点 20、夏令时每天 4 点 50 分放学了,孩子们纷纷在体育馆参加各类体育培训,有游泳、乒乓、羽毛球、国际象棋、拉丁舞……

上午半小时、下午半小时的大课间活动四季各异:春天,和煦的阳光下,大家一起跳起校园集体舞《春晓》;夏天,跳着教师自编的富有第二课堂运动特色的模拟操和《健康操》;秋天,跳起《匈牙利舞曲》;冬天,在动感音乐中跑步、彩绳飞舞、彩毽飞舞,大汗淋漓。文化、名曲、舞蹈、健身,孩子们乐此不疲。充满动感的情境引领孩子们快乐健身,也炼就着动感的学校。

朋友圈:联谊会

孩子们在朋友圈中才能获得快乐,发挥自己的社会功能。在各级各类联欢活动中,孩子们自由选择、自由组合,在一起快乐地排练。在大家共同努力、共享智慧的过程中,逐渐建立起友谊,成为朋友。这一个又一个的朋友圈各具特色,有唱有跳、有弹有说、有吹有打……

学习能力:给孩子一个时间,让他自己去安排

每周二,根据值周班长的常规分考核,评定每周一星、竞选下周值周班长;每周三,收听学校小喇叭广播;每周四,根据季节特点,由孩子制作 PPT,带同学们学习“每周一诗”,有关春夏秋冬的。“诗境中的四季”,随着诗意浪漫地走过我们的生活,时而婉约、时而豪放、时而恬静、时而俏皮……

给孩子一个机遇,让他自己去抓住:

设置 60 个班级工作岗位,让孩子们自己选择、竞选、岗前宣誓、上岗、小结。

给孩子一个对手,让他自己去竞争:

高年级儿童具有更强的竞争能力。“百舸争流、千帆竞发”的态势才能激发儿童的学习潜力。给孩子一个竞争对手,让他们组成学习小组“窝里斗”;给孩子一个题目,让他自己去创造。教师要变得傻一点,大局掌控,让孩子自主发挥,这样更加能充分地挑逗高年级孩子的潜在创造力。如:黑板报布置,《一路花香》、《宁静的夏天》、《飘落心间的秋天》、《寻找冬天的色彩》,大标题掌控一下,其余的都给孩孩子们自由发挥,既有大方向,又不束缚孩子们。选择不同的内容、指定小标题、精选展示内容、美化……江郎才艺,尽显无疑。

一技之长:我有我的风采

一技之长,让孩子们在社会环境中“秀一把”、“美一把”、“乐一把”,也能让孩子更好更快地融入“准社会”中。既能与集体琴瑟和弦,又能独秀枝头。

2. 优秀型挑战

独立思考:随波逐流、循规蹈矩是自己成长的最大敌人。人云亦云皆不云,老生常谈皆不谈,要学会独立思考,而不是跟着风跑。独立思考,有独到的见解往往是优秀孩子的必备品质。

辩论赛:追求幸福

生命是一场旅行,爱是人生最美的旅程。"六一"节,孩子们乐呵呵地演排节目,等待鲜花、礼物、祝福,等待快乐。在精神生产活动中,孩子们等待着来自四面八方的爱。

"等待爱是幸福的,但是付出爱是另外一种幸福。在这快乐的时刻,我们还有另外一种幸福可以表达。让我们做微尘、做微风、做雨滴,默默地给人们带来一点温暖、一点益处,我们就是幸福的人。"

孩子们听着都挺陶醉,于是班主任老师组织在"六一"前夕搞了一次义卖活动,孩子们当了购物员、推销员、会计,更加重要的是把销售所得的钱款捐献给东校区住在车库里的草儿和她的奶奶。在精神生产活动中,孩子们等待着爱,也付出了爱。完整的爱之旅给了自己完整的快乐、完整的幸福。优秀就是幸福,幸福的往往才能更好的优秀。

三、耐挫型挑战

美丽的森林中有阳光、有雨露、有怡人心脾的新鲜空气,但是也有湿气、有毒虫、有猛兽,甚至能夺人性命。既要童心未泯,又要老谋深算的班主任工作。怎样创设耐挫折情境、引导他们认清形式、以此来历练孩子的内心呢?

上得去,下得来:

多数优等生都是班干部,他们在班级重要劳动岗位上穿梭,时间久了也会心生厌倦,烦躁之情溢于言表。而这些岗位相对于某些"大王级"人物来说,是个全新的领域,充满着新鲜感和诱惑,甚至足以激发他们的斗志,使他们心跳加快、热血沸腾。于是强者下、弱者上。班干部有了休息的机会,更加的养精蓄锐,也让他们意识到,我不努力,也会即将没有市场。大王们上了,领略到一种全新的生活,知道了生活原来可以如此美好,而"我"可以如此闪光,劲头足了,收作业、盯订正,这些都让这些原本要别人盯的人一下子面目可爱。被人管理的成了管人的,管人的成了被人管的。当然,手忙脚乱在所难免。这些平时被人盯的人要么忘了作业登记本没带,要么自己偶尔又老毛病重犯。"老师太累了,你们就是老师的左膀右臂。"适当的示弱又激发了孩子们对老师的同情心,同时也增强了他们的工作责任感。终于,工作开始走上正途。我分明感觉到,一股正气正在班级滋长,那就是人人为班级,我也能受挫、我也能精彩。

狼来了没有瘸子:

学校体育节,第一天战绩,我们班积分稍落后,接力赛将决定最后成败。“同学们,别的班的实力你们都领教了。要想打个翻身仗,只有在接力赛中有突出的表现。我们的对手都是在单项比赛中速度超过我们的人。但是老师相信你们凭借着团结拼搏的精神一定能取得最后的胜利,对吗?”

“速度绝不在我的脚下慢,棒子绝不在我的手上掉。”周而复始的训练,孩子们咬着牙关,拼出了最高的水平、最快的速度。当男女生接力赛都拿到第一名时,全班都沸腾了强手,我们背水一战,终于获得了运动会总分第一名的好成绩。

哥们儿都进步了,我也坐不住了:

人往高处走,水往低处流。但人真的不是水。有些孩子贪玩惯了,从来不思进取,好歹都无所谓,一有机会,整天结着一帮“党派”疯玩。这时候,创设一种“哥们儿都进步了”的情境,对某一独立个体来说,很有帮助效果。因为哥们儿都进步了,他就可能自己也坐不住了,就跟着一起进步。绝不做撞了南墙不回头的人。

忙却快乐着,苦却幸福着。在创设各种模拟社会情境中孩子们经历了心灵的磨砺,强大了内心。

第十三章

晨钟暮鼓　呢喃软语

又是一年芳草绿

怀着孩子一般的情愫渴望春天，想放松心情，想在盛开的油菜花田里听蜜蜂的“嗡嗡”，想在娇懒的春阳下打盹儿，想桃花红，想柳枝的泛青，想孩子们的笑脸像小花儿一样明媚，想……

春来了。

“孩子们，赶快在春天里播种吧！”我站在三尺讲台上，热情洋溢地说。声音有些发颤，似乎在为自己、为这个季节感动着。

孩子们一脸的茫然。小聪身子挺得笔直，眼神依然呆滞地看着地上。小琪右手托着下巴，习惯性地半斜着身子。胖胖的小冯几乎瘫倒在后面同学的课桌前，头低在下面，手上在摆弄着什么。班上孩子最最推崇的聪明娃小凡，不折不扣地瞧着我，依然如故地一脸深沉。

扫视了一下全班，我的脑袋“嗡”的一下，心凉了半截。

学校操场上的草儿开始透绿，围墙外面有几株桃树上的花苞开始有些红了，依稀走进我心里的春意现在全没了。我极力在头脑中搜索十年前在师范学校《心理学》《教育学》课堂上的条条杠杠，想找个什么“法宝”来凝聚一下这五十七颗童心。可此时，我觉得自己手中握着的是苍白，教师的感情是无奈。

窗外，阳光明媚，暖意融融，一种想走出教室的冲动莫名地冲击着我。

“孩子们，让我们走出教室去寻找春天吧！”

“啊”孩子们掩饰不住的惊喜——几乎所有的人。教室里一下子凝成了一个神，我知道，他们在期待我的第二次肯定。

“今天中午一点在教室集中，我们一起去人民公园找春天！”

“ye—”再也没有谁深沉了,我看到平日里木讷的小杰和聪慧的小凡脸上的表情是一样的。

中午如期而至,“王老师,排什么队?”

“广播操队。”

“好。”孩子们七嘴八舌地排好了队。

我领着他们走进了这个以植物著称的公园。在门口,大片大片的蝴蝶花迎接了我们,沿着幽深的小路,我们看了迎春花。粼粼的池塘水和在春风中摇曳的柳枝,成了一幅淡淡的山水画。几树并不起眼的桃花、梨花、含苞的海棠,掩不住的春华,映入了孩子们的心海。

我和孩子们一起闻到了春天,园林工人拿着大剪子,也春天般地看着我们。

“王老师,我们还没玩呢?”小戴一脸的期待。

“去吧!”我微笑着应允。

“噢——”孩子们一下子像挣脱了线的风筝奔跑着散人了自由的天空。

草地上,那几件有些破落的滑梯、天桥、转盘一下子活了,身上爬满了花花绿绿的小人儿。小婷子她们几个去小树林“寻宝”了,什么松果啦、落英的花瓣啦,都成了战利品,塞满了她们的裤兜衣兜,一会儿又成了我手中的小礼物。我微笑着收下了春天。

之后,孩子们在作文中写道:

“我们走在寻找春天的路上,大家说说笑笑,吵吵闹闹,心情十分愉快!”

“……黄灿灿的猫脸花,闻上去有一股淡淡的馒头香。”

“……虽然没有绿叶的衬托,迎春花依然那么美丽。五片金灿灿的花瓣,成了一个小五角星。花朵张着小嘴,倾吐着芬芳,让人心旷神怡。”

“迎春花背后是一片湖。湖水碧绿碧绿的,湖里的水草看得一清二楚。一阵风吹来,湖水似乎在微笑,我不禁想起‘春水含笑’这个词语。

“吹面不寒杨柳风”,我立即陶醉在鹅黄色的柳条之中。它那细长的枝条好似同学们的长辫子,又好像母亲的手抚摸着你红彤彤的脸颊。一两只顽皮的小鸟在柳枝上荡着秋千,快活地唱着歌。”

“寻找春天真是快乐无比。不知不觉,我们已经玩了一个钟头了,我们依依不舍地走在回校的路上,但我还沉浸在春的气息里。”

哪里是在读着作文,我分明是在读着春天。

“又是一年芳草绿。”我看着镜中的自己眼角边依稀爬上的笑纹,心里充满着春意。明年的这时,我还要带我的孩子们看春天。

8年前的春天和今日的春景,我一路走来,走出了人生的春天。

泪光中的微笑

——毕业前夕写给六(3)班的全体同学

多情自古伤离别。在学校的广玉兰花如优美的琴声般如期绽放的六月,孩子们,老师读到了你们娇嫩的心底里飘散出的离别的忧伤。这伤愁从你们阳光的小小的心田里不经意地流露出来,是在你们偷偷地看老师的眼神里,是在你们偷偷地拍老师的小动作里,是在你们私下里开始写离别赠言的时光里。

你们——真的要走了吗?

晨风拂面,你们再不用清洁的晨扫迎接我了吗?

憩鸟啁啾,我再不用系着围裙,为你们盛饭了吗?

日影西斜,我再不用唤着你们的名字,送你们出校门了吗?

运动会上,我再不用叫着喊着让你们接稳接力棒了吗?

庆祝会上,我再不用指挥你们用表情来歌唱了吗?

读书节上,你们再不会读着老师的诗行,让老师心跳不止了吗?

……

老师会一个人坐在空荡荡的教室里,回想着第几小组第几个是谁?老师似乎还能听到张祎在忙着催交作业,听到姜唯凡在管理卫生,听到王语迪在喊着大家排队参加升旗仪式,听到帅帅的蔡宸旭在自主队会上吹奏着萨克斯……

虽然老师无数次地做好离别的准备,泪水还是一次次地溢满眼眶。无需言语,此时,莫名的泪水是最美的诗行。

你们开始坐在学校的石凳上,漫忆六年的光阴、同学、老师;

你们开始在学校的校徽旁、镜亭边、珠媚园、跑道上、晴雨操场、小竹林,还有现在已经废弃不用的我们曾经的二年级教室里留影了。这里有太多太多你们童年、少年的足迹。这些时光,对你们来说,是唯一的。

知道吗?在老师的心底里,你们也是唯一的,这六年也是唯一的。六年前,也是湿漉漉的夏天,也是广玉兰花盛开的时候,中午,老师淋着小雨,穿过湿漉漉的操场,来到一(3)班的教室。有时候我早,我等着睡醒的你们,唤你们喝水,给你们梳头。有时,你们早,等着湿漉漉的老师,有的还伸长了脖子。

“王老师,我咬不动。”午餐时,对着一块大排,小范璐对老师倾诉;

跑道上,老师一把抱起了冲在第一个的范璐,就像举起了金光闪闪的奖杯。

如今,额头上的青春痘、略带沙哑的青涩嗓音都让老师顿感生命的圣洁。青春的号角已经吹响,相伴而来的是离别的歌谣在我们的耳畔环绕。

六月,在成长;六月,伤离别;六月,将承载太多绵长的思念和祝福……

祈盼、送别、祝福,珠媚园里涌动的夏潮啊!

蔡宸旭、张祎、季芯月、范璐、范瑶……

钻石般的名字,老师已经珍藏;

嘉衰、沙天乐、沈天睿……

淘气包的故事,老师已然失笑;

许沈崇智、黄屹凡、纪润石……

勤学乐学的典范,老师已感欣慰。

孩子们,你们要离开了。

泪光中的微笑将你们远送,微笑中的目光将你们铭记。

无论是山花烂漫还是落叶飘零,老师都会在这里把你们守望。心绪永恒,就像我们初相识的那个湿漉漉的雨季……

听:是谁在吟唱那首送别曲?平平仄仄。

听:是谁在吟诵那首祝福歌?殷殷切切。

夜行军总动员

团长军前动员:

通师二附毕业班的全体同学们,老师们,今天,我们在夜幕中集合,即将开始大家期待已久的夜行军。这是一次锻炼毅力、磨练意志、考验胆识、增强体质的活动。相信我们二附的每一位毕业生一定能在行军途中互帮互助、严格守纪。你们一定能凭借着自己顽强的意志,成功到达胜利的顶峰。看到夜色中的你们目光炯炯、英姿飒爽,队列整齐,整装待发,不由得让人追忆起红军长征的辉煌历史。1934 年 10 月,为了保存红军北上抗日的主力,在毛主席的率领下,红军队伍从江西瑞金出发,开始二万五千里长征。一路上,红军战士遇到了无法想象的困难。天上有日本人的飞机轰炸,后面有国民党反动派的围追堵截,我们的部队缺水少粮,恶劣的自然环境更是成为战士们前进的拦路虎。但是,英勇的红军战士克服重重困难,飞夺泸定桥,巧渡金沙江,爬雪山,过草地,成为铁人、巨人、强人。红军长征保存了党,保存了抗日的力量,是我们党最无与伦比的一次伟大的胜利。

今天,我们就是小小红军战士,每个人的心中都有一颗红星在闪耀,这是向往光明的红星,是战胜自我、挑战黑暗的红星。我们将在闪闪红灯的指引下,在长征精神的指引下,开始我们的征程。

孩子们,你们都准备好了吗?一路上,你们会感觉到疲乏,这时候,请努力用意志去战胜劳累;一路上,我们会看到坚持不了的同学,请伸出友爱之手,鼓励他走到终点。一路上,只要看到队伍最前面闪闪的红灯,我们就一定要重新振作起来,迈向新的征程。

希望这盏红灯能一直闪耀在你永远的记忆中,成为你战胜困难的勇气,成为你走向成功的动力。

同学们,出发吧,军山上有一轮红日在迎接你,园博园有过封锁网、勇炸暗堡等等考验意志的游戏在等待着你。让我们一起接受考验,让我们在夜行军活动中收获永远难忘的回忆,收获坚强的意志、收获互帮互助的友情。

请校长为各中队授中队旗。请各中队旗手上台执旗。

各位队员,我宣布:夜行军活动正式开始,我们的部队现在出发。

班主任动员稿:

在战场上,为了阻挠我军前进的步伐,敌人总是用铁丝网设置障碍,障碍的后面就是敌人的老巢。但是狡猾的敌人建造了碉堡,他们在高处装了强力的探照灯,不停地照射在封锁网上,并有士兵站岗放哨,这使我军越过封锁线,直捣敌人老巢,取得战斗的胜利尤为困难。但是再大的困难,阻挡不了我军的脚步。我军战士一次次地匍匐前进,越过铁丝网,凭借着勇敢和机智,取得了一次又一次的胜利。今天,我们首先来穿越封锁线。要求大家用智慧和勇敢匍匐前进,过封锁网。

转移阵地:

同学们,枪炮无情。在战场上,我们既要保持勇敢,也要讲究战略战术,不可以作无谓的牺牲。当我们在交战阵地面临险境时,要知道灵活迅速地撤退。撤退时要弯腰、迅速,以躲过最密集的枪弹,转移到最安全的地方。

防空袭:

同学们,当空袭警报声响起时,就表明情况非常危急,有敌人飞机正在进行空袭。这时候,我们怎样在最短的时间里采取应急措施呢?我们需要及时地卧倒在路边,最大限度地减少目标感。

勇炸暗堡:

同学们,狡猾的敌人往往将他们的暗堡建在隐蔽性很好的地方,它就像黑暗中的眼睛,你在明处,它在暗处。在你并不能注意它的时候,给你一枪。所以,这些恐怖的暗堡曾经夺取了我军很多将士的生命。炸毁暗堡,直接成为战斗胜利的必要条件。请三位同学组成突击队。两人负责掩护,一人手持爆破筒匍匐前进。

将燃烧着的爆破筒插入暗堡,将其点燃。待所有暗堡点燃后,吹响冲锋号,全体队员高呼胜利,冲上高坡。

同学们,排雷、过雷区,是战场上一项技术含量很高的工作。它很危险,需要我们胆大心细。前面,需要排除的雷区插有小旗,排完地雷之后,请大部队迅速通过。

重拾生命的虹

——李吉林之于中年教师的精神砥砺

且行且思且停的状态让我一直在“匠”和“师”的两种角色间踯躅。

二十岁那年,我在一年级的拼音教学中试行“直呼音节”教学,所教班级获得区拼音测试第一名,因此有了在全区展示课堂教学的机会,并一炮打响。“要成为像李吉林老师那样的教师”,我踌伫满志。那时侯,李老师不认识我,我认识她,是在她的教育专著上,是在青年老师培训班的讲坛上。

三十岁那年,我被评为“南通市语文骨干教师”。我开始有了自我,李吉林老师的影子却在脑海中有些模糊起来。

四十了,年轻时的梦想没有能实现。这时候,李老师似乎认识了我。她也许能模糊地从脑海中一闪而过:有一个语文老师在某个时日调到了她终生从教、如今仍倾情奋斗的通师二附小。也许,年过花甲却依然忙碌的她却从来没来看到过我。而我,在李老师的身边,看到她的身影,听到她的呼吸,一下子却只敢仰望。面对强手足以歌功颂德的教学伟绩,面对青年教师如火中天的教学激情,我的心一下子空洞起来。心气有点坏,“淡泊”、“宁静”这样的字眼不时地窜入我的脑海。“如果学校组织中老年教师体检,我一定在列”,这样的话语也时不时地回响在自己的耳边,就像晨曦不经意地透过我的窗纱,却是倾泻成灾。我感觉到自己的不同,开始不修边幅,连穿衣服也变得灰暗起来。我甚至想过就这样终老。

“我是四十岁开始研究的。”一次学校的“珠媚讲坛”,李吉林老师来了,她说的什么,我已经记不大清了,只有这一句话,触动了我的神经。

四十岁开始研究,啊?李老师在那个民族命运多舛的时代,开始了四十岁启程的教学研究,还能书写这样辉煌的教育神话?我的心为之一颤,心底的色彩开始有了些亮色。

四十岁是个怎样的年龄?我也可以将她作为零点开始启程吗?为什么不行?李老师告诉我们她行的。心底里一股久违的劲头开始冒出点芽尖儿。我成不了李老师最幸运最成功的追随者，但我可以是我——一个被李吉林精神砥砺的中年教师。

李老师终生学习，至今还在研究脑科学。而我，整天瞎忙。带着孩子活动，鞋跟跑坏了，批作文，眼睛模糊了。我，淹没在一个平庸教师的日常琐碎里，习惯了读教案上课。忘记了教育科学，甚至疏离了学习——一个作为教师的毕生必修课。为什么觉得自己底气不足？我找到了自己的根结。重操学业的决心像春天里的芽，一旦来了就会生长。各类教育教学杂志又成为了我的床伴，哲学、教育学、案例、论文这些营养品也接踵而来。我不太觊觎别人身上漂亮的衣裳，却常常觊觎她手中拿着的书，甚至有如饥似渴的感觉。我常常在阅读中寻到精神的倾诉、找到解决问题的金钥匙，做笔记成了最振奋我心灵的课余享受。

李老师爱孩子，她至今还把自己当成"长大的儿童"。别人老将至，早已理所当然地享受夕阳红去了，李老师却依然站在孩子们中间。即使是在大雪纷飞的寒冬，她甚至拄着拐杖来到学校。今生今世，此情此景，只缘于一个字"爱"。一生之爱，不是拙劣的文字可以抒发。这种幸福，只有付出爱的人能够体会。我尝试着像李老师一样用童眼看世界、怀揣一颗童心去和孩子们交往，用儿童式的浪漫去缔造浪漫，用儿童式的崇高去感受崇高。我也像孩子似的去学校门口买五毛钱一袋的水精灵，和孩子们一起养在水瓶里，欣赏她们的五彩缤纷，看她们"生孩子"，然后和孩子们一起习作。一天，天色已晚，我从三楼教室里准备下楼的时候，猛然发现眼前高高的住宅楼万家灯火充满人间烟火的味道，与之齐肩的月盘特别有诗意，于是立即家校通让孩子们一起按照我的指导望月。我在学校的三楼上看月，孩子们听到我的召唤，在家里的阳台上望月。一样的月光、一样又或许不一样的心境催生了一篇又一篇的美文。孩子们《月光下的梦》《水精灵》发表作文刊物。关于这些，还有月光下的桂树、美丽的传说，还有春天去濠东绿地上和"黄金条"相约的旅行、有听季节歌声的绚烂……孩子们玩着、写着，一共发表了近 100 篇习作。我的梦不仅仅是这些文章的发表，还有孩童般浪漫的感受。在用责任心和爱心编织的生活里，我也睁着一双儿童的眼睛，用四十岁的躯体。

李老师热爱生活，她的生活氧气充足。鬓角斑白的李老师无论什么季节总是一习红装，舒展着她的美丽和心中的幸福。儿童、书、小鸭子、绿色盆景、音乐、对教育科学的追求是李老师生活中永远时尚的元素。李老师用自己的一切告诉我一个即将灰头灰脸的中年教师：我还有青春的痕迹，我应该永远怀揣教育的激情。至少我心中应该永远有四季的美丽。我扎起了头发，穿起了春装，搭配起了鞋袜。"王老师今天蛮周正的，嗯，头发也好看！"放晚学出校门时，家长笑意融融地表扬我。疏不知,人到中年的我每天还有半个小时的游泳、还有每晚至少一个小时的倾心阅读。我由衷地感谢孩子,是他们每天清晨成就了我水声、音乐声、朗读声开始的美好的一天,也是他们,催发了我每一个书香漫溢的睡前时光。而这一切,李老师曾经也正在美美地感受过。她告诉我们,教师是可以如此幸福的、教师也是可以如此美丽的。

李老师,提着春姑娘的大柳筐一路走来,走出了一生的幸福、走出了小学教育的神话。而我最感激的是她给予像我这样年到中年的草根教师的精神砥砺。

李老师,感谢您从做操孩子的队伍前盈盈地走过,您在中年老师的心底留下一道绚丽的虹。我们惊艳她的明丽,也深悟她在地平线下酝酿的艰辛。一股精神的力量催发我重拾生命的美丽……

李老师!

大美天下,妙绝千古

——读李泽厚的《美的历程》

大美天下,大美千古,大美雅俗。大美是攀及中国数千年各大家智慧颠峰的艺术与文学之美。大哉!李泽厚的《美的历程》。

这本书是一座博大精深的艺术博物馆,展示的是文明古国的心灵历史。我们匆匆迈步又一唱三叹,流连不已。一次美的巡礼,给了我三道古朴、原始、天真而又厚重的收藏。

童年气质的早期文明

从记不清的岁月开始,遥远的图腾崇拜是对生命的原始敬重。以蛇图腾为主的远古华夏民族部落变化莫测、气象万千。以蛇身为主体、接受兽类的四脚、马的毛、鬣的尾、鹿的脚、狗的爪、鱼的鳞,演变为龙。八千年后的今天,文明依旧延续,我们的孩子依旧在激情澎湃地仰望龙舞,在崇拜、在幻想。原始追求、原始歌舞、龙凤图腾都是积淀了社会内容的自然形式,呈现出来的美就是不一般的形式。克莱夫·贝尔提出的美是"有意识的形式"。青铜器呈现给我们的感受是神秘的威力和狰狞的美。想扣开那扇神秘的门,又惧于神秘的威力,惊惧于它的粗野可怖。在血与火的野蛮时代,动辄杀戮千百俘虏的原始血腥,都凝结在一具狰狞的青铜面具上,诉说着严重的命运气氛。童年气质的早期文明——凝重、粗野、狞厉的美。

揭示本质的智慧风骨

“历史从来不是在温情脉脉的人道牧歌中进展,相反,它经常要无情地践踏着千万具尸体而前行。战争就是这种最野蛮的手段之一。”

人类历史的发展从来都是在刀光剑影中前行,无数尸体铺筑了历史前行的道路,充满了血腥和屠杀。风花雪月和人道牧歌从来只能是碳炉上的温水,煮之久之无回生的余地。

在和平年代的今天,战争一说离我们也并不遥远,硝烟战争也似乎随时会烧到我们的身边。当今世界有形无形的战火正在燃烧。富国强兵、科技发展成为多么迫在眉睫的国家首任。

教育离战争有多远,其实也并不遥远。“少年强则国强,少年智则国智。”当我们的少年被沉重的书包压垮了脊梁,当他们没日没夜地被习题包裹,当他们学习了几年的英语仍然无法听懂外教的课堂,当他们没有一点时间去品读《鲁迅全集》,当他们站起来就顿感头晕眼花。我们——教师的心里有多少痛楚、悲愤和无奈?我们的少年、我们的孩子,在如何度过青葱的岁月?酸楚负重的青春啊!无奈的青春啊!

“常记西亭日暮,沉醉不知归路。”多么渴望少年的时光中常有这样的沉醉,即使国际奥数比赛中没有我们的金奖,只要我们的火星探测器能早日登上火星球。我的眼里只有试卷,我的眼里只有试题,这是多么可怕的事情。历史的真实鞭打着我们,悲怆地前行。

直抵心灵的抒情文句

“我心伤悲,莫知我哀。”(《诗经·小薇》——悲悯、孤独

“柳花轻似梦,春雨细如愁。”——浪漫、忧愁

“年年岁岁人相似,岁岁年年人不同。”——惆怅、忧愁

当我们被凡尘俗世侵扰而心无宁日的时候,寻一隅,翻开《美的历程》,抵达心灵的文字正好抒发我的心意。

原来千古就有愁肠。“对酒当歌,人生几何?譬如朝露,去日苦多。”英雄气概的曹孟德也叹人生悲苦。跨越多少年的今天,我耳边不停地长吟他的诗句。数落流逝的时光,去日苦多,悲戚三五载,却不知终点又回到起点。

文字与心灵的精神相遇让我痴迷,飘散着古典芬芳的情感倾诉竟然是我心底的写真,这让我多少有些依恋,依恋这些文字抵达心底的温度。

翻开李泽厚《美的历程》,我经历了一场美的巡礼。大美天下,妙绝千古。

我是“快乐的读书郎”

(蔡)小喜鹊广播台(周)小喜鹊广播台

(蔡)我是五(3)中队的蔡宸旭(周)我是五(3)中队的周天颐

(蔡、周:合)非常高兴能和您在空中相会!

(周)今天,我们小喜鹊广播的主题是“我是快乐的读书郎”

(蔡)首先,让我们在一首怀旧歌曲中开始我们今天的小喜鹊广播。

(一)听歌曲《读书郎》

(蔡)原来过去的孩子为了不受欺负,不再做牛和羊而发奋读书。同学们,你们为什么而读书呢?

(陈)为中华之崛起而读书!

(黄)为实现中国梦而读书!

翻开中华民族5000年的文化书页,许多闪光的名字在我们的心中闪耀着华彩,为了追逐梦想,他们有着怎样不凡的经历呢?

(二)让我们走进中国名人传记榜。

(黄)《圣贤先师孔子》

作者:薛卫民

吉林文史出版社

孔子,他在婴儿时失去了父亲,少年时没了母亲,从小从事各种体力劳动,连就了一副魁梧健壮的体魄。他凭借坚忍不拔的意志立身于世;自学、自立、自强,开办了中国第一所成功的私立学校,他创造了中国教育史上一个又一个第一,也因此名扬华夏、启迪万代,成为中国历史上伟大的思想家、政治家、教育家。

孔子说:“己所不欲,勿失于人。”

(陈)《屈原传》

作者:崔旭

安徽文艺出版社

千百年前,屈原在江边郁郁而行,江面无声,有船只来往,划碎的全是屈原心中的梦。屈原大概活了62岁,是我国古代伟大的浪漫主义、爱国主义诗人。他曾享有万人之上的豪华荣耀,也受孤独流徙的悲苦和凄凉。屈原的一生怀抱崇高的理想,提倡“美政”,可是君王不悟,两次遭到流放,报国之志无处可申,最终化为惊天地、泣鬼神的精彩华章。屈原开创了新诗体——楚辞,为古代诗歌的创作开辟了新天地。他“可与日月争光”的高洁人格,感召着无数的中华儿女。

屈原说:“路漫漫其修远兮,吾将上下而求索。”

(周)《民主革命的先行者孙中山》

作者:凯风依群

中国少年儿童出版社

孙中山出生于一个农民家庭,他从青年时期就投身于反对清王朝专制统治,挽救民族存亡的政治活动,领导了辛亥革命和反对袁世凯和北洋军阀、南洋军阀统治的斗争,为中国的进步寻找出路。

孙中山说:“立志是读书人最要紧的一件事。”

(蔡):《寰宇人生毛泽东的故事》

作者:陈荣教

华艺出版社

诸多日常生活的片段中凸现出毛泽东的追求与挫折,欢笑与悲伤,晚年的困惑与悲凉,近距离地表现这位毕生关心人民疾苦、寻求富国强兵之路的民族伟人的神思丰采和内心情怀。毛泽东说:“星星之火,可以燎原。”

(黄)《中国航天之父钱学森》作者:江肖芬

中国少年儿童出版社

他从少年时代起就热爱祖国、热爱科学。后来到美国留学,研究空气动力学,与老师一起提出了“卡门——钱学森公式”,创立了工程控制论。他曾长期担任火箭、导弹和航天器的技术领导职务,参加近程、中程、远程导弹和人造卫星的研制、发射领导工作,被誉为“中国航天之父。”

钱学森说:“常常是最后一把钥匙打开了神殿门,不要失去信心,只要坚持不懈,就终会有成果的。”

(周)这些中华英才,都在追梦的路上走得很远很远,走出一路风景,造福人间。

(蔡),在书香中追逐梦想,做快乐的读书郎,我们的世界每一天都春暖花开。

(听音乐:那英的《春暖花开》)

周:小喜鹊广播台,蔡:小喜鹊广播台,本次播音由503中队主办。

黄:本次播音:周天颐,蔡宸旭、黄屹凡、陈珏。欢迎收听,下期再见!

富三代和睡着的雕塑

细数班上的小帅哥、小美女,都是手心上的活宝,真正叫个呼风唤雨,无所不能啊。三部车的,出国跟出门似的,搞实体的,买地盖别墅的,上放学保姆接送的。南通这个都市的现代魅力在咱们班就已经很纯洁、很体面地在富三代身上淋漓尽致了。我一边哄着富三代,立志把他们培养成适合现代社会和未来发展,当然也要在期末经得起试卷考察的精英,一边哄着富二代们,用最大的宽容心和爱心扭转着他们在家庭教育方面的缺失,呵护他们溺爱和关注并重又无比脆弱的神经。

上午9点半不到,骑着自行车经过钟秀路往北濠的路段,汽车早就不好走了。路上都是灰,恨不得变成蒙面人飞过。令人吃惊的是,路边东倒西歪地躺睡着筑路的工人,席地而睡,有八、九个人的样子,一动不动,就在地上躺着,无垫无盖,有的用手做着枕头,仰面;有的侧卧着身子,蜷曲着,有的拿破破的草帽遮着脸;满身、满腿、满手、满脸、满头发都是干了的泥浆。睡得很熟,任凭身边由南往北的汽车鸣着喇叭驰过,也任凭我这样的人匆匆地张望过他们。在熟睡的男人堆里,坐着一两个女人,似乎在看护着,谈论着什么。雕塑——我的脑海里立刻蹦出这个词,如果我是艺术家,等这段路修完后,我要在路边做上这样的雕塑,写实的雕塑。让它成为城市的风景,让人们去张望城市繁华的深处。

当然,我要带我的富三代们在阳光灿烂的日子走过他们,学会尊重。

桃花源去

当百分之三十的绩效工资犹抱琵琶半遮面,而在最近几天即将正式与咱握手的时光里,无中生有、互相倾轧的现实情景也就应时运而生了。无法面对赤裸裸的金钱天平,我就干脆甩开思想包袱,彻底驾御一叶精神的小舟,避进了传说中的桃花源头去了。

没有世俗的喧嚣,没有恶俗的争吵,只一缕馨香的桃花瓣飘撒的清流。任外界嘈杂,我也酣然自乐,乐不思归。我任意地放荡我的情思,驰骋我的思想,在美丽的桃花源头尽情呼吸最纯粹的人之初的真、善、美。

在这风风雨雨交杂混杂的日子里,受朋友推荐,读《职场动物进化手册》这本书。每每在桃花源头放飞最纯粹的梦想的时候,会想起一句话:当你把诚实、忠诚、真诚成功地教授给孩子的那一天,也是教育失败的那一天。来不及体会其中的真意。但还是为桃花源的真意所迷醉而久久不愿离去。

很多人带着几分惊奇、几分羡慕打听:这桃花源头究竟在哪里?

这被金钱腐蚀的尘世里,多少人渴望有这样一处能自由畅快呼吸的精神绿洲?让我们向善的灵魂能有一丝安宁的扭转。

但很多事情还真是羡慕不来的。这桃花源头就是我的教室。而很多人身在其中却是体会不得。

彩虹是圆的

走进珠媚古园,谁都会被醇厚的二附文化所深深地浸染。红枫、绿瀑、白蔷薇,春花、静亭、童话楼,清晨飘落的一片红叶、晌午时分的倾心静读、夕阳晚照的静谧与欢腾,都仿佛是菁菁校园铺展开的清丽浪漫的诗行,又都是二附小开启童心芬芳的书卷。一人、一景、一课、一行,满眼所见皆文化,满耳所听皆教育,童心畅快呼吸的绿色田园、人生梦想起航的七彩摇篮、严谨求学的精神家园,通师二附小,她用什么谱写了南通教育的品牌与神话?她用什么诠释了崇川教育现代化的崭新理念?在崇川现代化进程飞速前进的今天,人们只要把目光凝视在教育战线,都会睁大好奇的双眼凝望通师二附,在惊异的同时,都会由衷地感慨:二附,真的不简单!

彩虹是圆的,人们往往惊叹于她在地平线上红橙黄绿青蓝紫的明快色彩,沉醉于她在蓝天上明朗的跨度,而忽略了她在地平线下曾经经历的暗淡与现今孕育的艰难;人们感叹花儿现时的明艳,却忘记了娇嫩的芽儿曾经浸满了奋斗的泪水,她曾经是怎样挣扎着顶开窒息的重压……在崇川教育现代化征程中阔步前行的二附人啊,你们有着怎样的不懈追求,又在描画着怎样的蓝色图景啊?

一、吴和平:教育现代化进程的猎猎旗帜

二附文化足以写满一本厚厚的书页,而二附的吴和平校长本身就是一本耐人寻味的教育书籍。“你教会了学生什么?是情感?是知识?是态度?是方

法？……”这是吴校长常挂在嘴边的一句话。“做让学生喜欢、让家长放心的好老师……”这是吴校长对教师常说的一句话。”不断学习、不断进取、不断更新……”这是吴校长常对自己说的一句话。把学生的发展放在首位，心里装着学生，所以她的身边总是围着一帮子娃娃，孩子们总能从她那里得到自信和快乐，孩子们都为自己是二附的学生感到无比的自豪；把家长的重托看得比什么都重，因此，二附小成为现今社会憧憬教育伊甸园的神圣之地，她带给家长的是信任，孩子进了二附，意味着他们将有一个金色的童年，在孩子应有的健康活泼快乐的情景中开始人生的最初旅程。礼貌的品行、融洽的师生关系都会给孩子的人生之初奠基，家长的信任比泰山还重，比冬阳还暖；对教师的贴心关爱、温暖的细节呵护，师至如归的归属感，教育品牌的强力打造，让教师因为自己是二附人而感受到人生的价值，具有了奋斗的动力和方向，人怎能不充满力量和智慧？吴校长永远站在教育改革的最前列，用清醒智慧的头脑规划发展蓝图，百年老校的醇厚底蕴，现代化征程的先进理念，被融汇贯通得如此圆满。二附是南通基础教育的品牌，在教育现代化要求更高、更快、更强的今天，作为一校之长，学校教育往何处发展？200 多名教职员工领向何方？为 4000 多个孩子的将来做些什么？她的工作压力可想而知，教师孩子们能看到她面目憔悴，却从来没有看到她弓着背，即使一点点。她总是迈着从容的脚步走过一个个教室门前，为孩子们的早读打开一扇窗，她总是饶有兴致地翻看孩子们的作业，然后微笑着给出一些建议，像是在和一个熟识的老朋友谈着心。看到她灿烂的笑容，教师就像吃了定心丸，静心地读书、学着她的样子，充满爱心和激情地耕耘，日复一日、年复一年，珠媚园成了教师寻梦的家园，大家齐心热爱的家，大家齐心引以为自豪的家。一学期，吴校长阅读中外教育名著共计 8 本，学者型领导是教师心中永远的旗帜，学识、修养、温情、智慧使吴校长成为珠媚园教育现代化征程中猎猎飘扬的旗帜，学者型领导不仅是飘扬在学校上空的一面旗帜，她还飘扬在每个教师的心中。吴和平校长是一本值得回味的书籍，她告诉我们，教育现代化的先进理念就是：摒弃教育功利化弊端，从学生发展和教育国际化要求出发，给学生自信、让家长信任、激励教师用智慧与真情从事自己的事业。教育现代化就是拥有这样一位充满人格和学识魅力的校长。

二、李吉林：教育现代化进程的先行者

教育现代化要求现代先进的教育思想、先进的教学内容、先进的方法和手段、先进的校舍与设备，以培养出适应国际竞争的新型劳动者和高素质人才。

半个多世纪以来,从情境教学到情景教育,李吉林老师也从一个意气风发、众人瞩目的研究探索者成为鬓发斑白、教艺精湛、德高望重的当代著名教育家。情景教育向孩子们归还了金色童年,李老师用挚爱的真情为孩子的童年奉献了智慧、真情、想象与美的盛宴。今天,情景教育思想和情景教育课堂以及课外活动模式遍布华夏南北,而李吉林老师依然脚步稳健地在珠媚古园中继续书写着她毕生生命为之融注的情景教育的新篇章。融注于各科教学的情景教育,是李老师智慧和爱的心灵开出的花朵,红得那样鲜艳夺目、香得那样沁人心脾。情景课堂,孩子们眼随心动,想象、情感、智慧的火花迸发得如此眩目,孩子们充满着激情和诗意,在思维、情感的王国里陶醉。他们的书包不再沉重,不再为做不完的作业而垂头丧气。他们四肢舒展地在野外活动中感受大自然母亲般的情怀,他们走进书海,让心灵放松地歌唱,他们大胆地想象,活跃的思维一如他们活跃的身影。

李老师,教育现代化的先行者、导航者。"一枝独放不是春,万紫千红花满园",情景教育,给孩子们的童年生活带来了福祉,同时,也以她先进的教学思想和魅力,感动着老中青三代二附人。老师们为之沉醉和痴迷,大家追随着情景教育,行走在教学艺术的诗行里,感受着用智慧与真情耕耘的快乐,品味着教育教学的真谛。李老师用一生的爱和智慧奏响教育现代化进程的最强音。儿童、教育、情感,是李老师的今生今世;兴趣、智慧、人格,是通师二附的此情此景。

三、教师群体:教育现代化进程的实践者

教育现代化是打造常态下的精品课堂,是摒弃卑劣的题海战术,让课堂与生活相通,让情与理相融的大课堂意识。

"静静的深夜,群星在闪耀。老师的窗前,彻夜明亮……"当人们在市场经济顶天膨胀、浮躁喧腾的心境日益蔓延的今天,似乎已经遗忘了这首动人熟悉的老歌,但只要走进通师二附,我们还能找寻到这样美丽的教师身影。他们在安静的一角,静心伏案,思索着、沉静着、耕耘着。为了磨课,他们忘记了一切,知、行、意的落实,真、善、美的渗入,教学策略的再三揣摩,想象之翼的舒展,情感的交融,智慧的启迪,忘记了所有,心中只有学生、教案、甚至每一次微笑,每一个语气都细细地揣摩。在二附,有这样的一群人,他们追求着完美,付出着几倍的辛劳,也收获着喜悦。

根据所学的折扣等数学知识,六年级的数学老师精心设计了"乐淘淘跳

蚕市场”,孩子们给自己的卖品制定促销措施、设计促销方案,制作促销广告,孩子们定价、侃价,在优化的情景中,孩子们真切地感受到:数学好玩,数学有用。

五年级的学生在“雪韵、雪情、雪中情”系列活动中体会到雪的美、雪中游戏的快乐和雪灾无情人有情的温暖。

在“巧手合测园博园,有情有意绘家园”活动中,师生一起将数学课上到没有课桌椅、没有数学书的园博园,运用数学课上所学的知识测量、计算,在知识中学会观赏、在观赏中掌握运用知识的能力。

三年级同学开展“欢欢喜喜闹元宵”的活动,孩子们了解元宵节的由来和传说,、赏元宵诗词、灯联、猜灯谜、做花灯,和家长一起做元宵、吃元宵,认识了中华民族传统文化的丰厚,吸取了民族的智慧,激发了创作的激情。

四年级的孩子们在清明期间,踏上祭扫烈士墓的红色之旅。烈士墓前,孩子们深情地朗诵歌唱,当《国际歌》想起时,身处和平年代的孩子们的心灵受到强烈的震撼,红色传统教育,让孩子们更加珍惜今天来之不易的幸福生活。“做一片美的叶子”——在与著名作家金波欢度世界读书日的活动中,孩子们通过朗读金波的作品、歌唱金波作词的歌曲、听金波谈创作感言、向金波抒发感受、向金波提问、与金波合影、请金波签名授书等系列活动,拨动了孩子们热爱儿童文学的心弦,他们沉醉于书香中,与书中人物一起历险、与书中人物倾情对话,感受着阅读的快乐。

孩子们笑了,他们体验着情景课程带来的智慧和无比的愉悦。老师们累了,疲倦的双眼布满了血丝,活动方案反复斟酌、语言反复修改,与课堂40分钟链接、与情感、生活交融,让孩子们快乐之中有所得,甚至要成为他们童年记忆里永远的珍藏。很累,但是在孩子们中间,老师的步伐依然坚毅和豪迈。那深夜的灯光、那飞扬的心绪正是二附人用最朴素的语言谱写的教育现代化的诗篇!爱有多重,情有多深,责任就有多少,二附的菁菁校园啊,已经盛不下这满园的爱和无悔的追求。这样的人,在二附不是一个、不是两个、是一群……彩虹是圆的,为了她的辉煌,二附人正在崇川教育现代化的伟大征程中一路高歌、阔步前行!

金色十月 金色的祝福

——国庆节写给孩子们

春雨江南，
冰雪高原，
秋风塞北，
南国海岛。
在语文课本上，
我们读到了您——
亲爱的祖国妈妈。
知道了，
我们是您的孩子。
喝着黄河的乳汁，
枕着长城的脊梁，
还有一个共同的名字——
中国人，
响当当的中国人。

祖国妈妈，
在这金色的十月，
我们即将迎来
您六十岁的生日。
六十岁，
是白发苍苍的老爷爷。
爷爷有强健的儿子，
还有我——
活泼的孙子。
可我，
和爷爷爸爸一样
都管您叫妈妈。

亲爱的妈妈，
期待您，

六十岁的生日庆典；
期待着，
礼炮、焰火、狂欢夜；
期待着，
盛典、检阅、海陆空；
期待着，
中国龙迎风腾飞。

金色十月，
我们把金色的祝福呈上——
祖国妈妈，
生日快乐！

我的母语

母语节写给孩子们

我的母语啊
是响彻寰宇最初的声音
生命的真音
文明的起点与归宿

渺远古朴的母语脉流啊
精神卓异
泛舟悠悠
大美的汉字啊
是温热的河床
记录着天地人的和谐
清幽的唐诗啊
是飘着花雨与荷香的月光
乳哺着美妙的童声和诗语
典丽的宋词啊
是耳畔的清风一醉
孕生着深切的相思与愁绪
妙绝千代的小古文啊

是深微隐幽的清茶
飘散着隽永的意味和智慧

我的母语啊
诗仙墨记
我的血缘文化
天命的砾响

妙绝千古少年郎

——母语节写给孩子们

唐诗是一个心怀天下、豁达飘逸的少年儿郎，一身白衣飘然，一缕月光相依，一片情怀在胸、一把利剑锋冷，立于高山之巅。

一夜的雨，枕着唐诗，飘飞在古典的诗行里，我们走进了长安——

“天街小雨润如酥，草色遥看近却无。最是一年春好处，绝胜烟柳满皇都。”

悠悠古韵，少年一袭古典与清雅，顺风而行，飘至大唐古都。

啊！尘封千年的长安，它带着梦一样的典雅，带着诗仙墨迹的余香。

一夜的花落，枕着清风，飘在古典的诗行里，我们走进了四季——

“寒雪梅中尽，春风柳上归。”

“荷风送香气，竹露滴清响。”

“水满田畴稻叶齐，日光穿树晓烟低。”

“忽如一夜春风来，千树万树梨花开。”

绵绵清韵，少年一袭花雨与荷香，顺风而行，飘至天地玄黄。

啊！诗情满溢的生活，它带着花一样的绚丽，带着天地浩淼的温度。

一夜的暖寐，枕着月光，飘飞在古典的诗行里，我们走近了诗仙——

“花间一壶酒，对影成三人。”

“朝辞白帝彩云间，千里江陵一日还。”

“黄河之水天上来，东流到海不复回。”

丝丝情怀，少年一袭清幽与大美，顺风而行，飘至九天环宇。

啊！万古情怀的诗者，他带着醉清风的愁绪，带着家国天下的漂泊。

衣袂飘飘的少年郎，踏上前行的马车，一路清风……

揽书香满怀　做追梦少年

——读书节写给孩子们

有一个名叫未来的地方
需要一双梦想的羽翼
有一片神圣的国土
正在延伸祖先的荣光
中国梦啊,
5000 年风雨兼程、根深蒂固的中国梦
在塞北的长城上生长
从黄河长江边启航,
富兵强国,人民安康
蓝天碧水,生态和谐
这是每一个中华儿女的梦想
沿着五千年的历程一步步走来
一路传唱

中华文明今朝传唱
黄河的激浪摇落漫天的繁星
我们把耀眼的星粒拾起
捧在手心
深情凝望
每一缕星光都是醇厚的文化鼓槌
少年的梦啊,在千年书香中叩响
屈子的《离骚》
撑起了华夏五千年的铁骨脊梁
孔子的仁爱
点燃了东方文明的一道圣光
朗朗的青山隐隐
潺潺的绿水悠悠
传唱千年的唐诗宋词,
抚去了多少游子的清泪

染白了他们的两鬓秋霜
少年追梦的情怀
以阅读为引
重返宙斯的神殿
拾起经典的芳华

19 世纪并驾齐驱的两位传奇人物
让我们读懂磐石的坚强
拿破仑
“你可以崇拜他,但不可以爱他”

海伦·凯勒
“假如给我三天光明
我要看见给予我爱的人们
看见黑夜如何变成黎明
看见太阳怎样升起
达尔文、诺贝尔
海明威　屠格涅夫
闪光的名字
不凡的经历
揽书香满怀
纳万千气象

少年的羽翼日渐丰满
追梦的重担挑在肩上
未来中国　未来之梦
当雄鸡在东方唱响
中国少年啊
正循着梦想之路,
描画着未来中国的宏伟长卷

以上是诗歌朗诵,已分角色配乐录音。

师:揽书香满怀　做追梦少年

怀揣美丽的梦想快乐成长,希望就在前方。

孩子们,你们都有着怎样的梦想呢?

沈天睿:我的梦想是当一名作家,我要把华夏民族5000年飘香的文化和中国人民热爱和平、维护和平的美好愿望传递到世界人民的心中;

周轶楠:我的梦想是当一名优秀的教师,培养出栋梁之才,让他们在未来中国的医学、文化、科技、国防等各个领域贡献自己的力量,为实现美好的中国梦想而奋斗;

多么美好的梦想啊。你们都是有梦的孩子。你们的梦想编织了中国的未来之梦。老师真为你们自豪,也在心底里为你们呐喊,为中国助威!

没有什么比静心阅读、博览天下更能启迪人的智慧、塑造人的灵魂的了。在学校读书节的开幕式上,吴和平校长送给全校同学一把亮光闪闪的金钥匙,这是一把开启阅读之门的金钥匙,是一把点亮少年梦想的金钥匙,更是一把振兴中华,实现中国梦的金钥匙。

孩子们,你们爱阅读吗?

你们都读了哪些书呢?

蔡宸旭:我读了《论语》:"有朋自远方来,不亦悦乎?"中国,自古以来就是礼仪之邦,这让我非常自豪。读《论语》,还能炼就齐家、治国、平定天下之才。

师:老师相信,将来的你一定能有齐家之力,还能有治国之大才!未来中国会因为有你、有你们而更加美好。

黄屹凡:我读了《鲁迅传》:鲁迅先生以笔为武器,不愧是中华民族的文化巨人。他的文章是"插入敌人心脏的一把钢刀。"

爱读书的孩子们,你们读文,读史、读古今;读趣、读理、读天下。

揽书香满怀　做追梦少年。

为了中国梦的实现,老师愿和你们一起,做永远的追梦人,愿你们在追梦的路上飞得更高、走得更远。愿我们的国家将来因为有你们这一代生力军的加盟而更加昌盛、富强!

我的讲话完了,本次国旗下讲话由503中队承办,谢谢大家!

后　记

细数流年

王玲玲

即使她很简朴，却是我永远的骄傲。

很多年前，清末状元张謇为方便大生集团的子弟求学欣然兴办的小学校之一——古朴的张謇楼、四合院的教室、木制迂回的走廊、满墙角的柿子树、素白的广玉兰花、树下跳着橡皮筋的孩子们，还有19岁梳着娃娃头的我，俨然一幅清晰又幽远的水墨画，点点滴滴都是教之初的青涩。红柿子树下的清脆童音是主题曲，陪伴了我简单的青葱岁月。“啪嗒啪嗒———”从脚边绕过的绳响声也总是在我的心里清澈地念想着。在那个宽敞的教室里，我们齐声念着拼音儿歌：“爸爸带我爬山坡，爬上山坡看大佛……”一年后，孩子们会看报；两年后，他们会自己读书；几年后，他们对作家的作品品头论足。

《小竹排在画中游》——第一次在全区上公开课，济济一堂。难以忘怀我激扬的心绪，难以忘怀我与孩子们的情感交融。那是一堂拼音识字的创新课，自己狂跳的心、兴奋的脸仿佛就在昨天，而那个戴着西瓜皮帽的小男孩如今已经立业远方了。

小校经历了多少春秋，就给了我多少精神的砥砺和远行的期盼。那一年，我带着复杂的情绪，离开了小校，心里有对她的祝福，也有对未来的迷惘。但庆幸的是有一样未变——那是我的语文。我带走了我的语文，无论在哪里，语文是我的生活，可以多情、可以浪漫、可以为她纠结、失眠，也可以为她激动、流泪。

二附小学给予我最多的是教育的激情。我在一群语文人中间，触摸到情境教育滚烫的情怀，而我正多情地吸吮着她的甘露，装扮着自己的心绪。春天了，我带着孩子们在春雨迷蒙中看教室门口花圃中的小叶黄杨——可爱的小米粒儿吮吸春天的甘霖;过了几天,我们去看它嫩嫩的小芽儿,感受春天里的生命活力;等它枝叶成熟,开出小花,再去看它招蜂惹蝶,灿烂一春。孩子们在屋檐下看啊,想,想啊,看,活脱脱融入了春天,感受了一春。

夏天,“竹露滴清响、荷风送香气”的时候,我们走近了荷塘。摄影师、画家、诗人,朗诵家都在这里闪亮登场。摄影作品上的题诗、诗歌书法作品上的绘画、荷风香气中的吟诵,更有惹人垂涎的“家庭荷花宴”怎能不叫人久久乐道呢?

秋天,我们听秋天的歌声:秋虫在吟唱、水果娃娃在吟唱、五彩的落叶在吟唱、秋雨在吟唱、农夫在吟唱……我和孩子们的心在金秋里唱。

冬天,我们去寻找冬天的色彩。白晶晶的雪花儿、蓝湛湛的天空、金灿灿的阳光被子、飞舞的彩毽是我们的冬天。有一个小朋友在写话中说:“冬天这么美好,春天永远不要来了吧!”傻孩子,你却不知,我们与语文牵手的春天有更加烂漫的情怀即将迎接我们。你不想成为春天里秋千上飘飞的雀儿了吗?你不想在元宵节的皓月灯海中让新春的心愿随孔明灯放飞夜空吗?你不想在绿波微漾的濠河水边吟“春江水暖鸭先知”吗?你不想在早春的校园里唱“红豆生南国,春来发几枝”吗?

细水流年,我摆渡红尘,看到语文的风景、听到语文的声音、唱着语文的歌谣、过着语文的生活。感恩念想:千年前,是谁于月下牵一红线,于是有了几世之后我与小学语文的一世情缘?

在二附,最激动人心的是施建平校长为我说课的时候。那是我为南通高等师范学校的见习生上一节见习课,我备的是一节课外阅读课《感受伊索寓言的魅力》。施校长从伊索寓言本身的文本魅力着手,立足中年级儿童的视野,从发展儿童的思维和言语智能为目标,一环一环地说着,我笔不停蹄地记录,然后激情地演绎。作为语文老师,这是多么幸福的往事。我的回忆不再枯竭,我的语文生活不会单调。之后,由于我的收管不慎,丢失了优盘,也就丢失了教案,以至于我追悔莫及、顿足哀叹:痛失吾爱!

最激动人心的还有我的第一本专著《学古诗　品文化》通过航空专递,被我第一次捧在手心里的时候,泪水婆娑了我的眼睛,这是我一个时代的印记。今天,又一个时代诞生,我又怎能不心跳不止呢?

今天,站在这里,我站在自己的岁月里,语文,已经陪伴了我 20 年的光阴。我猜想我未来的 20 年,我的语文,你伴随中年的我在滚滚红尘中又该度过怎样的光阴呢?

2015 年 1 月 30 日星期五于尚德家中